The fog of war

W0175206

JFK

Ronald D. Gerste

John F. Kennedy

100 Fragen
100 Antworten

Klett-Cotta

Klett-Cotta
www.klett-cotta.de
© 2013 J. G. Cotta'sche Buchhandlung
Nachfolger GmbH, gegr. 1659, Stuttgart
Alle Rechte vorbehalten
Printed in Germany
Umschlag: Rothfos & Gabler, Hamburg
Unter Verwendung eines Fotos von © Corbis
Gesetzt von Kösel, Krugzell
Gedruckt und gebunden von CPI – Clausen & Bosse, Leck
ISBN 978-3-608-94773-1

Bibliografische Information der Deutschen Nationalbibliothek
Die Deutsche Nationalbibliothek verzeichnet diese Publikation in der
Deutschen Nationalbibliografie; detaillierte bibliografische Daten
sind im Internet über <http://dnb.d-nb.de> abrufbar.

FÜR JACKY –
MEINE FIRST LADY

INHALT

III. »Der fröhlichste junge Senator von ganz Washington« (1946–1956)

IV. Der lange Weg ins Weiße Haus (1956–1960)

V. »Die Fackel ist an eine neue Generation weitergegeben worden« (1961)

VI. Der Griff nach den Sternen und der Kampf um die Bürgerrechte (1961–1963)

VII. Camelot – der schöne Glanz einer Präsidentenfamilie

VIII. Was Amerika nicht sehen durfte: des Präsidenten dunkle Seiten

IX. Die Welt am Abgrund (1962)

X. »Wir sind alle sterblich« (1963)

XI. Mythos und Trauma: 22. November 1963

XII. »Die Probleme der Welt können nicht von den Skeptikern und Zynikern gelöst werden ...«

Dallas, ein Tag im November

Love Field. Ein Flughafen kann keinen schöneren Namen haben.
Die morgendlichen Regenwolken waren verschwunden, und
über dem Airport der texanischen Metropole Dallas leuch-
tete ein kristallklarer blauer Himmel, mit Temperaturen, die
an einen herrlichen Frühlingstag erinnerten – und nicht daran,
dass in wenigen Tagen Amerikas Traditionsfeiertag Thanks-
giving auf dem Kalender stand.

Ein Feld der Liebe oder zumindest der Zuneigung schien
Love Field in der Tat zu sein, als um 11 Uhr 40 ein strahlendes
Paar der Präsidentenmaschine Air Force One entstieg, welche
die beiden in einem denkbar kurzen, 13-minütigen Flug von
der Nachbarstadt Fort Worth nach Dallas gebracht hatte. Die
Schaulustigen jubelten dem 35. Präsidenten der USA, John Fitzgerald Kennedy, und seiner Frau Jacqueline zu – eigentlich mehr
ihr als ihm, was der Präsident mit einem milden, ein wenig re-
signativen Lächeln quittierte. Die scherzhafte Bemerkung, die
er zweieinhalb Jahre zuvor bei seiner ersten großen Auslandsreise im Amt gemacht hatte, als er sich in Paris mit den Worten
vorstellte, er sei der Mann, der Jackie Kennedy nach Frankreich
begleite, besaß immer noch einen hohen Wahrheitsgehalt. Die
First Lady hatte die ihr innewohnende Abneigung gegen Politik
und gegenüber Menschenmassen – unverzichtbarer Teil jedes

Wahlkampfes – überwunden und war mit ihm nach Texas gekommen.

Eine Art Wahlkampfreise war es in der Tat, obwohl die Präsidentschaftswahl von 1964 noch exakt ein Jahr in der Zukunft lag. Doch John F. Kennedy wollte nicht nur in einem, für einen fortschrittlichen Demokraten wie ihn problematischen Staat wie Texas Sympathien sammeln, sondern auch die führenden Köpfe der dortigen Demokratischen Partei, die einander in tiefer Abneigung verbunden waren, zu einer Art Burgfrieden überreden – mit einer gespaltenen Partei waren die Aussichten, im nächsten Jahr Texas zu gewinnen, äußerst gering.

Unklar war auch die politische Zukunft des wichtigsten Texaners, der kurz nach dem Präsidentenpaar mit seiner Frau Lady Bird die Boeing 707 verließ: Vizepräsident Lyndon B. Johnson, den der Präsident durchaus respektierte, Mitglieder der Kennedy-Familie – vor allem der einflussreiche Bruder und Justizminister Robert – jedoch nicht ausstehen konnten. Ob »LBJ« im nächsten Jahr erneut Johns Wahl für die Vizepräsidentschaft werden würde, war unter den politischen Auguren umstritten.

Der Jubel, der Jackie und John F. Kennedy direkt nach Verlassen der Gangway entgegenschlug, ließ auch die aufgeheizte politische Stimmung in Dallas vergessen, wo in den letzten Tagen erzkonservative Gruppen in Zeitungsanzeigen und auf Flugblättern den Präsidenten angegriffen und teilweise regelrecht mit Hass überschüttet hatten. Nichts davon war an diesem Mittag zu spüren. Die First Lady bekam ein Bouquet roter Rosen überreicht, die farblich gut zu ihrem pinkfarbenen Oleg Cassini-Kostüm und dem dazu gehörigen Pillbox-Hut passten. Sie legte die Rosen neben sich und ihren Mann, als sie auf den hinteren Sitzen der offenen Lincoln-Limousine, Baujahr 1961, Platz nahmen. Das Verdeck war auf Wunsch Kennedys und seiner Berater abgenommen worden; Dallas sollte einen guten Blick auf den Präsidenten und seine Frau haben. Vor ihnen, auf den mittleren Sitzen, den *Jump Seats*, nahmen der Gouverneur von Texas, John Connally, und seine Frau Nellie Platz. Ganz vorn saßen der Fahrer William Greer und ein Agent des Secret Service, Roy Kellerman. Weitere Secret Service-Agenten folgten im nächsten Wagen, teilweise auf dessen Trittbrettern stehend. In der nächsten Limousine folgten Lyndon und Lady Bird Johnson mit ihrem Personenschutz. Es waren insgesamt 15 Fahrzeuge, die sich von Love Field in Richtung Innenstadt in Bewegung setzten. Der Pressewagen, der normalerweise hinter dem Präsidentenfahrzeug positioniert war, nahm in der Kolonne den achten Platz ein – kein Pressefoto, keine Fernsehbilder würden bei Kennedys Fahrt durch Dallas entstehen können.

Das Ziel war die Trade Mart, ein Handelszentrum, wo Kennedy vor Geschäftsleute der Region eine Rede halten würde. Vom Flughafen aus gesehen, lag das großräumige Gebäude jenseits der Innenstadt, so dass auf der Fahrt dorthin reichlich Gelegenheit für die Bevölkerung von Dallas bestand, den Kennedys zuzuwinken – auch für Berufstätige, denn der Besuch des Paares fiel genau in die Mittagspause. Je näher man dem Stadtzentrum kam, desto dichter standen die Menschen. Sie winkten dem Paar zu, manche hatten amerikanische Fähnchen oder selbst gemachte Plakate in den Händen. Und vor allem Kameras: Ob Polaroid- oder Kleinbildkamera oder 8 mm-Schmalfilm – viele Schaulustige wollten sich ihr eigenes Stückchen Erinnerung an diesen Tag sichern, so wie der Inhaber einer Kleiderfabrik, Abraham Zapruder, der sich am Dealey Plaza auf eine relativ hohe Ummauerung gestellt hatte, um eine gute Perspektive zu gewinnen.

Dealey Plaza war – und ist noch heute – jenes weiträumige

Areal, an dem die eigentliche Innenstadt von Dallas abrupt endete, bevor eine Kette von Eisenbahnlinien und ein Geflecht von Highways eine scharfe Grenze zur Suburbia bildeten. Die Wagenkolonne war die Main Street in westlicher Richtung hinabgefahren, womit kein direkter Zugang zum Simmons Freeway auf dem Weg zur Trade Mart gegeben war – die Fahrzeuge würden am Dealey Plaza einen Bogen schlagen, dann nach einer scharfen Linkskurve in die fast parallel zur Main verlaufende Elm Street einbiegen und dabei sehr langsam fahren müssen. Doch die Main Street war die traditionelle Route für jede Parade in Dallas, und der Jubel schien den Planern recht zu geben. Das fand auch Nellie Connally, die sich zu Kennedy umdrehte: »Mr. President, Sie können wirklich nicht sagen, dass Dallas Sie nicht liebt.«

Der Lincoln bog in die Houston Street ein, um dann den engen Bogen in die Elm Street zu schlagen. Die Auslöser der Fotoapparate klickten, die Zuschauer winkten und applaudierten; Jackie und John F. Kennedy winkten gut gelaunt zurück. Die große elektronische Anzeigetafel auf dem Dach des Schulbuch-Lagerhauses, die Teil einer Werbetafel für einen Autovermieter war, zeigte exakt 12 Uhr 30. Die Kolonne war ein wenig verspätet, die Ankunft an der Trade Mart war für 12 Uhr 15 geplant gewesen. Doch auf die große Uhr blickte niemand in jenen wenigen Augenblicken, da der Präsident der Vereinigten Staaten an den Menschen vorbeifuhr. Auch das halboffene Fenster im 5. Stock (*sixth floor* nach amerikanischer Zählweise) des Schulbuchgebäudes fand keine Beachtung, ebenso wenig wie die Mauer samt dem weißen Zaun hinter dem *Grassy Knoll*, jenem kleinen Grashügel zur Rechten der in wenigen Augenblicken von der Präsidentenlimousine einzuschlagenden Route.

Für die Menschen, die in Dallas John F. Kennedy und seiner

Frau zuzubelten, bestand wenig Zweifel: Sie hatten es mit einem außergewöhnlichen Staatsmann zu tun. Die zahlreichen Kritiker des Präsidenten waren hier nur in sehr geringer Zahl vertreten. Mit 46 Jahren war Kennedy immer noch ungewöhnlich jung (sein Vorgänger Eisenhower war mit beinahe 71 Jahren aus dem Amt geschieden). Kennedys persönliche Geschichte, seine Herkunft aus einer illustren, wenn auch nicht unumstrittenen Familie, waren ebenso weithin bekannt wie Details aus seinem Privatleben, die wohldosiert an die Öffentlichkeit gegeben wurden: ein sportiver und dabei geistreicher Politiker mit einer bildschönen, stilsicheren Frau und zwei entzückenden Kindern. Mehr noch indes waren die Menschen – in Dallas und anderen Teilen der Nation – vom Charisma Kennedys begeistert, von seiner Fähigkeiten, andere in seinen Bann zu schlagen und (so ähnlich hatte es schon Abraham Lincoln formuliert) an die besseren Instinkte in ihrem Wesen zu appellieren.

Die eintausend Tage der Präsidentschaft des John Fitzgerald Kennedy waren bewegt wie nur wenige andere vergleichbare Zeitspannen: eine Abfolge von Krisen und Herausforderungen, im eigenen Land, unweit der Küste zur Karibik und in fernen Teilen der Welt wie in Berlin und in Vietnam. Doch gleichzeitig wies der Präsident immer wieder auf den Weg in eine Zukunft, die ähnlich verheißungsvoll sein könnte wie dieser strahlende Freitagmittag, auf eine Welt, die dank des Ausgleichs mit dem Rivalen Sowjetunion nicht länger unter dem Damoklesschwert der atomaren Vernichtung leben würde. Eine Welt, in der regionale Krisen nicht automatisch zu langwierigen, die Großmächte hineinziehenden Konflikten ausarten müssten.

Und am Horizont schien sich ein Amerika abzuzeichnen, das Gerechtigkeit für alle versprach, den amerikanischen Traum leben zu können – unabhängig von der Hautfarbe, ein Amerika, das den unterentwickelten Ländern und den Schwachen auf dem Globus die Hand reicht, das in Wissenschaft und Forschung zum Schrittmacher wird und das selbstbewusst zu *the next frontier*, zur nächsten von seinem Pioniergeist zu erschließenden Grenze, vorstößt: in das Weltall. Nur ein Amerika, würde er in der Trade Mart sagen, das bei sozialer Gerechtigkeit und bei gleichen Rechten das praktiziert, was es predigt, wird von jenen respektiert werden, deren Entscheidungen die Zukunft aller beeinflussen. »Möge man«, so stand es in seinem vorbereiteten Manuskript, »in unserer Zeit und für alle Zeit die alte Vision Wirklichkeit werden zu lassen: *Peace on Earth, good will toward men.*«

Es war – bis zu diesem 22. November 1963 – ein Zeitalter, in dem alles möglich schien.

»WIR WOLLEN HIER KEINE LOSER – EIN KENNEDY SEIN, HEISST SIEGER SEIN!«

1. Wo hatte die Familie Kennedy ihre Wurzeln?

Die Vorfahren John F. Kennedys kamen aus Irland und suchten wie so viele Auswanderer von der grünen, aber bitterarmen Insel um die Mitte des 19. Jahrhunderts ihr Glück in der Neuen Welt. Patrick Kennedy (1823–1858) war Farmer in Dunganstown im County Wexford. Irland stand unter der als drückend empfundenen britischen Herrschaft, Hoffnungen auf eine staatliche Souveränität hatten sich wieder einmal zerschlagen.

Im Jahr 1848 suchte die schlimmste Hungersnot, im Wesentlichen ausgelöst durch einen Pilzbefall der Kartoffelfelder, die Insel heim. Mehr als eine Million Iren starben bei dieser Katastrophe. Am 20. März 1849 bestieg Patrick Kennedy in Liverpool ein Paketschiff und ließ die Heimat hinter sich. East Boston, ein überwiegend von irischen Immigranten bewohnter Stadtteil der ältesten Großstadt der USA, wurde seine neue Heimat. Patrick heiratete eine junge Irin namens Bridget Murphy (1821–1888). Das erste Kind, ein kleiner Junge, starb an der Cholera – eine Seuche, die vor allem in Elendsvierteln grassierte. Am 14. Januar 1858 brachte Bridget erneut einen Sohn auf die Welt: Patrick Joseph Kennedy (1858–1929), der Großvater des zukünftigen Präsidenten.

Der P. J. genannte Junge wuchs in einer Atmosphäre der

Diskriminierung, aber auch eines ungebrochenen Selbstbehauptungswillens heran. Katholische Iren waren für Bostons eingesessene Bürger, allen voran für die streng protestantische Führungsschicht, »Brahmins« genannt, Menschen zweiter, wenn nicht dritter Klasse. Schilder, auf denen Stellen angeboten wurden, trugen oft Zusätze wie »Iren brauchen sich nicht zu bewerben«. Die Waffe der Neuankömmlinge war ein enger Zusammenhalt und die in ihrer stetig steigenden Zahl liegende politische Kraft. P.J. führte eine jener Institutionen, in denen sich irisches Leben abspielte, in denen Verbindungen und Allianzen geschlossen wurden: einen Pub. Die Sehnsucht, sich durch politischen Einfluss Respekt zu verschaffen, ergriff auch ihn. 1886 wurde er in das House of Representatives des Staates Massachusetts gewählt – der politische und gesellschaftliche Aufstieg der Kennedys hatte begonnen.

Dieser Aufstieg manifestierte sich auch in der Eheschließung: Patrick Josephs Braut Mary Augusta Hickey (1857–1923) war die Tochter eines wohlhabenden Geschäftsmannes – ebenfalls irischer Abstammung. Der erste Sohn des Paares – P.J. besaß inzwischen mehrere Pubs und war als Whiskeyimporteur äußerst erfolgreich – wurde am 6. September 1888 geboren und auf den Namen Joseph Patrick (1888–1969) getauft. Es war der Vater von John F. Kennedy.

Auch die Familie mütterlicherseits des späteren 35. Präsidenten war irischer Herkunft – und auch sie war vom Politvirus infiziert. Die Fitzgeralds waren typisch für jenen Kinderreichtum, für jene eng zusammenhaltende Großfamilie, in der auch John F. Kennedy heranwachsen sollte. Der 1854 aus Irland eingewanderte Thomas Fitzgerald (1835–1885) und seine Frau Rosanna (1836–1879) hatten nicht weniger als 12 Kinder. Das viertälteste war der am 11. Februar 1863 geborene John Fitzgerald (1863–1950), ab dem frühen Erwachsenenalter wegen seines lieblichen Wesens *Honey Fitz* genannt.

Seine politische Laufbahn war im Vergleich zu der von P. J. geradezu kometenhaft. Fitzgerald war zweimal (von 1906 bis 1908 sowie von 1910 bis 1914) Bürgermeister der Stadt Boston – die Iren waren von einer verspotteten Minderheit zu einer Mehrheit der Wähler geworden, um deren Gunst inzwischen auch nicht-irische Politiker aus der Oberschicht buhlten. 1919 saß Fitzgerald gar für ein paar Monate im Repräsentantenhaus in Washington, bevor seine Wahl von seinem Kontrahenten erfolgreich angefochten wurde – siebenundzwanzig Jahre später folgte ihm sein Enkel John Fitzgerald in diese Kammer des Kongresses. Großvater Honey Fitz gab John F. reichlich Tipps für den Wahlkampf von 1946, die dieser indes nicht durchweg befolgte.

John F. Fitzgerald und seine Frau Mary Josephine (1865–1964) hatten 5 Kinder. Die Erstgeborene war Rose Elizabeth, kam am 22. Juli 1890 zur Welt und ist die Mutter von John F. Kennedy. Als Älteste im Kennedy-Clan – sie wurde 104 Jahre alt – hat sie die meisten Triumphe und Tragödien ihrer Familie miterlebt. Patrick Kennedy, der Auswanderer und Begründer des amerikanischen Kennedy-Clans, starb noch im Jahr der Geburt seines Sohnes P. J., dem Großvaters des späteren Präsidenten, an Cholera. Man schrieb das Jahr 1858 und den 22. November – den späteren Schicksalstag der Kennedys.

2. Wer waren John F. Kennedys Eltern?

Joseph Patrick Kennedy, im Folgenden meist Joe senior genannt, war von früher Jugend an von immensem gesellschaftlichem Ehrgeiz getrieben und von untrüglichem Geschäftssinn beseelt.

Mit 15 stellte er ein Baseball-Team mit Jungs aus der Nachbarschaft auf und führte es als Jungmanager mit einer Attitüde, die wenig Widerspruch duldete.

»Mich interessiert nur Geld«, lautete sein Motto als Student, und dieser war bereits in diesem Alter in der Vermehrung dieses nervus rerum ungewöhnlich geschickt. Da seine Eltern wohlhabend waren, konnte Joe eine exzellente katholische Privatschule, Boston Latin, besuchen und später an Amerikas Eliteuniversität Harvard wechseln. Wie andere Universitäten suchte sich auch Harvard für jene Kreise zu öffnen, denen bislang die Türen der Ivy League verschlossen gewesen waren, wie zum Beispiel Katholiken und Juden (farbige Hochschulabsolventen mussten auf dieses Privileg noch einige Jahrzehnte warten).

Joe war als Student irischer Abstammung keineswegs bei all seinen Kommilitonen wohlgelitten, denn ihm blieben die Türen wirklich exklusiver Studentenvereinigungen wie dem Porcellian Club verschlossen. Sein Drang, es den Snobs und den Sprösslingen der alteingesessenen Bostoner Familien wie den Saltonstalls und den Lodges zu zeigen, ja sie zu übertrumpfen, wurde übermächtig und blieb für viele Jahre ein Leitmotiv seines Handelns. Zweifellos erlebte er einen überwältigenden Triumph, als vierzig Jahre später, bei der Wahl von 1952, sein Sohn John Fitzgerald ausgerechnet Henry Cabot Lodge jr. (1902–1085), der aus einem dieser ihm so arrogant erscheinenden Clans stammte, von seinem Senatssitz verdrängte und demselben Lodge acht Jahre später abermals eine Niederlage als Vizepräsidentschaftskandidat der Republikaner beibrachte.

Die Medizin und die Handhabe, der Weg und der Kompass, das Instrumentarium und das Vehikel, kurzum das Allheilmittel, um sich im Leben und in der Politik durchzusetzen, war Geld. Sein finanzielles Geschick war phänomenal. Zusammen mit einem Freund kaufte er einen Bus von einer vor dem Scheitern stehenden Firma und brachte Bostons Bürgermeister Fitzgerald dazu, ihnen eine Lizenz für die Durchführung von Stadtrundfahrten auszustellen. Aus einer Investition von 600 Dollar wurde ein Zweijahresgewinn von 10 000 Dollar. Joe beschloss, nach seinem erfolgreichen Studienabschluss ins Bankwesen zu gehen – nach seiner Überzeugung die Grundlage allen Geschäftslebens.

Auch wenn ihm der Bürgermeister die Lizenz für das Busunternehmen erteilt hatte, die Hand seiner Tochter Rose Elizabeth (1890–1995) mochte John F. Fitzgerald, der nur Honey Fitz genannt wurde, dem jungen Mann nicht geben. Joe und Rose hatten sich 1906 – er 18 und sie 16 Jahre alt – kennengelernt und ineinander verliebt. Doch auch der Widerstand von Honey Fitz, dem der Sohn selbst eines erfolgreichen Kneipiers nicht standesgemäß für seine Tochter erschien, konnte Joes Verlangen und Zielstrebigkeit nichts anhaben. »Ich habe mich niemals ernsthaft für jemand anderen interessiert«, bemerkte Joe senior später einmal rückblickend – was John F. Kennedys exzellenten Biografen Nigel Hamilton zu der süffisanten Bemerkung veranlasste: »Die Betonung lag auf *ernsthaft*.«

Honey Fitz war jedoch höchst einfallsreich in seinem Bemühen, Joe auszutricksen. Nicht nur versuchte er seine Tochter mit dem Sohn eines millionenschweren Freundes zu verkuppeln, er schickte sie sogar für zwei Jahre denkbar weit weg nach Blumenthal in den Niederlanden auf eine von Nonnen geleitete Schule: Alles dennoch vergebens! Joe und Rose konnten nicht voneinander lassen; ihre Liebe war stärker als Honey Fitz' Bemühungen, sie zu unterbinden. Dann änderten sich die Umstände zu Gunsten der beiden.

Im Januar 1914 stieg der 25-jährige Joe zum jüngsten Bankpräsidenten von Boston, wenn nicht gar von Amerika, auf. Und die Reputation von Honey Fitz sank: Die Zeitungen quollen über von der Skandalgeschichte einer amourösen Beziehung des Bürgermeisters zu einem hübschen Zigarettenmädchen mit dem erinnerungswürdigen Namen Toodles: Tschüssi. Mit erheblich geschmälertem Selbstwertgefühl stimmte Honey Fitz schließlich der Heirat zu, die am 7. Oktober 1914 in der privaten Kapelle des Erzbischofs von Boston stattfand.

3. In welche Zeit wurde JFK hineingeboren?

Das frisch vermählte Paar kaufte ein hübsches, keineswegs luxuriöses Haus auf der Beals Street, Hausnummer 83, im Bostoner Vorort Brookline. Zu seiner Arbeit bei der Bank fuhr Joe mit einem schwarzen Ford Modell T – jenem Auto, das in Massenproduktion hergestellt zum Symbol der Epoche und Amerikas scheinbar grenzenlos expandierender Wirtschaftskraft wurde. Bald darauf wurde Rose schwanger. Exakt neun Monate nach der Hochzeit, am 28. Juli 1915, brachte sie in einem an der Küste liegenden, angemieteten Ferienhaus ihr Baby zur Welt – einen Sohn. Er wurde auf den Namen Joseph Patrick getauft – der Name seines Vaters, der später seinen ganzen Ehrgeiz auf den jungen Joe projizieren sollte.

Honey Fitz, der überglückliche Großvater mütterlicherseits, posaunte gegenüber der lokalen Presse heraus, wie weit der Ehrgeiz bei den Kennedys und den Fitzgeralds inzwischen ging: »Natürlich wird er eines Tages Präsident der Vereinigten Staaten sein. Auf dem Weg zum Präsidentenamt wird er vermutlich für eine gewisse Zeit Bürgermeister von Boston und Gouverneur von Massachusetts sein.«

Bald wurden die Zeiten härter. Im November 1916 war Präsident Woodrow Wilson (1856–1924) für eine zweite Amtszeit gewählt worden, wobei eine entscheidende Rolle der demokratische Wahlslogan »He Kept Us Out of War!« spielte. Die Wähler, die auf ein Fortbestehen der amerikanischen Neutralität im fernen europäischen Krieg gehofft und ihm ihre Stimme gegeben hatten, lernten schnell, wie viel Politikerworte wert sein können. Nur fünf Wochen nach der Vereidigung für seine zweite Amtszeit erklärten die USA auf Antrag Wilsons Deutschland den Krieg. Zum ersten Mal würden amerikanische Truppen in Europa kämpfen. Es kam zu einer Massenmobilisierung – und zu einem Industrieboom, freilich auch bei den Banken, die am Krieg gut verdienten. Eine Uniform zu tragen wurde für männliche Amerikaner im wehrfähigen Alter zum untrüglichen Beweis des eigenen Patriotismus.

Joe Kennedy hielt nichts davon. Er meldete sich nicht freiwillig und wurde, wie Rose beobachtete, »zu einem Fremden im eigenen Freundeskreis«. Er soll auf den schlafenden Joe junior gezeigt und bemerkt haben, dies sei das einzige Glück, das von Dauer sei. Seine Haltung 1917 spiegelte seine spätere Einstellung in den Jahren 1938–1940 wider, als er sich ebenfalls gegen ein amerikanisches Engagement auf europäischen Schlachtfeldern aussprach, was ihm bei Zeitgenossen wie Historikern den Ruf eines »Defätisten« einbrachte. Joe war überzeugt, als Wirtschaftskapitän seinen Teil zu Amerikas Kriegsanstrengungen beitragen zu können.

Zum Zeitpunkt der amerikanischen Kriegserklärung war Rose hochschwanger. Am 29. Mai 1917 brachte sie abermals einen Sohn zur Welt. Zur Freude ihres Vaters wurde der Neugeborene auf den Namen John Fitzgerald getauft.

4. In welchem familiären Umfeld wuchs JFK heran?

Die Kindheit des späteren Präsidenten spielte sich unter Umständen ab, die seinen Charakter entscheidend geprägt haben dürften. Der gesellschaftliche Aufstieg seiner Familie war steil: In den 1920er Jahren wurde Joe Kennedy immer reicher; die diskriminierenden Vorurteile gegen Iren schwächten sich ab und konnten weitgehend überwunden werden.

In der Familie herrschten jedoch emotionale Leere und Entfremdung. Der kleine John – im Familienkreis fast ausnahmslos Jack genannt – wuchs etliche Jahre ohne Eltern heran: ohne einen Vater, der oft lange Zeit abwesend war, gewinnbringende Geschäfte machte und außereheliche Affären hatte, und mit einer Mutter, die unnahbar, bar jeder Zärtlichkeit und religiös fanatisch war. Erzieherinnen und Nannys prägten Jacks Kinderjahre – und die stetig wachsende Schar der Geschwister.

Joe senior schien ein Midas zu sein, unter dessen Händen sich alles, was er anpackte, zu Gold oder jedenfalls in einen immensen Profit verwandelte. Ob er sich in der Rüstungs-, der Banken- oder der Unterhaltungsindustrie engagierte – seine Renditen waren meist traumhaft. Etwas geschaffen, beispielsweise ein Unternehmen aufgebaut, hat er nicht. Joe Kennedy senior war kein Henry Ford, kein Bill Gates, kein Steve Jobs; eher einer Heuschrecke ähnlich, denn er verkaufte seine Anteile und zog weiter, wenn er einen überreichen Gewinn eingefahren hatte.

Zu Hause in Boston war er nur selten. 1924 ließ er seine wieder einmal schwangere Frau zurück, bezog eine Suite im New Yorker Waldorf-Astoria und mischte an der Wall Street mit – wie Kritiker meinen, mit nicht ganz sauberen Methoden und auch nicht immer ganz sauberen Freunden. Kam er doch einmal zurück, zeugte er das nächste Kind. Seine Frau Rose hatte eine tief sitzende Abneigung gegen Sex und gegen alles, was sie als

»schmutzig« empfand. Das Beilager mit ihrem Mann vollzog sie als streng gläubige Katholikin nur zur Fortpflanzung. Joe war es recht; in New York waren Tänzerinnen und Showgirls seine Gespielinnen, und mit seinen Investments in Hollywood wurde sein Geschmack erlesener.

Im Herbst 1927 investierte er in eine Produktionsgesellschaft der Schauspielerin Gloria Swanson (1899–1983), die bald darauf seine Geliebte wurde. Swanson hat später, als reife Dame, ihre Erinnerungen verfasst und die sexuelle Gier Kennedys in farbigen Worten beschrieben – eine Libido, die kaum auf die Gefühle der Partnerin ausgerichtet war, sondern ausschließlich der eigenen Befriedigung galt. Sein Sohn John würde ganz auf den Vater kommen.

Für den Sozialaufsteiger Kennedy war die Liaison mit der Leinwandgöttin Swanson die größte denkbare Trophäe – die Beziehung der beiden war Hollywoods schlecht gehütetstes Geheimnis. Die Ehe mit Rose stand kurz vor dem Bruch. Die Spannungen zwischen den Eltern waren sofort spürbar, wenn Joe zu Hause war (was seit 1927 eine großräumige Villa in einem Vorort von New York war, außerdem kamen Häuser in Hyannis Port auf Cape Cod und in Palm Beach, Florida, hinzu), und gingen an den Kindern nicht spurlos vorbei. Rose war im Gegensatz zu ihrem Mann meist anwesend, ein Gefühl der Geborgenheit vermittelte sie ihren Kindern jedoch nie. Der spätere Präsident soll einmal geklagt haben, Rose habe ihn nie auf den Arm genommen, sondern tagtäglich in ihrer Kirche auf Knien einen Rosenkranz nach dem anderen heruntergebetet.

Typischerweise ließ Rose ein neugeborenes Baby in der Obhut der Amme und begab sich auf längere Reisen, was den fünfjährigen Jack zu der viel kolportierten Klage veranlasst haben soll: »Du bist eine großartige Mutter, dass Du verreist und all'

Deine Kinder allein lässt!« Sie brachte keines ihrer Kinder zur Schule und nahm an keinen schulischen Aktivitäten teil. Nach der Geburt von Jacks Schwester Jean, 1928, begab sie sich auf eine Traumreise zum Shoppen nach Paris, freilich ohne ihren Nachwuchs. Einer von Johns Lehrern erinnerte sich: »Jedes Mal, wenn Mrs. Kennedy ein Baby hatte, heuerte sie ein neues Kindermädchen an und unternahm eine weitere Weltreise.«

Im Jahr 1931 stellte Rose den ehelichen Verkehr mit ihrem Gatten endgültig ein.

Die letzte biologische Frucht dieses kümmerlichen Ehelebens war der im Februar 1932 geborene Edward (1932−2009), genannt Teddy, der einer der geachtetsten Senatoren des 20. und frühen 21. Jahrhunderts wurde.

5. Wie verlief JFKs Schulzeit?

Nach einem kurzen Aufenthalt an einer öffentlichen Schule führte der Weg von Jack (im Familienkreis wurde er stets Jack gerufen) durch angesehene Privatschulen des amerikanischen Nordostens. Nach einer Bostoner und einer New Yorker Privatschule folgte für den Dreizehnjährigen die Canterbury School in New Milford, Connecticut, eine elitäre Anstalt für Jungen, ganz nach Mutter Roses Geschmack: streng katholisch und von Nonnen geführt. Der Junge hatte Heimweh, fand sich dann aber ein in die neue Umgebung, die indes nicht von Dauer sein sollte. Nur gut ein Jahr später wechselte er, auf den Spuren seines älteren Bruders Joe, nach Choate: Dieses Internat in Wallingford, Connecticut, war hoch renommiert und wurde von den oberen Tausend der Ostküste für die Bildung ihrer Söhne genutzt – und mehr noch zum Schaffen von Netzwerken, die ein Leben lang zu halten versprachen.

Joe senior war inzwischen geradezu unermesslich reich geworden, was nicht nur den Besuch teurer Schulen ermöglichte, sondern auch die Freizeitgestaltung seiner Kinder beeinflusste. Die Sommerferien – von der Schule wurde er oft von einem Chauffeur seines Vaters in Joes Rolls-Royce abgeholt – verbrachte Jack ab 1926 zunehmend auf Cape Cod, der mit schönen Stränden gesegneten Halbinsel südlich von Boston. Dort hatte Joe ein Anwesen gekauft – in einem Ort, der zum Synonym für den »Kennedy-Clan« werden sollte: Hyannis Port. Das am Strand gelegene Haus kam für die große Familie, die ihren Hauptwohnsitz mehrfach verlagerte und in der beide Elternteile oft abwesend waren, am ehesten einem Fixpunkt, einem »Zuhause«, nahe, gefolgt von einem ähnlich prächtigen Besitz in Palm Beach, Florida.

Joe senior war auch geschäftstüchtig und vorausschauend genug gewesen, seine Investments in dem zunehmend fiebernden Aktienmarkt rechtzeitig zurückzufahren, bevor es zu dem – von Insider Joe sicherlich erwarteten – Crash am 29. Oktober 1929 kam. Diesem schloss sich eine Weltwirtschaftskrise an, die aber an den Kennedy-Kindern völlig spurlos vorüberging. John F. Kennedy erinnerte sich 1960 gegenüber dem *Time*-Journalisten Hugh Sidey (1927–2005): »Ich hatte kein unmittelbares Wissen um die Depression. Meine Familie hatte eines der größten Vermögen der Welt, und es war wertvoller denn je. Wir hatten größere Häuser, mehr Diener, und wir reisten mehr. Das Einzige, was ich mitbekam, war, wenn mein Vater zusätzliche Gärtner einstellte, um ihnen einen Job zu geben, so dass sie etwas zu essen hatten. Ich habe wirklich kaum etwas über die Depression gewusst, bis ich in Harvard darüber gelesen habe.«

Seine schulischen Leistungen schwankten zwischen gut und durchwachsen. In Choate zeigte er Ansätze von Rebellion, als er mit Gleichgesinnten eine Clique gründete, den Muckers Club, die mit adoleszenten Späßen die Nerven der Lehrer strapazierten. Jack stand kurz vor einem Schulverweis und Joe senior wurde zum Gespräch mit dem Direktor zitiert (der Vater raunte seinem Filius in vertraulicher Tonlage zu, dass, würde er selbst eine solche Bande anführen, deren Name ganz bestimmt nicht mit ›M‹ anfangen würde).

Es blieb eine Episode. Jacks Intelligenz, verbunden mit einem natürlichen Charme, nahm schließlich auch den Direktor ein, der bald darauf an Joe sen. schrieb: »Je länger ich mit ihm zusammen bin, mit ihm arbeite und mit ihm rede, desto mehr bin ich bereit, darauf zu wetten, dass Sie binnen zwei Jahren so stolz auf Jack sein werden, wie Sie es jetzt auf Joe sind.«

Als John F. Kennedy sein Examen in Choate absolviert hatte, schickte ihn sein Vater zu einem Studienaufenthalt an die London School of Economics – seine erste Auslandsreise.

6. Welche Werte vermittelten Joe und Rose Kennedy ihren Kindern?

Joe Kennedy, der Selfmademan, »machte« Millionen, wurde der vielleicht berühmteste, wenn auch nicht notwendigerweise beliebteste Geschäftsmann der USA und war beinahe pathologisch erfolgsbesessen. Ein Refrain, den sich seine Kinder in allen Altersstufen immer wieder anhören durften, lautete: »Wir wollen hier keine Verlierer sehen. In dieser Familie wollen wir Sieger haben.« Von seinen neun Kindern verlangte er, sich einem beständigen, ewigen Wettkampf zu stellen, eine Anforderung, der jedes seiner Kinder auf seine Weise gerecht zu werden suchte. Dabei räumte Joe der Einhaltung von Regeln oder Gesetzen auf dem Weg zum Erfolg nicht immer höchste Priorität ein und lebte diese Einstellung seinen Kindern vor. Seine Börsendeals galten damaligen Insidern und späteren Biografen als, vorsichtig ausgedrückt, nicht durchweg sauber, und während der Prohibition verdiente Joe vermutlich (etliche weitere) Millionen mit illegalem Spirituosenimport.

Unerlässlich war für Joe Kennedy eine hohe familiäre Loyalität – ein Kennedy durfte nie verlieren und den Ruf der Familie beschädigen. Jacks Freund Lem Billings (1916–1981) beobachtete: »Mr. Kennedy hat in der Familie eine immense Loyalität des einen für den anderen aufgebaut. Das kam zweifellos von seiner eigenen großen Liebe und seinem Gefühl, sie könnten zusammen besser sein als jeder für sich allein.« Dass Joe senior seine Kinder liebte, steht außer Zweifel. Mehrere Generationen des Clans beherzigten seine Lehren: Wer einem Kennedy etwas vorwarf oder ihn beschuldigte, traf damals wie heute auf eine Abwehrfront, die so eisern ist wie das zähnefletschende Kennedylächeln.

Über Liebesbekundungen seitens ihrer Mutter hatte keines ihrer neun Kinder etwas zu berichten. Trotzdem war auch hier Loyalität das oberste Gebot, und aus den Eulogien zu Roses Ableben 1995 stieg das Bild einer Heiligen vor der Trauergemeinde empor. Rose versuchte vor allem ihre Töchter auf ihre Weltsicht einzuschwören: mit der Frau in einer dem Mann gegenüber fast servilen Rolle, der getreuen Erfüllung des göttlichen Gebotes, fruchtbar zu sein und sich reichlich zu vermehren, mit Sexualitätsfeindlichkeit und einer absoluten Nulltoleranz gegenüber Menschen, die ihren Glauben auf andere Art ausübten, als von Rom vorgegeben.

Die lebensfrohe Kathleen, Jacks um drei Jahre jüngere Schwester, brach am entschiedensten mit dieser Vorgabe und verlobte sich – heftig von Rose angefeindet, aber unterstützt vor allem von Bruder Joe junior – mit einem Mitglied des britischen Hochadels: William Cavendish (1917–1944) dem Marquess of Hartington und Erben des Duke of Devonshire. Die Ehe mit einem Protestanten kam für Rose einer Todsünde gleich. Kathleen ließ sich indes ihr Leben nicht länger von Rose diktieren und heiratete William im Mai 1944, kurz vor der alliierten Invasion in der Normandie. Bruder Joe war der einzige ihrer Geschwister, der bei der Zeremonie anwesend war.

Vier Monate später war Kathleen bereits Witwe, ihr Mann als Offizier der British Army im Krieg gefallen, und vier Jahre später kam Kathleen selbst bei einem Flugzeugabsturz ums Leben. Rose sah darin eine Strafe Gottes und weigerte sich, an der Beerdigung teilzunehmen.

7. Welches Verhältnis hatte »Jack« zu seinen Geschwistern?

Es gab keinen Zweifel: Die große Hoffnung der Eltern und vor allem von Vater Joe war der Träger seines Namens, der Erstgeborene. Für den zwei Jahre jüngeren Jack war Joe junior eine ständige Herausforderung, eine scheinbar übermächtige Präsenz, in dessen Schatten zu stehen sein Schicksal zu werden schien. Ein Mädchen, mit dem Jack als Teenager ausging, erinnerte sich später daran, dass Jack viel von seinem Bruder erzählt, der in allem so viel besser schien: in der Schule, als Tänzer und beim für die Kennedys so wichtigen Sport. Wenn beide beim geliebten Touch Football aufeinander trafen, schenkten die Brüder sich nichts; blaue Flecken und Platzwunden wurden zur Normalität – vor allem für den körperlich so viel schwächeren Jack. Joe junior nämlich ließ keine Gelegenheit aus, ihm zu zeigen, wer der Stärkere war, und dies oft auf unbarmherzige Weise.

Joe junior, der in allem seinem Vater nachzustreben suchte, hatte einen ausgeprägten Charakterzug des Seniors geerbt: Er konnte nicht verlieren. Von Jack – oder einem anderen Geschwister – in einem Wettbewerb, einer Diskussion zur Nummer Zwei gemacht zu werden (für einen echten Kennedy nach Joes sen. Credo eine Schmach), trieb ihn zu Wutanfällen. Bei einer Regatta, die er nicht als Sieger beendete, warf er in Rage seinen zwölfjährigen Bruder Edward ins Wasser und verbot dem künftigen Senator darauf, daheim von dem Zwischenfall zu erzählen. Die anerzogenen Selbstschutzmechanismen der Familie griffen indes auch, um später die Reputation von Joe jr, der noch jung ums Leben kam, zu wahren. Als John F. Kennedy sich um die Präsidentschaft bewarb, sorgte er dafür, dass ein ihm gewogener Biograf die Bezeichnung *bully* (Tyrann) für den älteren Bruder aus dem Manuskript nahm.

Doch auch Jack war ein großer Bruder. Zu ihm sahen der 1925 geborene Robert (1925–1968) und der 1932 geborene Edward (»Teddy«) auf – auch weil er umgänglicher, weniger barsch und arrogant war als Joe junior. Beide jüngeren Brüder würden ihm einst in die Politik folgen, Robert würde in den tausend Tagen der Präsidentschaft John F. Kennedys sein wichtigster Berater sein.

Eine enge Beziehung hatte er zu seiner Schwester Kathleen, die später seine Vertraute während seiner Beziehung mit Inga Arvad werden sollte. Und er zeigte große Wärme gegenüber dem Sorgenkind der Familie. Die jüngere Schwester Rosemary (1918–2005) war kein Siegertyp im Sinne von Old Joe, sondern erkennbar emotional instabil und einem Intelligenztest zufolge geistig leicht zurückgeblieben. Mit Eintritt der Pubertät entwickelte sie die Neigung zu Wutanfällen, die in Gewalt gegen Familienmitglieder, vor allem ihre bigotte und menschlich kalte

Mutter, mündeten. Für Joe senior war Rosemary ein Schand-fleck auf dem Image der erfolgreichen Familie, die bei öffent-lichen Auftritten stets synchron das berühmte Kennedy-Lä-cheln anknipsen konnte und aufblitzen ließ.

Jack indes stand zu Rosemary, nahm sie zu Partys und in Clubs mit, fuhr sie wieder nach Hause, bevor er mit Freunden und Freundinnen weiterfeierte. Als junger Mann, der keinerlei Kontakt zu sozial benachteiligten Bevölkerungsschichten hatte, war Rosemary eine Mahnung für ihn, dass nicht alle Menschen so privilegiert waren wie er selbst und seine stets aufs Siegen und Gewinnen gedrillten Geschwister. Das grausige Schicksal, das der jungen Frau harrte, konnte auch er nicht verhindern. Nachdem Rosemary die Neigung entwickelt hatte, nachts weg-zulaufen und offenbar auch einen ausgeprägten Sexualtrieb be-saß, fürchtete Joe senior, sie könnte sich eine Geschlechtskrank-heit zuziehen oder ungewollt schwanger werden. Er griff zu einer martialischen Therapie.

Möglicherweise ohne Rücksprache mit Rose oder Rosemarys Geschwistern brachte er sie zu einem Lobotomisten. Eine Reihe von Ärzten der Epoche – und auch einige Scharlatane – sahen in der Lobotomie ein Allheilmittel gegen psychische Erkrankun-gen. Bei dem Eingriff wurde ein Instrument – der berühmteste dieser Spezialisten, Walter Freeman (1895–1972), benutzte ein einem Eispickel nachempfundenes Werkzeug – oberhalb der Augenhöhle in die Stirn getrieben und nach Erreichen des Ge-hirns mehrfach umgedreht. Diese aus heutiger Sicht bestiali-sche Intervention ließ psychisch Kranke oft »ruhiger« zurück – was die Lobotomisten als Zeichen der »Heilung« deuteten.

Bei Rosemary führte der Eingriff, von Freeman 1941 durchge-führt, zu einer Katastrophe. Was immer sie an Geist, Persönlich-keit, Bewusstsein gehabt haben mag – die Lobotomie zerstörte es. Nach dem Eingriff war sie schwerbehindert. Bald verschwand sie auf Nimmerwiedersehen. Joe Kennedy ließ sie in ein abgelegenes Pflegeheim in Wisconsin bringen, wo sie 2005 nach mehr als sechs Jahrzehnten des Hindämmerns verstarb. Einer politischen Karriere, wie sie Joe zunächst für sich selbst und dann für seine Söhne Joe und Jack anstrebte, konnte ihr Anblick nicht mehr schaden.

Wenn die Sprache auf Rosemary kam, galt der strikte Kennedysche Grundsatz, nichts Negatives dürfe den Ruf der Familie beflecken. Reportern wurde erklärt, die verlorene Schwester leiste Missionsarbeit oder gehe ihrem Glauben in aller Abgeschiedenheit nach. Ein Kennedy sein, hieß Sieger sein – für Rosemary war kein Platz in der von Joe Kennedys Ehrgeiz konstruierten Welt permanenter Erfolge.

8. Hatte JFK eine unbeschwerte Kindheit und Jugend?

John F. Kennedy war sein Leben lang kein gesunder Mensch. Als Präsident würde er auf Schmerzmittel angewiesen sein, doch die Leidensgeschichte begann schon im Kindesalter. Immer wieder warfen ihn Krankheiten zurück, vom Scharlach kurz vor seinem dritten Geburtstag bis zu für die Ärzte teilweise unerklärlichen Beschwerden, zu deren Leitsymptomen vor allem Bauchschmerzen, Appetitlosigkeit und Gewichtsabnahme gehörten. Er war fast permanent untergewichtig, schien nur aus Haut und Knochen zu bestehen.

In den Privatschulen, die er besuchte, landete er immer wieder auf der Krankenstation. Wenn er in den Ferien oder an Feiertagen nach Hause kam, waren seine Eltern meist entsetzt über sein Aussehen. Bei Krankenhausaufenthalten wurde er fast allen Methoden der zeitgenössischen Diagnostik unterzogen, doch die Mediziner fanden keinen Konsens; man vermutete unter anderem Leukämie, als die Zahl an weißen Blutkörperchen bei ihm dramatisch abnahm. Er versuchte es mit Humor zu tragen und schrieb seinem Schulfreund und lebenslangem Intimus Lem Billings: »Heute morgen hatte ich 3500 [weiße Blutkörperchen]. Bei 1500 stirbt man. Sie nennen mich ›Noch 2000-Kennedy‹.«

Die Krankheit – oder Krankheiten – standen seiner erwachenden und höchst ausgeprägten Sexualität nicht im Wege; den Klinikaufenthalten konnte er zumindest den Vorzug abgewinnen, dass er reichlich Krankenschwestern zu sehen bekam. Als 17-jähriger musste er den Nationalfeiertag in einem Krankenhaus verbringen, und wie immer ließ er Billings detailliert Anteil an seinen Erlebnissen haben: »Ich hatte 18 Einläufe in drei Tagen! Sie setzten mich auf ein Ding, das wie ein Friseurstuhl aussah. Dann zog mir eine Blondine die Hosen herunter! Von all den Krankenschwestern umgeben, steckte mir ein Doktor seinen Finger in den Arsch. Danach schob mir der Schmock ein Eisenrohr, 12 Inches lang und einen Inch im Durchmesser, hinten hinein. Da drin war eine Lampe und sie schauten mich von innen an. Dann bliesen sie mir jede Menge Luft hinein, um mein Gedärm aufzupumpen. Ich fühlte mich so großartig, wie es auch Dir ergangen wäre, wenn jede Menge Fremde Dir ins Arschloch schauen.«

Die vielen Krankheiten, die der junge Jack durchmachte, hatten indes auch einen positiven Effekt: Der Junge las und las und las – in einer Familie, in der vor allem Sport in seiner ehrgeizigsten Version die Freizeitgestaltung Nummer Eins war, ein ungewöhnliches Hobby. Zunächst waren es klassische Abenteuerromane, dann Biografien, und schließlich begeisterte ihn zunehmend Literatur über Geschichte und Politik. Ein frühes

Lieblingswerk, das er immer wieder las, war die Mythologie von König Arthur auf Camelot. Später, bei einem mehrwöchigen Aufenthalt in der Mayo-Klinik, griff er zu einem Buch eines Autors, der bald darauf die Geschicke der Welt entscheidend mitgestalten sollte: *The World Crisis* aus der Feder eines gewissen Winston Churchill.

Der junge Jack war von schneller Auffassungsgabe und entwickelte einen wachen Geist, der ihn aus der Geschwisterschar herausragen ließ. Sein Wissen und seine Intelligenz verstand er indessen auf unaufdringliche Art einzusetzen – niemand hat ihn in der Schule oder an der Universität je einen *Nerd*, einen Klugscheißer, genannt. Mit dem Charme, den er schon als Teenager an den Tag legte, überspielte er den überheblichen Zug seines Intellekts – und auch seine immer wiederkehrenden Schmerzen und die anderen Symptome, für die die Ärzte über viele Jahre keine Erklärung fanden.

WILDE JUGEND –
UND PLÖTZLICH EIN KRIEGSHELD

(ca. 1930–1946)

9. Welche Neigung zeigte sich bereits beim jungen Kennedy?

John F. Kennedy war von der Pubertät bis in seine Zeit als Präsident ein »Ladies' Man«, ein Mann, auf den Frauen ganz einfach flogen. Nicht nur der spätere Staatsmann mit dem unbestreitbaren Charisma, sondern bereits der blasse, untergewichtige Jüngling mit dem rötlichen Haarschopf besaß eine ungeheure Ausstrahlung auf Frauen. Und nicht nur auf Frauen: Seine Wirkung erfasste (auf einer anderen Ebene) auch Männer – Gleichaltrige drängten sich nach den ersten Worten, dem ersten Gespräch mit dem etwas scheu lächelnden jungen Mann darum, sein Freund zu werden. Ob Schulfreunde, Studien- oder Kriegskameraden – die Erinnerungen an John F. Kennedy waren vielfach auch Jahrzehnte später noch von Verklärung und Bewunderung geprägt.

Seine Anziehung auf Mädchen und Frauen war geradezu ekstatisch. Er brauchte keinen Finger zu rühren, um Frauen anzulocken, erinnerte sich eine Bekannte: »Sie kamen in Bataillonsstärke zu ihm.« Seiner ausgeprägten Libido kam dies sehr entgegen. Der jugendliche und erwachsene John F. Kennedy »verlor« nur wenige Tage seines Lebens, seinem Motto A *day without getting laid is a day lost* gerecht zu werden. Ob es medizinische Gründe für seinen exorbitanten Geschlechtstrieb gab, wie seine erst in den 1950er Jahren diagnostizierte Hormonkrankheit, oder ob er dem väterlichen »Vorbild« nachzueifern suchte, bleibt spekulativ.

Zweifellos war Sex für John F. Kennedy jedoch ein extrem egozentrisches Erlebnis. »Jack Kennedy hatte keinen Respekt vor Frauen, überhaupt keinen Respekt«, fand sein kanadischer Harvard-Kommilitone, Vic Francis: »Er musste einfach Eroberungen machen, das brauchte er für sein Selbstwertgefühl. Aber Achtung für die Frauen hatte er nicht, und er gab sich auch nicht die geringste Mühe, so etwas vorzutäuschen.« Wählerisch war er auch nicht. Von einer Reise nach Mexiko berichtete er Lem Billings: »Habe in einem mexikanischen Hurenhaus für 65 Cent einen Fick und einen geblasen bekommen, fühle mich jetzt – richtig fit und sauber.« Ganz so sauber fühlte er sich dann doch nicht. Von Geschlechtskrankheiten sah er sich – wohl zu Recht – bedroht und berichtete von einem seiner zahlreichen Krankenhausaufenthalte erleichtert: »Habe einen Blick auf meine Krankenakte geworfen und entdeckt, dass ich die Syph nicht habe, denn sie haben den Wassermann[-Test] mit mir gemacht.«

Manche Biografen sehen in Jacks Lebenswandel weniger eine Imitation des väterlichen Eroberungsdenkens als vielmehr eine Reaktion auf die Lieblosigkeit seiner Mutter, eine unstillbare Sehnsucht nach Berührung, und sei sie auch noch so kurz. Denn viel Zeit nahm er sich nicht. »Ich wünschte, wir hätten Zeit für ein Vorspiel«, waren seine einleitenden Worte bei einem Rendezvous, und eine Freundin beschrieb ihn als »stürmisch wie Mussolini. An die Wand, Signora, wenn Sie fünf Minuten haben.« Auch Jacks augenzwinkernde Devise ist bezeichnend: *Slam, bam, thank you, Ma'am.*

10. An welchen Universitäten studierte JFK?

Der akademische Weg schien für ihn vorgezeichnet, denn mit seinem Vater als einem prominenten *Alumnus*, einem Ehemaligen, standen die Pforten von Harvard weit offen für den jungen Jack. Vermutlich um seine Unabhängigkeit zu beweisen, bewarb er sich an der Princeton University – auch dabei war Old Joe mit seinen Kontakten hilfreich. Trotz eines Hochschulzeugnisses, das nicht unbedingt den Zugang zu einer dieser Eliteuniversitäten eröffnet hätte, wurde Jack in Princeton angenommen. Als er von seinem Sommerstudium in England zurückkam, warf ihn indes wieder einmal eine Krankheit um Monate zurück – und gab ihm genügend Zeit, seine Wahl zu überdenken.

Er entschied sich nun doch für Harvard und wurde erwartungsgemäß aufgenommen. Schwerpunkte bildeten Politikwissenschaften und Geschichte; auch Französisch stand auf dem Studienplan, doch Fremdsprachen waren nicht seine Stärke. Aber er entwickelte journalistisches Talent und verfasste mehrere Artikel für die Zeitschrift *Harvard Crimson*.

Seine Noten hingegen waren eher mittelmäßig – seine soziale Kompetenz jedoch war exzellent. Er gewann schnell neue Freunde und schaffte es mit deren Unterstützung, Zugang zu einem elitären Club zu gewinnen, dessen Tore sowohl Vater Joe als auch Bruder Joe junior verschlossen geblieben waren. Die Geschehnisse in der Welt, vor allem der Machtzuwachs von Hitlerdeutschland und dem imperialistischen Japan, wurden auf dem Campus intensiv diskutiert. John F. Kennedy hatte dank des Geldes seines Vaters die Gelegenheit, die Verhältnisse im – wieder einmal – krisengeschüttelten Europa aus nächster Nähe zu beobachten.

11. Welchen Eindruck von Deutschland gewann JFK auf seiner Europareise 1937?

Zusammen mit seinem Freund Lem Billings schiffte sich Jack am 1. Juli 1937 auf dem Transatlantikdampfer *S. S. Washington* zu einer mehrwöchigen Europareise ein. Da Lem nicht über die finanziellen Mittel für eine solche Exkursion verfügte, hatte sich Old Joe von der spendablen Seite gezeigt und Jacks Intimus die Reise kurzerhand finanziert.

Die erste Station war Frankreich, wo Jack mit seinen Tagebuchaufzeichnungen begann und sehr detailliert seine Beobachtungen, Gespräche und Einschätzungen der politischen Situation zu Papier brachte: »Der generelle Eindruck ist, dass es keinen Krieg in der nahen Zukunft geben wird und Frankreich viel zu gut auf Deutschland vorbereitet ist.« Natürlich blieb Zeit für Champagnerkellereien und exquisite Restaurants, für das Moulin Rouge und für Bohème-Cafes – und für Frauen. Die exzellenten Kontakte seines Vaters öffneten den beiden jungen Amerikanern viele Türen – auch zu einer Audienz bei Kardinal Pacelli (1876–1958), dem späteren Papst Pius XII.

In Biarritz besuchten Jack und Lem einen Stierkampf und fühlten sich zutiefst abgestoßen: »Glaube jetzt all die Horrorgeschichte über die Südländer wie Franzosen und Spanier, die am fröhlichsten bei grausamen Szenen sind. Sie meinen, dass es der komischste Anblick ist, wenn ein Pferd aus dem Ring rennt und seine eigenen Gedärme hinter sich herzieht.« Lem notierte kurz: »Wir waren davon angewidert.« Da ein geplanter Abstecher nach Spanien wegen des dort tobenden Bürgerkrieges ausfallen musste, zogen sie nach Italien weiter, wo sie von der unerwarteten Sauberkeit angenehm überrascht waren und keinen erkennbaren Widerstand gegen Mussolini erkennen konnten: »Kam zu dem Schluss, dass Faschismus das Ding für Deutschland und Italien, Kommunismus für Russland und die Demokratie für Amerika und England ist.«

Jack war sehr daran interessiert, sich ein Bild von Deutschland unter Hitler zu machen. Sie kamen in München an und besuchten (wie es sich für viele Touristen gehört) das Hofbräuhaus. Die Deutschen, denen sie begegneten, erschienen ihnen wenig sympathisch. Billings notierte: »Wir hatten ein übles Gefühl bezüglich Deutschland und all diesem Heil Hitler-Zeug. Sie waren extrem arrogant, die ganze Rasse ist arrogant, alles was Deutschland vermittelte, war Arroganz. Sie fühlen sich uns so überlegen und wollen es zeigen. Vielleicht kommt da ein Minderwertigkeitskomplex zum Vorschein.« Jack notierte nachdenklich: »Es gibt keinen Zweifel, dass diese Diktatoren wegen ihrer effektiven Propaganda in ihren Ländern beliebter sind als außerhalb.«

In Nürnberg verpassten sie eine Rede des »Führers« um wenige Tage, wurden indes als »Ausländer« erneut wenig freundlich aufgenommen. Lem Billings fand die Deutschen inzwischen »unerträglich«, Jack notierte mit gepflegtem Understatement in seinem Tagebuch: »Es war wie immer, nur erlebten wir diesmal als zusätzliche Attraktion, dass wir bespuckt wurden.«

Der Erwerb eines Dackels für nur 8 Dollar erwies sich ebenfalls als in letzter Konsequenz unerfreuliches Ereignis. »Jack entdeckte zum ersten Mal in seinem Leben«, berichtete Lem später, »dass er allergisch auf Hunde war. Der Dachshund verschaffte ihm Asthma. Damit konnte er seiner langen Krankengeschichte ein neues Leiden anfügen. Von da an, bis zum Tag an dem er starb, konnte er nicht im gleichen Raum mit einem Hund sein.« In der Tat waren die Kennedys eine der wenigen *First Families*, die im Weißen Haus keinen Hund hielten.

Auch die Burgen entlang des Rheins gehörten zum Programm, das Lem und Jack mit eigenem Auto (welches sie auf das

Schiff hatten verladen lassen) absolvierten. Kennedy ließ in seinem Interesse an Deutschland trotz der oft unschönen Erfahrungen nicht locker: »Er bestand darauf, dass wir jeden Anhalter mitnahmen. Das hat gut funktioniert, denn ein großer Prozentsatz von ihnen waren Studenten und konnten Englisch sprechen. Auf diese Art lernten wir eine ganze Menge über Deutschland.«

12. Worin gründete das Ansehen der Kennedy-Familie?

Joe Kennedy war an Politik interessiert – und an Macht. Nachdem er dem Erwerb weiterer Millionen möglicherweise keinen zusätzlichen Reiz abgewinnen konnte, drängte es ihn nach einem öffentlichen Amt, nach einer Position, in der er und seine Familie von der Öffentlichkeit gebührend bewundert werden konnten. Für enge Vertraute bestand wenig Zweifel daran, dass er im mehr oder weniger Geheimen plante, in mittelfristiger Zukunft der erste katholische Präsident der USA zu werden.

Den Weg in die Politik, so hoffte er, würde ihm der Mann bahnen, der seit 1933 im Weißen Haus wohnte und die USA mit einem nie dagewesenen Programm staatlicher Intervention, dem *New Deal*, durch die Weltwirtschaftskrise zu bringen suchte: Präsident Franklin D. Roosevelt (1882–1945), den Joe im Wahlkampf 1932 finanziell unterstützt hatte. Roosevelt machte Joe Kennedy zunächst zum Chef der Börsenaufsicht, womit nach Einschätzung mancher Beobachter der Bock als Gärtner eingestellt wurde. Joe indes stand der Sinn nach Höherem, und so betrieb er kontinuierlich PR in eigener Sache. Zu den Journalisten, die Lobhuldigungen auf ihn unter das Volk bringen sollten, gehörte unter anderem Arthur Krock (1886–1974) von der *New York Times*, der sich dafür fürstlich entlohnen ließ.

Nach langem Antichambrieren bekam Joe schließlich seinen Traumjob: Roosevelt ernannte ihn zum Botschafter in London oder, wie es offiziell hieß, am Hof von St. James. Es war der glanzvollste Posten der amerikanischen Demokratie und für Joe ein Moment süßesten Triumphes: Er, der Abkömmling der von England und seiner herrschenden Klasse unterdrückten und diskriminierten Iren würde die mächtige Nation auf der anderen Seite des Atlantik repräsentieren – ein Amerika, auf dessen Hilfe Britannien angesichts des sich verdunkelnden Himmels über Europa bald angewiesen sein könnte. Joe kabelte beglückt an den Präsidenten: »Ich möchte Ihnen sagen, dass ich nicht weiß, was für ein Diplomat ich sein werde, möglicherweise ein lausiger, aber ich verspreche, dass ich das tun werde, was Sie von mir erwarten. Rose und ich sind zutiefst dankbar.«

Mit dem »lausig« sollte Kennedy nach mehrheitlicher Einschätzung von Historikern Recht behalten. Roosevelt indes mochte Kennedy nicht und misstraute ihm zutiefst, hielt ihn für »einen sehr gefährlichen Mann«. Möglicherweise hegte der politisch äußerst versierte Präsident die Hoffnung, dass sich der Botschafterposten für Kennedy als mehrere Nummern zu groß erweisen und der zum Diplomaten mutierte Multimillionär auf diese Weise auflaufen würde. So sollten seine politischen Ambitionen Schiffbruch erleiden – eine, wie sich zeigen sollte, realistische Einschätzung.

Gesellschaftlich und medial indes waren die Kennedys in Großbritannien – zunächst – ein voller Erfolg. Die Reporter umlagerten die attraktive und erkennbar die Dynamik der Neuen Welt verkörpernde Familie von der ersten Stunde an, da sie von Bord des Ozeanliners ging. Fotos von den gut aussehenden, strahlenden Kindern (zu denen sich Jack in den nächsten zwei Jahren immer wieder gesellte) und dem so glücklich wirkenden

Ehepaar füllten die Gesellschaftsseiten der Zeitungen und Magazine. Die Kennedys konnten sich vor Einladungen kaum retten, in Clubs und Country Houses und auch auf richtige Schlösser – man riss sich um die Kennedys, und selbstverständlich sorgte Joe dafür, dass auch das Publikum in den Kinos daheim in Amerika in der Wochenschau beeindruckende Bilder vom Empfang des Botschafters und seiner Frau durch den englischen König zu sehen bekam. Es war der Höhepunkt für Joe, und er konnte mit Berechtigung seiner Frau im Buckingham Palace zuraunen: *Rose, this is a helluva long way from East Boston.* Für Zeitungen in den USA sah es inzwischen eindeutig danach aus, dass »Kennedy hoffte, den Hof von St. James als Stufe auf dem Weg ins Weiße Haus 1940 zu nutzen«.

Die Verzauberung der britischen Gastgeber von Amerikas Mann an der Themse hatte allerdings bald ein Ende. Joe – sonst als Spekulant mit einem so sicheren Gespür ausgestattet – setzte nämlich auf die völlig falsche Seite der historischen Entwicklung. Er wurde auf amerikanischer Seite zum profiliertesten Unterstützer der Appeasement-Politik von Premierminister Neville Chamberlain (1869–1940), die im *Münchner Abkommen* Ende September 1938 einen unrühmlichen Höhepunkt fand. In seinen öffentlichen Äußerungen drückte er Verständnis für die deutsche Haltung aus – was ihm politische Gegner schnell als Sympathie für Hitler auslegten – und ließ sich wohl auch zu antisemitischen Tiraden hinreißen. Wirklich fatal war, dass er in seiner außenpolitischen Position auf Konfrontationskurs mit Roosevelt lag.

Der Präsident sah in Hitler (1889–1945) und seiner aggressiven Politik eine Bedrohung nicht nur Großbritanniens und längerfristig auch der USA, sondern der Zivilisation an sich. Roosevelt würde England nach Kräften unterstützen, wenn es zu dem sich am Horizont abzeichnenden neuerlichen Krieg kommen sollte. Kennedy wurde hingegen immer mehr zum Exponenten des amerikanischen Isolationismus, der in den USA in dem Atlantikflieger Charles Lindbergh (1902–1974) seine wichtigste Stimme fand. Joe Kennedy erklärte öffentlich: »Wie die Dinge nun stehen, haben die Vereinigten Staaten nicht die Absicht, im Falle eines Krieges – und ich meine natürlich einen wirklich großen Krieg – Unterstützung zu suchen oder anzubieten.«

Als der Krieg im September 1939 dann Realität wurde, entwickelte sich Joe Kennedy zum Defätisten. Er rief nach einem Frieden um beinahe jeden Preis mit Hitler und verstieg sich nach Frankreichs Niederlage im Mai/Juni 1940 zu der Schlussfolgerung *Democracy is finished!*. Dass er sich mit seiner Familie bei Beginn der deutschen Luftangriffe auf einen Landsitz außerhalb Londons in Sicherheit brachte, wurde ihm von den Briten als Feigheit ausgelegt. Die amerikanisch-britischen Beziehungen liefen bald völlig an ihm vorbei. Mit dem Amtsantritt Winston Churchills (1874–1965) als britischer Premier am 10. Mai 1940 hatte Roosevelt einen Gleichgesinnten in der Number 10 Downing Street, mit dem er persönlich kommunizierte.

Bis zuletzt wurde gemunkelt, dass sich Kennedy 1940 um die Präsidentschaft für die Demokratische Partei bewerben wolle. Doch sein Ansehen hatte gelitten, und als Roosevelt bekannt gab, zum dritten Mal zu kandidieren – ein Novum in der amerikanischen Präsidentschaft –, war der Zug für ihn abgefahren. Joseph Kennedy würde nie wieder ein öffentliches Amt innehaben. Seinen eigenen, gescheiterten Ehrgeiz projizierte er nun auf seine Söhne, vor allem auf Joe junior. Sein Zweitältester vollzog inzwischen eine Emanzipierung von dem Gedankengut des Vaters.

13. Durch welche Leistung wurde JFK einer breiten Öffentlichkeit bekannt?

Gebannt verfolgte John F. Kennedy die Ereignisse in Europa: den Bürgerkrieg in Spanien, den Anschluss Österreichs, das Münchener Abkommen, schließlich die Annektierung der »Rest-Tschechei« und die Ausschreitungen gegen jüdische Mitbürger in Deutschland. Während der Amtszeit seines Vaters als Botschafter in London hatte er ausgedehnte Reisen durch den europäischen Kontinent und in den Nahen Osten unternommen.

Dort beobachtete er die Spannungen zwischen jüdischen und arabischen Einwohnern Palästinas und stellte Überlegungen zur Lösung dieses Problems an – eines Problems, das, vielfach explosiver geworden, praktisch jeden seiner Nachfolger im Weißen Haus vor eine bislang nicht einmal annähernd bewältigte Herausforderung stellen würde. Zum Status von Jerusalem notierte er: »Mit dem Hintergrund, den Jerusalem nun einmal hat, sollte es eine unabhängige Einheit sein. Das ist sicherlich eine schwierige Lösung, aber die einzige, von der ich mir vorstellen kann, dass sie funktioniert.«

Jack fuhr noch bis in den August 1939 hinein durch Deutschland (diesmal wurde sein mit englischen Kennzeichen versehenes Auto mit Steinen beworfen) und wohnte in einem von Kriegsgerüchten brodelnden Berlin im Hotel Excelsior. Sechs Jahre später würde er die Stadt wiedersehen – in Trümmern liegend. Ein Telegramm aus der Botschaft in London ließ ihn die Reise abbrechen: Binnen einer Woche, so teilte ihm sein Vater mit, sei mit einem Kriegsausbruch zu rechnen.

Jack hatte diese *fact finding mission* und von seinem Vater vermittelte Gespräche mit führenden britischen Staatsmännern für die Abfassung seiner Examensarbeit in Harvard benutzt. Sie hatte Englands Politik auf dem Weg nach München zum Gegenstand und lag zunächst noch auf der Wellenlänge Joes. In die USA zurückgekehrt, reichte er die Arbeit ein – sie erhielt ein *cum laude*, die niedrigstmögliche Note im Falle des Bestehens. Doch aus dem Manuskript wurde mehr. Er verfeinerte es zu einem Buch, das in Anlehnung an ein Werk von Churchill – der ihn außerordentlich beeindruckte, während sich sein Vater und der neue Premier in herzlicher Abneigung gegenüber standen – den Titel *Why England Slept* trug. Es war eine Analyse der britischen Politik auf dem Weg zu jenem Konflikt, den man inzwischen den Zweiten Weltkrieg zu nennen begann. Eine allmähliche, aber unübersehbare Distanzierung von den Positionen seines Vaters zeichnete sich hierin ab.

John F. Kennedys moderner Biograf Alan Brinkley sieht in dem Werk den Durchbruch, die Reifestunde des späteren Staatsmannes: »Nach Jahren der Mittelmäßigkeit in den diversen Schulen etablierte es Jack Kennedy als einen ernst zu nehmenden Denker und eine sich entwickelnde Führungspersönlichkeit seiner Generation.« Im Kern von *Why England Slept* lagen Jacks erste signifikante Schritte hin zu einer muskelbetonten Vision amerikanischer Macht, die seine künftige Karriere kennzeichnen würde. Jack hielt kurz davor inne, ein amerikanisches Eingreifen in den Krieg zu fordern, obwohl er es als unvermeidlich anzusehen begann. Er setzte sich sehr dafür ein, dass die Vereinigten Staaten und Großbritannien zusammen die großen Weltmächte sein sollten, die die Ausbreitung des Totalitarismus stoppen. Vor allem aber legte er dar, was er für die großen Herausforderungen einer Demokratie hielt. Wie kann eine freie Gesellschaft ihre Bürger für den Krieg mobilisieren? »Was wir brauchen, ist ein bewaffneter Wachposten, der bereit ist, wenn das Feuer ausbricht. Oder besser noch: der dafür sorgt, dass ein Feuer gar nicht erst entsteht.«

Kennedys Buch kam nur vier Monate nach dem Beginn der Überarbeitung Ende Juli 1940 in Amerikas Buchhandlungen, was viel über Jacks Schaffenskraft aussagt, wenn er motiviert war. *Why England Slept* wurde von der Kritik überwiegend positiv aufgenommen und war bald ein nationaler Bestseller. In einem Interview von einer Bostoner Zeitung nach Joes sen. Reaktion gefragt, antwortete Jack ausweichend: »Ich habe meinen Vater seit sechs Monaten nicht gesehen, und wir sind auch bezüglich bestimmter britischer Staatsmänner [*womit Churchill gemeint war*] nicht einer Meinung.«

John F. Kennedy war aus dem übermächtigen Schatten seines *Old Man* herausgetreten.

14. Weshalb ließ der Chef des FBI, J. Edgar Hoover, JFK bespitzeln?

Als die USA 1940/41 ihre Verteidigungsbereitschaft massiv erhöhten, ein umfangreiches Rüstungsprogramm ankurbelten und zum ersten Mal in ihrer Geschichte in Friedenszeiten Wehrpflichtige einberiefen, war auch für Jack die Zeit gekommen, Uniform anzuziehen. Es war wieder einmal den guten Kennedyschen Beziehungen zu verdanken, dass ein junger Mann, dem keine Lebensversicherung eine Police zu verkaufen bereit gewesen wäre, von der U.S. Navy als tauglich eingestuft wurde – trotzt Untergewicht, Rückenschmerzen, Magenschmerzen und was immer sonst noch den Vierundzwanzigjährigen plagte.

Am 25. September 1941 wurde er als Fähnrich in die Marine aufgenommen und dem Geheimdienst dieser Teilstreitkraft, dem Office of Naval Intelligence, in Washington DC zugeteilt. Kurz nach seinem Umzug in die Hauptstadt begegnete er einer Frau, die von einigen Kennedy-Biografen als die große Liebe seines Lebens bezeichnet wird. Es war die vier Jahre ältere (und verheiratete), aus Dänemark stammende Journalistin Inga Arvad (1913–1973), eine Freundin seiner Schwester Kathleen.

Diesmal war es nicht die »schnelle Nummer«, die rasche Befriedigung. Inga war ihm intellektuell (mindestens) ebenbürtig, strahlte Weltläufigkeit, Niveau und Lebenserfahrung aus. Mehr noch: Sie verstand ihn, begriff, was ihn umtrieb und welche Traumata er mit sich herumschleppte. In einer klatschsüchtigen Stadt wie Washington und mit dem ihm inzwischen eigenen Bekanntheitsgrad konnte die Affäre nicht lange geheim bleiben. Der Kolumnist Walter Winchell (1897–1972) schrieb am 12. Januar 1942 in seiner landesweit erscheinenden Kolumne: »Einer von Ex-Botschafter Kennedys Söhnen ist das Ziel der Zuneigung einer weiblichen Washingtoner Journalistin. Sie hat schon ihren Anwalt wegen einer Scheidung von ihrem misstrauischen Mann konsultiert. *Pa Kennedy no like.*«

Nein, weder Vater Kennedy noch Mutter Rose hätten als brave Katholiken eine geschiedene Protestantin mit offenen Armen in ihrer Familie begrüßt. Die Aversion gegen Inga im Hause Kennedy war hingegen harmlos gegenüber der Mischung aus Hass und Misstrauen, die einem Träger des Namens Kennedy und seiner Geliebten aus der höchsten Adresse des Landes, vom Präsidenten, und von seinem wichtigsten Gesetzeshüter, J. Edgar Hoover (1895–1972), entgegenschlugen. In der paranoiden Atmosphäre nach dem japanischen Überfall auf Pearl Harbor am 7. Dezember 1941 wurden fast überall Spione, Saboteure und andere Abgesandte der Achsenmächte vermutet. Und Inga geriet umgehend in den Verdacht, eine Spionin zu sein. Das »Verbrechen« der jungen Frau bestand darin, dass sie ein paar Jahre zuvor in Ausübung ihres Berufes für eine dänische Zeitung von den Olympischen Spielen 1936 in Berlin berichtet hatte. Dabei sei sie Goebbels vorgestellt worden. Oder Göring? Oder war es gar Hitler? So genau wusste man es nicht, aber die angebliche Existenz von Fotos, auf denen Inga und Hitler gleichzeitig in einem Sportstadion zu sehen waren, reichte aus – diese Frau musste einfach eine Nazi-Spionin sein. Irgendjemand setzte dann noch das Gerücht in die Welt, Hitler habe Inga als Musterbeispiel nordischer Schönheit gepriesen – was brauchte man mehr?

Präsident Roosevelt selbst beschäftigte sich mit der Frage, ob und wann man John F. Kennedy wegen seiner Beziehung zu Inga verhaften sollte, was seinem inzwischen ganz offen zum Intimfeind gewordenen Ex-Botschafter einen Genickschlag sondergleichen versetzt hätte. Bedenkt man, dass unmittelbar nach Pearl Harbor mehr als 100 000 gesetzestreue, unschuldige US-Bürger japanischer Abstammung von hysterischen Sicherheitsbehörden – und unter ungeteilter Zustimmung Roosevelts – aus ihren Wohnungen in Hawaii und Kalifornien verschleppt und unter Verletzung ihrer verfassungsmäßigen Rechte in Internierungslager gesperrt wurden, bekommt man einen Eindruck davon, wie schwach die »Beweislage« gegen Inga gewesen sein musste. Und gegen Jack, der somit aufgrund seines intimen Verhältnisses zu einer Gefahr für die nationale Sicherheit abgestempelt worden wäre.

Die Verhaftung blieb aus, doch die Überwachung setzte ein. Inga und ihr Geliebter wurden vom FBI beobachtet, die Wohnung der jungen Frau war verwanzt und auch auf gemeinsamen Reise hörte das FBI des J. Edgar Hoover mit. Die Agenten lieferten für Hoovers Akte so zeitlose Prosa wie: »Kennedy und Mrs. Fejos (so Ingas Nachname aufgrund der inzwischen in Entfremdung mutierten Ehe zu einem ungarischen Regisseur) waren bei einer Reihe von Gelegenheiten mit sexueller Aktivität beschäftigt.« Die Lauscher bekamen auch mit, warum letztlich die Beziehung scheitern sollte – an Jacks Hemmungen, sich ernsthaft zu binden: »Eine Menge an Konversation erfolgte zwischen dem Objekt und Kennedy in dem Hotelzimmer. Sie sprach von der Möglichkeit, ihre Ehe annullieren zu lassen. Es wurde bemerkt, dass Kennedy zu diesem Punkt nur sehr wenig sagte.«

Inga und Jack blieben brieflich in Kontakt, nachdem Jack zu den Schnellbooten auf den Kriegsschauplatz im Südpazifik versetzt wurde, und sie sahen sich nur noch gelegentlich bei Heimatbesuchen des jungen Offiziers. Doch der reiferen Inga war klar: Ihnen war keine Zukunft gegeben.

Diese Zukunft indes hatte die Akte mit der Aufschrift »John F. Kennedy«, die in J. Edgar Hoovers Panzerschrank schlummerte. Sie würde in den nächsten Jahren gedeihen und immer dicker werden und dem Direktor ein potentes Druckmittel gegenüber dem 35. Präsidenten in die Hand geben.

15. Wodurch wurde JFK zum »Kriegshelden«?

Leutnant Kennedy gewann bald nach seiner Ankunft auf dem Kriegsschauplatz nahe der umkämpften Südsee-Insel Guadalcanal ein realistisches Bild vom Krieg, von seinem Elend, vom Leiden und vom Sterben. Wie auch an früheren Stationen seines Lebens nahm er die Mitmenschen in seiner neuen Umgebung schnell für sich ein – in diesem Fall seine Kameraden mit ganz anderem gesellschaftlichen Hintergrund, mit denen er sich den engen Raum auf dem von Benzindämpfen erfüllten Torpedoboot PT-109 teilte.

Im Kampfgebiet um New Georgia sollten die Boote den nächtlichen Nachschubverkehr der Japaner unterbrechen – eine gefährliche und wenig glamouröse Aufgabe. PT-109 hatte kein Radar und die Nacht vom 1. auf den 2. August 1943 war stockdunkel. Zusammen mit zwei anderen Booten dümpelte PT-109 auf der ruhigen See vor sich hin, als die Männer plötzlich etwas Weißes vor sich ausmachen konnte. Es war die Bugwelle des japanischen Zerstörers *Amagiri*, der das amerikanische Boot in voller Fahrt unbeabsichtigt rammte. Das Boot stand sofort in Flammen. Zwei der dreizehn Besatzungsmitglieder waren ums Leben gekommen.

Wie es möglich war, dass ein an so schnelles Gefährt wie PT-109 ohne Vorwarnung gerammt werden konnte? Eine Frage, die vor allem von Kennedy-kritischen Biografen gestellt worden ist. Das Verhalten des jungen Offiziers nach dem Desaster war indes vorbildlich. Er rettete ein schwerverletztes Besatzungsmitglied und schwamm mit seinen Männern nach Tagesanbruch zu einer nahegelegenen Insel. Mehrere Männer, darunter auch Jack, erreichten in den nächsten Tagen auch eine Nachbarinsel, wo man nach längerer Suche auf einen Eingeborenen mit einem Kanu stieß. Kennedy gab ihm eine Kokosnuss für die auf einer entfernteren Insel liegenden neuseeländischen Beobachter mit, in die er die Nachricht von dem Schiffbruch einritzte. Sieben Tage nach der Kollision wurden John F. Kennedy und seine Männer gerettet.

Die Nachricht verbreitete sich schnell in die USA und sorgte für Schlagzeilen wie »Kennedys Sohn rettet 10 Männer im Pazifik«. John Fitzgerald Kennedy war nun ein Kriegsheld in einer Nation, die einen unstillbaren Hunger nach Heroismus hatte.

16. Welche Folgen hatte JFKs Kriegserlebnis im Südpazifik für die Familie Kennedy?

Als gefeierter junger Offizier kehrte John F. Kennedy nach Hause zurück, auch wenn er selbst – bar jeder Illusionen über die wahre Natur eines Krieges – wenig auf die Heldenverehrung gab. Die Medien waren indes auf ihn aufmerksam geworden, und auflagenstarke Publikationen wie *The New Yorker* und *Reader's Digest* brachten die Geschichte von der Robinsonade der Männer von PT-109. Jack war wenig zum Feiern zumute, er musste wegen starker Magenbeschwerden in ein Marinekrankenhaus eingeliefert werden. Außerdem fiel seine gelbe Gesichtsfarbe auf, die man für ein Symptom von Malaria hielt.

Im Hause Kennedy wurde indes auf den Kriegshelden das Glas erhoben, und bei einem hinterließ es einen bitteren Geschmack: bei Bruder Joe junior. Zum ersten Mal in ihrer brüderlichen Rivalität, so bemerkte Rose Kennedy, habe Jack gegenüber Joe einen deutlichen Vorsprung herausgearbeitet. Joe habe sich bei einem Besuch in der Heimat weinend im Bett verkrochen, gab ein Freund an, und geschluchzt: »Bei Gott, ich werde es Ihnen zeigen!« Er hatte über 1000 Flugstunden am Steuerknüppel einer B 24 verbracht und nach deutschen U-Booten Ausschau gehalten – vergebens, keine Spur von Heldentaten. Obwohl er ein Recht auf Rückkehr in die Vereinigten Staaten hatte, verpflichtete sich Joe zu weiteren Einsätzen vom Standort seiner Staffel in England aus. Jack hörte es mit Sorge und dunklen Vorahnungen. Joe meldete sich in seiner Sucht nach Heldentum zu einem Himmelfahrtskommando: Eine mit Sprengstoff vollgeladene B 24 sollte per Fernbedienung – nach Aussteigen des Piloten mit dem Fallschirm – auf die Stellung einer angeblichen deutschen Superkanone bei Calais gelenkt werden. Joe Kennedy würde dieser Pilot sein.

Am Abend des 12. August 1944 hob Joe mit dem zehn Tonnen TNT tragenden Flugzeug von der Basis ab. Jene Position, an der er abspringen und das Lenken des Ungetüms einem Begleitflugzeug überlassen würde, erreichte er nie. Eine gewaltige Explosion zerriss 20 Minuten nach dem Start die Maschine und zerstreute die Trümmer über mehrere Kilometer in der Grafschaft Suffolk. Von Joseph Kennedy junior blieb nichts übrig, das zu Grabe hätte getragen werden können.

John F. Kennedy war nun der älteste Sohn der Familie. Die politischen Ambitionen seines Vaters ruhten jetzt ganz auf ihm.

III.

»DER FRÖHLICHSTE JUNGE SENATOR VON GANZ WASHINGTON«

(1946–1956)

17. Wie begann die politische Karriere JFKs?

Nach Ende seiner Dienstzeit bei der U.S. Navy zog es John F. Kennedy in ein Metier, das ihn faszinierte: internationale Politik und Journalismus. Als Korrespondent des Zeitungsverlegers Hearst war er nicht nur beim Gründungsakt der Vereinten Nationen in San Francisco am 26. Juni 1945 dabei, sondern bereiste in den letzten Tagen des Krieges auf dem europäischen Schauplatz zunächst England und Irland, die Heimat seiner Vorfahren, darauf das vom Krieg zerstörte Deutschland.

Er war ein aufmerksamer Beobachter und notierte nicht nur die Plünderung von Privatbesitz durch amerikanische Soldaten in Deutschland, sondern hatte auch eine sehr präzise Vorahnung von der künftigen Entwicklung und von der sich anbahnenden Rivalität mit dem Noch-Verbündeten, der Sowjetunion: »Die Russen werden niemals ihre Truppen aus ihrer Besatzungszone abziehen, sondern sie werden ihren Teil von Deutschland zu einer sozialistischen Sowjetrepublik machen.« Auch Hitlers zerstörtes Anwesen auf dem Obersalzberg besuchte er.

In die USA zurückgekehrt war der Weg in die Politik vorgezeichnet. Vater Joe hatte seine Verbindungen spielen lassen und stellte die finanziellen Mittel bereit: insgesamt 300 000 Dollar, für damalige Verhältnisse eine astronomische Summe. Bei den Kongresswahlen im November 1946 kandidierte John F. Kennedy für den Sitz des Elften Bezirks von Massachusetts im Repräsentantenhaus, einem überwiegend von der Arbeiterschaft und der unteren Mittelklasse geprägten Stadtteil von Boston.

Zum ersten Mal war fast die gesamte Kennedy-Familie im Einsatz, luden die Frauen unter Leitung von Mutter Rose zur Teestunde in einem noblen Bostoner Hotel, wo einfache Hausfrauen Schlange standen, um einen Blick auf die glamouröse Familie des *Ambassador* werfen zu können – und auch auf den Kandidaten, der bei vielen Wählerinnen Mutterinstinkte auslöste. Ein Parteifreund, der damals auch am Anfang einer langen politischen Laufbahn in Boston stand, Tip O'Neill (1912–1994), der spätere legendäre Sprecher des Repräsentantenhauses (von 1977 bis 1987, er gilt als wichtigster parlamentarischer Widersacher Präsident Ronald Reagans), berichtete verwundert: »Ich mochte es fast nicht glauben, dass dieser dünne, milchgesichtige Bursche Kandidat für irgendetwas sein könne. Er war 28, sah aber jünger aus und hatte sich von seinen Kriegsverletzungen noch nicht richtig erholt. Er sah aus, als hätte ihn gerade die Malaria erwischt.«

In einer Kongresswahl, die zu einem großen Erfolg für die Republikaner wurde, holte der junge Jack Kennedy in einer demokratischen Hochburg gegen den landesweiten Trend den Sitz mit einem Stimmenanteil von 73 Prozent. Der Weg nach Washington war beschritten.

18. Welchen Eindruck hinterließ JFK als junger Kongressabgeordneter?

Im »Unterhaus« des amerikanischen Parlamentes, dem Repräsentantenhaus, hinterließ John F. Kennedy nur bescheidene legislative Spuren. Er engagierte sich ein wenig in der Sozialpolitik, wo er – eine stolze Tradition für Demokraten aus Massachusetts, aber bei seinem familiären Hintergrund als Sohn eines Erzkapitalisten nicht unbedingt zu erwarten – die Anliegen von Gewerkschaften unterstützte. Mit seiner vergleichsweise ansehnlichen internationalen Erfahrung durch seine Reisen nach Europa (und bald auch nach Asien) war er vornehmlich an Außenpolitik interessiert und unterstützte die *Containment*-Politik seines Parteifreundes Präsident Harry Truman (1884–1972), der dem Vormachtstreben der Sowjets zunächst in Südosteuropa einen Riegel vorzuschieben suchte.

Mit Nachdruck setzte sich John F. Kennedy für das 1948 verabschiedete Hilfsprogramm für das in Trümmern liegende Europa, auch für den westlichen Teil Deutschlands, ein, das nach seinem Organisator, dem ehemaligen Generalstabschefs und amtierenden Außenminister George C. Marshall (1880–1959), »Marshallplan«, offiziell »European Recovery Program«, benannt wurde. Kennedy war wie viele seiner Landsleute und praktisch die gesamte politische Klasse davon überzeugt, dass die USA einer immensen, geradezu tödlichen Bedrohung durch die Sowjetunion des ehemaligen Verbündeten Josef Stalin ausgesetzt waren. Seine Haltung teilte ein junger Politiker aus Kalifornien, der wie John 1946 zum ersten Mal in das Repräsentantenhaus gewählt worden war und mit dem er sich von Anfang an gut verstand: Richard Nixon (1913–1994). Die Wege der beide sollten sich später mehrfach kreuzen.

Mit einem sicheren Wahlkreis im Rücken war die Wieder-

wahl Kennedys 1948 und dann abermals 1950 (im Repräsentantenhaus beträgt die Wahlperiode nur 2 Jahre, ein Senator hingegen wird für 6 Jahre gewählt) gesichert. Das Jahr 1948 brachte
der Kennedyfamilie indes nicht nur einen Wahltriumph – eine
weitere der zahlreichen Tragödien brach über den »Clan« herein.
Johns Schwester Kathleen war nach dem Tod ihres Mannes im
Krieg in England geblieben und hatte sich erneut in einen Angehörigen der Aristokratie, Peter Fitzwilliam, verliebt, der sich für
sie scheiden lassen wollte – für Mutter Rose war diese Liaison
der endgültige Sündenfall ihrer Tochter; Bruder John hingegen
unterstützte Kathleen. Bevor es zu Fitzwilliams Scheidung und
einer erneuten Eheschließung Kathleens mit einem Protestanten kommen konnte, kamen beide im Mai 1948 bei einem Flugzeugabsturz während eines Unwetters in Südfrankreich ums
Leben.

Da John F. Kennedy die begrenzten Gestaltungsmöglichkei-
ten für einen einzelnen Abgeordneten in einer aus 435 Mitgliedern bestehenden Kammer störten, verwendete er nur wenig
Zeit und Energie auf Kongressausschüsse. Allerdings gab es für
seine Haltung auch noch weitere Gründe. Kennedy, der im Mai
1947 seinen 30. Geburtstag feierte, war mehr denn je ein »Ladies'
Man«. Sein Charme, seine Schlagfertigkeit, sein sportiv-lässiges
Auftreten, das wenig politikertypisch war, und natürlich die
Kenntnis um den sagenhaften Reichtum seiner Familie ließen –
wie es der Kongressabgeordnete Frank Thompson aus New Jersey formulierte – »die Mädchen bei seinem Anblick ausflippen«
und boten ihm »ein Selbstbedienungsbuffet von Frauen«: Und
Kennedy konnte einfach nicht widerstehen. Ob in seiner Wohnung im Washingtoner Stadtteil Georgetown, auf den Familien-
anwesen in Hyannis Port und Palm Beach oder auf Reisen – die
Zahl der Frauen, die sein Nachtlager (oder seine Mittagspause

oder eine Auszeit nach dem Schwimmen) mit ihm teilten, überraschte selbst seine engsten Freunde, die von »Jack« einiges gewohnt waren.

Doch es gab noch einen anderen, wesentlich dunkleren Grund, warum der strahlende *Congressman* wiederholt für längere Zeit aus dem Blickfeld der Öffentlichkeit abtauchte: Um seine Gesundheit stand es schlecht.

19. War der aufstrebende Politstar Kennedy so vital, wie er sich häufig präsentierte?

Wann immer John F. Kennedy vor seine Wähler trat, mit Reportern sprach und Partys besuchte, schien er der Inbegriff von strahlender Gesundheit zu sein. Doch hinter der Fassade sah es anders aus: John F. Kennedy verschwand auch deswegen wiederholt von der Bildfläche, weil er dem körperlichen Zusammenbruch nahe war – und nach Ansicht seiner Ärzte mehr als einmal auch dem Tode.

Kennedy litt an einer Vielzahl von Krankheitssymptomen, insbesondere unter immer wiederkehrenden Darminfektionen und massiven Rückenschmerzen. Dass Jack außerdem unter chronischer Urethritis, einer Harnröhrenentzündung, als Folge einer Geschlechtskrankheit litt, musste im pietistisch-christlichen Amerika um jeden Preis geheim bleiben. Für die Rückenschmerzen wurden der PT 109-Zwischenfall und das Footballspielen in jungen Jahren verantwortlich gemacht. Doch dürften diese vermeintlichen »Ursachen« die Beschwerden lediglich verschlimmert haben – Kriegsheldentum und athletischer Elan ließen sich den Wählern jedoch besser verkaufen als eine damals noch obskure Krankheit namens Morbus Addison.

Dieses Leiden, bei dem die Nebenniere nicht in ausreichendem Maße Hormone, vor allem Steroide (hierzu gehört Kortison), produzieren kann, wurde bei John F. Kennedy während eines Aufenthalts in London 1947 diagnostiziert. Einer der Ärzte sagte zu Kennedys guter Bekannten Pamela Churchill (Schwiegertochter von Winston Churchill): »Ihr junger amerikanischer Freund hat kein Jahr mehr zu leben.«

Glücklicherweise war die Pharmakologie damals neuerdings in der Lage, Steroide herzustellen und dem Körper zuführen zu können – als sogenannte DOCA-Kapseln (Desoxycorticosteronacetat), die unter die Haut eingebracht wurden. Es gibt indes Hinweise darauf, dass Kennedy schon seit Jahren diese Medikamententräger benutzte: Für einen wohlbetuchten Patienten war es nicht schwierig, an die neuen Wirkstoffe zu kommen, deren genaue Dosierung und mögliche Nebenwirkungen man jedoch noch nicht abschätzen konnte. Ein Freund, Jack Fay, wurde 1946 Zeuge der Selbstanwendung, sah Jack mit »einem kleinen Messer gerade nur die Oberfläche der Haut aufritzen, möglichst ohne dass es anfing zu bluten, die Tablette dann unter die Haut setzen und einen Verband anlegen«.

Das Kortison sollte offenbar Jacks chronische Entzündungen bekämpfen. Möglicherweise hat die dauerhafte Zufuhr dieser Stoffe nicht nur eine Osteoporose an seiner Wirbelsäule hervorgerufen, sondern auch Morbus Addison ausgelöst. Allerdings könnte die Tatsache, dass auch seine Schwester Eunice (1921–2009) (die spätere Schwiegermutter Arnold Schwarzeneggers) an der Addison-Krankheit litt, auf eine erbliche Komponente hindeuten.

Auf der Heimfahrt mit der *Queen Mary* nach jener Diagnosestellung 1947 verschlechterte sich Kennedys Gesundheitszustand so sehr, dass ihm die Letzte Ölung erteilt wurde. Das war zwar glücklicherweise unnötig, doch bei der Ankunft in New

York musste er auf einer Trage von Bord gebracht werden. In den nächsten Jahren nahmen vor allem die Rückenschmerzen massiv zu und quälten ihn bis an die Grenze des Erträglichen. Der fünfte Lendenwirbel kollabierte; in einer dreistündigen Operation wurde ihm im Oktober 1954 eine Metallplatte eingesetzt. Der Patient verfiel ins Koma, erneut wurde ein katholischer Priester gerufen, erneut war die Letzte Ölung ein voreiliger Akt des Kirchenmannes. Die offene Wunde heilte kaum (was bei einer Dauermedikation mit Steroiden auch kaum zu erwarten war). Nachdem man eine Infektion vermutete, wurde die Platte im Februar 1957 in einem neuerlichen Eingriff wieder entfernt.

Bci cinem früheren Krankenhausaufenthalt, im Jahr 1954, hatte Kennedys junge Frau Jacqueline gezeigt, dass sie bereits nach einem Jahr Ehe wusste, wie man Jacks Lebensgeister wiedererwecken konnte: Sie überredete die Schauspielerin Grace Kelly (1929–1982), in der Uniform einer Krankenschwester an Jacks Bett aufzutauchen – was er zweifelsohne zu schätzen wusste.

Rückenschmerzen plagten Kennedy bis in die letzten Tage seines Lebens. Der berühmte Schaukelstuhl als sein bevorzugtes Sitzmöbel, der Swimmingpool im Weißen Haus (neben Kennedys Rücken wurden dort immer wieder auch andere Körperteile des Präsidenten »gepflegt«) und ein Stützkorsett sollten seine Beschwerden lindern. Ein solches Korsett trug er auch am Tag von Dallas – und verhinderte, dass er nach der ersten, nicht tödlichen Verwundung in dem offenen Wagen Deckung nehmen konnte.

Die Wahrheit über seinen Gesundheitszustand zu verheimlichen, war Teil der Strategie Kennedys und seiner Berater, je näher die Präsidentschaftswahl 1960 rückte und je wahrscheinlicher seine Kandidatur wurde. Den Wählern gesundheitliche

Handicaps vorzuenthalten hat in der amerikanischen Präsidentschaft eine lange Tradition. Präsident Grover Cleveland (1837–1908) ließ 1893 seinen bösartigen Tumor im Gaumen auf einer Privatjacht operieren (damals ein wagemutiger Eingriff), weit weg von neugierigen Reportern. Dass Woodrow Wilson nach einem Schlaganfall 1919 für die restlichen eineinhalb Jahre seiner Amtszeit praktisch regierungsunfähig im Weißen Haus vor sich hindämmerte, wurde den Amerikanerinnen und Amerikanern ebenso vorenthalten wie bei der erneuten Wiederwahl Franklin D. Roosevelts 1944 das Ausmaß seiner Behinderung und seiner letztlich tödlichen Herzinsuffizienz. Kennedys Biograf Robert Dallek dürfte mit seiner Einschätzung Recht haben: »Wenn das ganze Ausmaß seiner gesundheitlichen Probleme noch zu seinen Lebzeiten bekannt geworden wäre, hätte er sich seine Hoffnungen auf die Präsidentschaft wahrscheinlich abschminken können.«

Möglicherweise hat sein Rivale bei der Präsidentschaftswahl 1960, Richard Nixon, Wind von diesem Makel in Kennedys Biografie bekommen und versucht, sie auszunutzen. Im Herbst 1960 wurde in die Praxis des Endokrinologen Eugene Cohen eingebrochen, doch da dieser Kennedys Akten unter einem Pseudonym verwahrte, blieben sie unentdeckt. Kurz darauf scheiterte ein Einbruch bei Kennedys Ärztin Janet Travell. Einbrecher für eine dunkle politische Mission auszusenden – es klingt sehr nach den Methoden des Richard Nixon, dessen Präsidentschaft an der Watergate-Affäre zerbrach, bei der ein Einbruch im Hauptquartier der Demokratischen Partei im Wahlkampf 1972 aufgedeckt wurde.

20. Was bewog Kennedy, 1952 für den Senat zu kandidieren?

Von Lyndon B. Johnson (1908–1973), dem Vizepräsidenten während John F. Kennedys Amtszeit und von November 1963 bis Januar 1969 sein Nachfolger im Weißen Haus, stammt die für die bodenständige Sprache des Texaners so typische Definition, Senat und Repräsentantenhaus unterschieden sich »wie Hühnersalat von Hühnerscheiße«.

Für einen ambitionierten jungen Politiker wie John F. Kennedy (und einem ehrgeizigen Mentor wie Joseph Kennedy im Hintergrund) konnte es kein dauerhaftes Verweilen im Repräsentantenhaus geben – das Oberhaus der amerikanischen Demokratie war und ist der Senat. Ein Sitz in diesem erlauchten Gremium oder aber das Amt des Gouverneurs eines Bundesstaates bieten mit ihrem hohen Maß an öffentlicher und medialer Präsenz eine ideale Ausgangsposition für eine Präsidentschaftskandidatur.

Als John F. Kennedy 1952 für einen der beiden Senatssitze des Staates Massachusetts kandidierte, kam es zu einem die dortige Öffentlichkeit faszinierenden Duell zweier gegensätzlicher Familien, die man als politische Dynastien zu bezeichnen allen Grund hatte. Denn mit Henry Cabot Lodge junior hatte ein Angehöriger der alteingesessenen Oberschicht den Senatssitz inne. Diese pseudoaristokratischen Geschlechter, die ihre Herkunft auf die 1620 in Massachusetts angekommene *Mayflower* (oder nur unwesentlich später) zurückführten, hatten auf Iren wie die Kennedys über viele Jahrzehnte mit Verachtung herabgeblickt.

Für Vater Joe war der Wahlkampf ein Stück Vergangenheitsbewältigung, eine Rache für die Diskriminierung, unter der er aufgewachsen war und die für seine Eltern und andere irische Einwanderer ein Stück Alltag im klassenbewussten Boston des

19. Jahrhunderts gewesen war. Und Joe pumpte massiv Geld in den Wahlkampf: Dass er dem in Finanzschwierigkeiten geratenen Verleger der Zeitung *Boston Post* einen günstigen Kredit von einer halben Million Dollar gab und das Blatt dazu brachte, wenige Tage vor dem Urnengang eine Wahlempfehlung zugunsten von John F. Kennedy abzugeben, war ein Musterbeispiel der Kennedystrategie – und ein Probelauf für den Einsatz der scheinbar unbegrenzten Geldmittel im Präsidentschaftswahlkampf 1960.

Doch es war nicht Geld allein, was den Ausschlag gab: John F. Kennedys Persönlichkeit faszinierte. Der Bürgermeister der Stadt Pittsfield äußerte nachdenklich: »Da ist etwas an Jack – und ich weiß nicht genau, was –, das die Leute dazu bringt, an ihn zu glauben. Konservative und Liberale erzählen Dir, dass er auf ihrer Seite ist, weil sie wollen, dass er einer von ihnen ist.«

Am Wahltag siegte John F. Kennedy gegen den Trend. Landesweit war es ein Triumph der Republikaner, deren Kandidat Dwight D. Eisenhower (1890–1969) zum 34. US-Präsidenten gewählt wurde. »Ike«, der ehemalige Weltkriegsgeneral, gewann auch den Staat Massachusetts mit mehr als 200 000 Stimmen Vorsprung.

Doch den Senatssitz des Staates, den gewann der Demokrat John F. Kennedy. Lodge bemerkte konsterniert, er habe das Gefühl von einem Truck überrollt worden zu sein. Diese Empfindung würde Lodge noch einmal haben: acht Jahre später, als er auf dem »Ticket« der Republikaner an der Seite von Richard Nixon als Vizepräsidentschaftskandidat antrat – mit ähnlich frustrierendem Ergebnis. Der Stammbaum und das »alte Geld« schienen nicht mehr zu zählen, die Kennedys waren nun Amerikas sichtbarste Politfamilie. Was noch fehlte, war eine Frau an der Seite des strahlenden, jungen Senators.

21. Jacqueline Bouvier – JFKs große Liebe?

Vater Joseph senior, Frauenkenner und nüchtern abwägender Geschäftsmann, sah es auf den ersten Blick, erkannte schneller als John: Diese junge Frau an seiner Seite zu haben, war für einen aufstrebenden Politiker ein *asset*, eine Trumpfkarte. Jacqueline Bouvier (1929–1994) war attraktiv, hatte Stil und Klasse, kam aus einer sehr guten, im *Social Register* eingetragenen Familie. Ähnlich wie John zog sie beim Betreten eines Raumes die Blicke aller auf sich, präsentierte dabei aber im Gegensatz zu dem Kongressabgeordneten mit seinem dynamischen Lächeln eher eine natürliche Scheu, die sie noch ein wenig reizvoller machte und ihre Wirkung auf ihr Gegenüber – zumal in concerto mit einer leisen, fast flüsternden Stimme – verstärkte.

Jacqueline, die bei einer Washingtoner Zeitung eine bebilderte Gesellschaftskolumne mit dem Titel *Inquiring Camera Girl* verfasste und dabei berühmte und weniger berühmte Zeitgenossen mit Fragen unterschiedlichen intellektuellen Niveaus konfrontierte, begegnete Jack erstmals im Mai 1951 bei einem Abendessen im Haus des Journalisten Charlie Bartlett. Die Kennedys – und ihnen nahestehende Journalisten und Biografen – setzten später die reizende Geschichte in die Welt, dass sich Jack beim Spargel über den Tisch gebeugt und Jackie (wie sie bald im Familienkreis und später auch in der Öffentlichkeit genannt wurde) einen Heiratsantrag gemacht habe. So flott ging es im realen Leben bei Weitem nicht.

Wenn Jackie wirklich auf den ersten Blick Gefallen an John F. Kennedy gefunden hatte, musste sie sich in Geduld üben – denn bis zur tatsächlichen Hochzeit vergingen mehr als zwei Jahre. In der Zwischenzeit hatte sie kein Monopol auf die Zuneigung des jungen Politikers oder dessen Libido, denn Kennedy führte auch nach der zunächst keineswegs schicksalhaften Begegnung mit

Jackie seinen bisherigen Lebensstil mit wechselnden Frauenbekanntschaften weiter. Gerade dies erhöhte wahrscheinlich in Jackies Augen noch seine Attraktivität. Denn wenn es um Männer ging, war die junge Frau durch eine verehrte Überfigur geprägt, für die Affären in fast kennedyesker Manier ein Lebenselixier waren: ihren Vater, John Vernou Bouvier III. (1891–1957), allgemein Black Jack Bouvier genannt.

Als kleines Mädchen hatte die am 28. Juli 1929 in New York geborene Jacqueline Bouvier miterleben müssen, wie die Ehe ihrer Eltern an der permanenten Untreue ihres Vaters zugrunde ging; ihre Mutter Janet Lee (1907–1989) hatte bei Weitem nicht so viel Langmut wie Rose Kennedy, deren Reaktion auf das Fremdgehen von Old Joe für gewöhnlich ein Kirchgang und das Herunterbeten einiger Rosenkränze war. Bouvier war Börsenmakler und arbeitete damit in einem Metier, in dem auch Joe senior zuhause war; langfristig blieb Black Jack allerdings nicht so viel Erfolg beschieden wie Kennedys Vater. Wie auch seine Tochter deutete Black Jack gern an, dass er aristokratischer Abstammung sei, wozu die römische Zählweise hinter dem Namen ihren Teil beitrug. Bouvier heißt im Französischen indes nicht mehr und nicht weniger als »Kuhhirte« – was wohl genug über den Stammbaum des Bonvivant aussagt. Jacqueline war auf jeden Fall sein Liebling. Sie bewunderte ihren Vater und hatte an braven Männern, die ihr die Aussicht boten, ein Leben als Hausfrau und Mutter in einem Häuschen im Grünen zu führen, wenig Interesse. »Sie war«, so diagnostizierte Jacks Freund Chuck Spalding, »sexuell nicht an Männern interessiert, es sei denn, sie waren gefährlich wie der alte Black Jack.« Durch das Beispiel ihres Vaters hatte sie gelernt, dass *womanizing* Teil des Lebensbedürfnisses eines »richtigen« Mannes wäre. Wie groß die männliche Authentizität, die Jack in eine künftige Ehe einbringen würde, wirklich war, dürfte sie indes kaum geahnt haben.

Und sie musste warten. Das Jahr 1952 wurde durch Jacks Senatswahlkampf dominiert. Nach seinem Einzug in dieses Oberhaus des amerikanischen Parlamentarismus tauchten Berichte über den gut aussehenden Senatsneuling aus Massachusetts in schöner Regelmäßigkeit auf den Gesellschaftsseiten der Zeitschriften auf, und die *Saturday Evening Post* widmete ihm eine große Reportage unter dem Titel »Der fröhlichste junge Senator von ganz Washington«. Bilder des strahlenden Politikers im Cabriolet mit jungen Frauen an seiner Seite waren die Regel, Berichte über von ihm eingebrachte Gesetzentwürfe hingegen Rarität.

Wenn es mit der politischen Karriere weiter bergauf gehen sollte, musste Solidität zur Lebensfreude hinzukommen – keiner wusste dies besser als Old Joe. Kennedy musste heiraten und eine Familie gründen. Er wurde im Mai 1953, kurz nach dem Einzug in den Senat, immerhin 36 Jahre alt. Dass die Hochzeit nicht im Stillen gefeiert, sondern ein nationales Medienereignis werden würde – darauf konnte sich die junge Braut (die nicht gezögert hatte, ›Ja‹ zu sagen) indes, angesichts des von ihr restlos begeisterten Schwiegervaters, vollends verlassen.

22. Wie gestaltete sich die Hochzeitsfeier von Jackie und John?

Das Paar trat am 12. September 1953 in der St. Mary's Catholic Church in Newport im Bundesstaat Rhode Island vor den Altar; die anschließende Feier fand auf einem dortigen Anwesen, der Hammersmith Farm, statt, welches Hugh Auchincloss, dem (zweiten) Gatten von Jackies Mutter Janet Lee, gehörte.

Es war die Hochzeit des Jahres in den USA, und Joseph Kennedy sorgte dafür, dass sie als solche wahrgenommen wurde. Mit seinen Verbindungen hatte er für eine umfangreiche Präsenz von Fotografen und Reportern gesorgt; der größte Coup war die Berichterstattung über das Ereignis auf der Titelseite der Sonntagsausgabe der New York Times. Vor der Kirche drängelten sich 3000 Schaulustige; auf der Gästeliste standen 1200 meist illustre Namen. Die Kennedys hatten den gesamten Senat eingeladen, dazu weitere Prominente aus der Politik, dem Showbusiness und natürlich der katholischen Kirche.

Dem sozialen Status der Familie entsprechend, las der Erzbischof von Boston die Messe, und auch der Heilige Vater in Rom hatte bereits a priori per Telegramm seinen Segen erteilt. Trauzeugen waren mit Bruder Robert für den Bräutigam und Schwester Lee für die Braut zwei enge Verwandte. Wer anschließend dem Brautpaar seine guten Wünsche ausdrücken wollte, musste bis zu zwei Stunden Schlangestehen in Kauf nehmen. Den Teilnehmern von Messe, Empfang und Festtafel kam nur ein einziges in seiner distinguierten Pracht vergleichbares Ereignis in den Sinn: die Krönung von Queen Elizabeth II. im Frühjahr. Einziger Wermutstropfen bei der gelungenen Feier – und dies vermutlich nur aus Jackies Sicht – war das Fehlen des Brautvaters.

Unterschiedlichen Versionen zufolge soll Black Jack Bouvier entweder nicht eingeladen worden sein (wofür Janet Lee gesorgt haben soll) oder sich betrunken in seinem Hotelzimmer wiedergefunden haben (was angeblich von Joe organisiert worden sein soll). Die 24-jährige Braut ließ sich nichts anmerken. Ein Kennedy-Biograf, Thomas C. Reeves, resümiert trocken: »Zu schauspielern würde von nun an integraler Teil ihres Daseins werden.«

Die prunkvolle Feier passte zur Opulenz der Lebensplanung des Bräutigams und seiner Familie. Als ihm beim Empfang ein Freund zuraunte, der nächste Schritt werde nun die Präsidentschaft sein, soll John F. Kennedy nach einem kurzen, nachdenklichen Zögern zugestimmt haben – um kurz darauf beim prachtvollen Blick von der Hammersmith-Farm über die Bucht von Narrangansett zu sinnieren: »Ein toller Ort, um mit der Präsidentenyacht einzufahren.«

23. War die Kennedy-Ehe glücklich?

Jack und Jackie, die ihre Hochzeitsnacht im Waldorf Astoria in New York und ihre Flitterwochen in Acapulco und Kalifornien verbracht hatten, waren vom Tag ihrer Hochzeit an in den Medien präsent. Sorgfältig arrangierte Interviews und Berichte, dazu Fotos, die zwei sportbegeisterte junge Menschen beim Segeln oder das Paar im Garten ihres Hauses in Georgetown zeigten, mit John an der Staffelei und Malutensilien neben sich (womit neben Johns Athletik auch sein Sinn für Kultur hervorgehoben werden sollte): So wurde der Öffentlichkeit das Bild eines im Vergleich mit herkömmlichen Politikern ungleich gebildeteren, moderneren und attraktiveren Senators und seiner Frau vermittelt. Mit Jacqueline an seiner Seite war John F. Kennedy noch interessanter geworden als zu seiner Zeit als fröhlichster Junggeselle im Oberhaus der amerikanischen Politik – und noch wählbarer.

In der Realität wies ihre Ehe zwar in der Tat viel Licht und Glanz auf, aber auch viele Schatten. Jackie überwand ihre Abneigung gegen Politik und Politiker kaum. Parteifreunde und Berater, die ihr Mann häufig mit nach Hause brachte, missfielen ihr meist wegen deren Mangel an Kultur und Manieren. Jackie konnte bei Zusammenkünften mit Menschen, die sie nicht mochte, eisig schweigen. Jacks Tätigkeit im Senat und seine ambitionierten Pläne sorgten für lange Abwesenheiten – was sie ihm übel nahm und ihre Aversion gegen seinen Beruf nur noch verstärkte.

Viel schmerzhafter für die junge Frau und potenziell tödlich für das Eheglück war indes die Tatsache, dass ihr Mann keineswegs bereit war, seinen Lebensstil zu ändern, und an eheliche Treue keinen Gedanken verschwendete. Jacks alter Kumpan Lem Billings hatte ihr vor der Hochzeit vertraulich nahezubringen versucht, dass ihr Mann so seine gewissen Eigenheiten habe – das Ausmaß seines Fremdgehens dürfte allerdings selbst die Tochter von Lebemann Black Jack Bouvier überrascht haben.

Zur Krise durch Jacks Untreue kam es im Spätsommer 1956, als er sich mit einigen Freunden zu einem Segeltörn ins Mittelmeer begab und auf der Yacht natürlich auch junge Frauen (bei solchen Gelegenheiten meist als »Sekretärinnen« bezeichnet) fröhlich mitsegelten. Wieder einmal von ihrem Mann allein gelassen, wurde die hochschwangere Jackie mit schweren Blutungen in ein Krankenhaus eingeliefert. Trotz Kaiserschnitt wurde das Kind, ein Mädchen, schon tot geboren. Für Jackie war es eine der dunkelsten Stunden ihres Lebens, und ihre Stimmung gegenüber ihrem Mann war – als drei Tage später endlich ein Telefongespräch zustande kam – auf einem Tiefpunkt.

Einer der Teilnehmer der mediterranen Kreuzfahrt, Jacks Freund George Smathers (1913–2007), ein Senator aus Florida, sprach Klartext: »Wenn Du Präsident werden willst, musst Du den Hintern hochkriegen und am Bett Deiner Frau auftauchen. Sonst wirst Du jede Ehefrau im Lande gegen Dich haben.« Kennedy eilte nach Hause, doch dass das Eheglück in Scherben lag, war inzwischen in die Medien gelangt; es wurde über eine Scheidung des Traumpaares spekuliert. Dass es dazu nicht kam, hat möglicherweise Joe senior – dem bewusst war, dass eine Scheidung der Todesstoß für Kennedys Ambitionen auf das Präsidentenamt sein würde – verhindert.

Er soll Jackie eine Million Dollar geboten haben, wenn sie bei Jack blieb. Ob sie das Geld angenommen hat, ist unbekannt, bei Jackies Interesse an pekuniären Mitteln und ihren immensen Ausgaben für Mode und Accessoires allerdings nicht ganz unwahrscheinlich. Auf jeden Fall setzte sie eine größere Unabhängigkeit für sich und eine größere Distanz beider zum Kennedy-Clan durch, vor allem weil ihr Jacks Schwestern mit ihrem permanenten Prahlen mit ihrem Reichtum auf die Nerven gingen.

Und dennoch: Ihre Ehe war trotz der immer wiederkehrenden Krisen und vieler Enttäuschungen, die Jackie als Frau auch später noch erleiden musste, für die Öffentlichkeit keine bloße Fassade, keine Schau zum Zweck einer politischen Karriere. Immer wieder wurde deutlich, wie sehr sich beide achteten, wie sehr Jack das Urteil seiner Frau schätzte, wie stolz er war, sie an seiner Seite zu haben – und wie sehr Jackie ihren Mann bewunderte. Es war eine besondere Art von Liebe, für Außenstehende kaum zu ergründen, aber dennoch vital genug, um gemeinsam die Triumphe und die Tragödien zu überstehen, die sich in den nur zehn Jahren, zwei Monaten und zehn Tagen dieser Ehe von John Fitzgerald und Jacqueline Kennedy ereigneten.

24. Was steigerte noch den Bekanntheitsgrad von JFK?

Auf dem Krankenlager nach einer weiteren Rückenoperation begann Kennedy mit einer Reihe von Essays über große ehemalige Senatoren, die er bewunderte, weil sie in ihrem Amt ungewöhnlich mutig gehandelt hatten. Hierzu gehörten unter anderem der spätere sechste US-Präsident John Quincy Adams (1767–1848), Edmund G. Ross (1826–1907), der 1868 eine Amtsenthebung Präsident Andrew Johnsons (1808–1875) mit seinem Votum verhinderte, und Robert A. Taft (1889–1953), der die Legalität des Kriegsverbrecherprozesses von Nürnberg 1946 anzweifelte und damit seine eigene politische Karriere begraben konnte.

Die Sammlung *Profiles in Courage* erschien im Januar 1956 als kleines Buch, auf Deutsch unter dem Titel *Zivilcourage*. Es wurde nicht nur sofort ein Bestseller und ist bis auf den heutigen Tag ein Klassiker der politischen Literatur, sondern wurde 1957 auch mit dem begehrten Pulitzer-Preis ausgezeichnet. Der Bucherfolg gab dem jungen Senator aus Massachusetts zu seinem gesellschaftlichen nun auch ein beträchtliches intellektuelles Profil.

Schon bald nach dem Erfolg von *Profiles in Courage* kamen Gerüchte auf, dass nicht Kennedy selbst, sondern sein brillanter Redenschreiber Theodore Sorensen (1928–2010) das Buch verfasst hätte. Kennedy reagierte im Freundeskreis, auf ein mögliches »Ghostwriting« angesprochen, mit Schärfe und einem für ihn ungewöhnlichen Mangel an Humor. Sorensen, der 2010 starb, sprach in seiner Autobiografie von einer Kollaboration bei der Entstehung des Werkes – es war wohl beider Männer geistiges Kind.

Die Kontroverse um die Autorschaft zeigt beispielhaft, wie massiv die Kennedys gegen Kritik an einem der Ihren vorzugehen pflegten. Der bekannte Journalist Drew Pearson (1897–1969) äußerte in einer Talkshow des Fernsehsenders ABC im Dezember 1957 spöttisch, dass John F. Kennedy der erste Mann sei, der den Pulitzerpreis für ein von einem Ghostwriter verfasstes Buch angenommen habe. Vater Joe Kennedy soll umgehend seinen Anwalt Clark Clifford (1906–1998) (über viele Jahre eine einflussreiche Größe in Washington, Berater mehrerer Präsidenten und Verteidigungsminister von 1968 bis 1969) angerufen und von diesem verlangt haben, die »Bastarde« auf eine Summe von 50 Millionen Dollar zu verklagen. Was immer hinter den Kulissen abgelaufen sein mag – ABC entschuldigte sich für den Beitrag.

IV

DER LANGE WEG INS WEISSE HAUS

(1956 – 1960)

25. Welche Erfahrungen machte JFK bei seinem ersten Versuch, ein hohes Staatsamt zu erlangen?

Als sich die Demokraten zu ihrem Wahlparteitag 1956 in Chicago trafen, machte der Name des jungen Senators aus Massachusetts bei vielen Delegierten die Runde. Man munkelte, dass John F. Kennedy möglicherweise für die Vizepräsidentschaft kandidieren würde – und Kennedy unternahm im Vorfeld der *convention* nichts, um diese Gerüchte zu entkräften. Es wäre keine ganz unlogische Wahl gewesen, denn der Präsidentschaftskandidat Adlai Stevenson (1900–1965) war ein honoriger Liberaler, dem man viel zusprechen konnte, aber nicht, was immer mehr Amerikaner mit Kennedy und mehr noch zusammen mit seiner Frau Jacqueline verbanden: *Charisma*.

Außerdem heftete Stevenson ein wenig die Aura des Verlierers an: Bereits 1952 war er für die Demokraten angetreten und hatte gegen Dwight D. Eisenhower (1890–1969) verloren. Jetzt, im Jahr 1956, kam es zu einer Neuauflage dieses Duells, und die Aussichten für die Demokraten und ihren Kandidaten waren nicht gerade glänzend: Präsident Eisenhower war beliebt, den USA ging es gut.

Doch gerade der Nummer Zwei konnte in diesem Wahlkampf eine entscheidende Bedeutung zukommen. Eisenhower hatte nämlich im Vorjahr einen Herzinfarkt erlitten, so dass sein Gesundheitszustand und die Möglichkeit, dass er eine zweite Amtszeit nicht würde vollenden können, zum Wahlkampfthema wurden – und damit die Persönlichkeit des Vizepräsidenten in den Vordergrund rückte. Der republikanische Kandidat, Richard Nixon, war für das liberale Segment der amerikanischen Bevölkerung das sprichwörtliche rote Tuch. John F. Kennedy würde eine für weite Wählerschichten ungleich sympathischere Alternative in einem Amt sein, dessen Inhaber nur einen Herzschlag von der Präsidentschaft entfernt wäre.

Schon bei der Eröffnung des Parteitages hinterließ Kennedy einen tiefen Eindruck. Der Senator durfte den im Auditorium gezeigten Dokumentarfilm *The Pursuit of Happiness* kommentieren, mit dem die Delegierten eingestimmt werden sollten. Die Stimme mit dem ausgeprägten Bostoner Akzent prägte sich den Anwesenden ein, bei seinem ersten großen Auftritt auf der Bühne und unter den Augen einer Heerschar von Medienvertretern wurde er mit Applaus überschüttet.

Am vierten Abend des Parteitags tat Stevenson einen ungewöhnlichen Schritt. Nachdem er erklärt hatte, dass »die Aufmerksamkeit der Nation wie nie zuvor auf die Vizepräsidentschaft« gerichtet sei, verzichtete er auf das Recht des Spitzenkandidaten, seinen *running mate* selbst zu bestimmen, und überließ diese Entscheidung den Parteitagsdelegierten.

Vor und hinter den Kulissen setzte nun ein rund 24 Stunden währender Kampf um diese Nominierung ein, und John F. Kennedy ließ über sein Team (in dem Bruder Robert, genannt Bobby, den Ton angab) wissen, dass er interessiert sei. Die anderen aussichtsreichen Kandidaten waren Senator Estes Kefauver (1903–1963) aus Tennessee, Senator Hubert Humphrey (1911–1978) aus Minnesota, Senator Lyndon Baines Johnson aus Texas und Senator Al Gore (1907–1998), ebenfalls aus Tennessee – dessen Sohn, Al Gore jr., vierundvierzig Jahre später nach der Präsidentschaft greifen und dabei weniger von den Wählern als vielmehr vom Supreme Court gestoppt werden sollte.

Keinen Beifall erhielt Kennedy – zunächst – von seinem wichtigsten Unterstützer. Als Kennedy seinen Vater in dessen Ferienaufenthalt in Südfrankreich anrief, um ihm von seiner Kandidatur zu berichten, schimpfte ihn dieser in einer Lautstärke »Idiot«, dass es in der ganzen Hotelsuite vernommen werden konnte, in der der Senator und seine Berater tagten. Nach Old Joes Einschätzung würde sein Sohn seine gesamte Karriere ruinieren, wenn er jetzt auf ein offenbar sinkendes Schiff aufspringe. Doch John ging seinen eigenen Weg – ein seltener Akt einer Rebellion gegen den übermächtigen Vater.

Es gab noch jemand in der älteren Generation, der nichts von einer Vizepräsidentschaftskandidatur John F. Kennedys wissen wollte. Die Grande Dame der Demokratischen Partei, Eleanor Roosevelt (1884–1962), hochverehrte Witwe eines der größten und elf Jahre nach seinem Ableben schon legendären Präsidenten, reagierte bereits auf den Familiennamen Kennedy ausgesprochen allergisch. Sie konnte sich nur zu gut daran erinnern, wie sehr ihr Mann den Vater des Kandidaten gehasst hatte, der als Botschafter in London eine aus Roosevelts Sicht so defätistische Haltung eingenommen hatte – es war ein auf tiefer Gegenseitigkeit beruhendes Gefühl, denn Präsident Roosevelt war für Old Joe »der verkrüppelte Bastard, der meinen Sohn getötet hat«. Eine Zusammenkunft mit Eleanor Roosevelt am Rande des Parteitages wurde eilends organisiert. Es war eine der wenigen Gelegenheiten, bei denen Kennedys Charme keinerlei Wirkung zeigte.

Mit den Delegierten verhielt es sich anders. John F. Kennedy schien auf der Siegerstraße, bekam im ersten Wahlgang 304 und bei der zweiten Abstimmung 646 Stimmen – bei 686 war ein Kandidat nominiert. Doch dann verlagerte sich in der immer chaotischer ablaufenden Versammlung das Gewicht zugunsten Kefauvers; nicht zuletzt, weil Kennedys Katholizismus für zahlreiche Delegierte ein Problem war. Kennedy erkannte die Situation und tat etwas, das ihn zu einem noblen Verlierer machte: Er verschaffte sich Zugang zum Podium und rief den Parteifreuden zu, man solle Geschlossenheit zeigen; er empfehle die einstimmige Wahl von Estes Kefauver.

John bewies auf dem Parteitag mehr politischen Instinkt als sein Vater. Während Stevenson und Kefauver einer deutlichen Niederlage gegen Eisenhower und Nixon entgegengingen, hatte der 39-jährige Senator die Herzen vieler (wenn auch nicht aller) Parteifreunde gewonnen und galt weithin als der kommende Mann der Partei.

John hatte indes auch seine Lektionen gelernt. Er brauchte eine professionelle, straff geführte Organisation mit zahlreichen Freiwilligen, möglichst im ganzen Land. Er würde selbst mehr durch die USA reisen und den Kontakt mit Wählern suchen müssen. Und er würde die Parteibosse bearbeiten, deren Aufruf zur Toleranz gegenüber seinem Glauben sich als Lippenbekenntnis erwiesen hatte.

Einen wahren Wadenbeißer für diese Aufgabe, dem er voll vertrauen konnte, hatte er in seinem engsten Umfeld: Bruder Bobby. Für Bobby und John und ihre engsten Vertrauten wie die »irische Mafia« mit Ken O'Donnell (1924–1977) und Dave Powers (1912–1998) begann der Wahlkampf von 1960, bevor die Wähler 1956 überhaupt an die Urnen gegangen waren.

26. Welches persönliche Ereignis berührte JFK ganz besonders?

Im November 1957 brachte Jackie Kennedy ihr erstes Kind zur Welt: Caroline Bouvier Kennedy. Das kleine Mädchen machte Kennedy zu einem stolzen Vater, eine Rolle, in der niemand jemals etwas an ihm zu kritisieren fand. Nicht nur John F. Kennedy war höchst beglückt, auch für Jackie brachte Caroline eine neue Erfüllung in ihr Leben; der Familienzuwachs glättete die Wogen einer Ehe, die nicht ganz so harmonisch verlaufen war, wie es die Hochglanzmagazine verbreitet hatten.

Die Medien zeigten nun noch stärkeres Interesse an den Kennedys, und Berichte über die Familie – in ihrem Haus in Georgetown, beim Urlaub in Hyannis Port oder Palm Beach, beim Reiten oder Segeln oder beim Spielen mit ihrer niedlichen kleinen Tochter (die Neil Diamond einst zu seinem *Sweet Caroline* inspirieren sollte) – erschienen in einer Häufung, dass Kennedys Parteifreund und (mit Blick auf die Wahl von 1960) politischer Rivale Hubert Humphrey sichtlich genervt verkündete: »Du kannst in einen A&P gehen, Du kannst in jeden Supermarkt gehen. Du greifst nach einer Frauenzeitschrift – und dann ist da wieder so ein wundervoller Artikel. Er hat die Publizität. Er ist die Attraktion. Er hat das gewisse Etwas.«

Ob *Life, Look, Saturday Evening Post* – die amerikanische Öffentlichkeit war fasziniert von dieser strahlenden jungen Familie. Nur wenige Wochen nach Carolines Geburt zierte John F. Kennedy in einem von dem Künstler Henry Koerner (1915–1991) angefertigten Porträt auch noch das Cover von *Time*. Dem Eindruck, dass diesem Mann die Zukunft gehörte, konnte sich kaum ein an Politik auch nur halbwegs interessierter Amerikaner entziehen.

Zu einer geradezu gespenstisch anmutend präzisen Prophezeiung verstieg sich ein Artikel mit der Überschrift *The Amazing Kennedys* in der Zeitschrift *Saturday Evening Post*: »Mit Selbstvertrauen warten sie auf den Tag, wenn Jack im Weißen Haus sitzen, Bobby als sein Justizminister amtieren und Teddy Senator für Massachusetts sein wird.«

27. Wie kam es zu einer Zusammenarbeit zwischen JFK und seinem Bruder Robert?

John F. Kennedy musste, wenn er 1960 Präsident werden wollte, einen Zugang zur amerikanischen Arbeiterklasse – ein großes Segment der US-Bevölkerung, zu dem ihm eine Affinität nicht gerade in die Wiege gelegt war – und damit zu den Gewerkschaften finden. Er wurde Mitglied im Senate Rackets Committee, das Korruption und Kriminalität in den Spitzen der Gewerkschaften untersuchte.

Einige Dachorganisationen und deren leitende Figuren waren darin verstrickt; vor allem die Teamsters, die Truck-Fahrer, hatten (oder haben immer noch) einen verheerenden Ruf. Sinnbild dieser Machenschaften war Teamster-Chef Jimmy Hoffa (1913–1975), der 1975 plötzlich spurlos verschwand und heute noch regelmäßig durch die amerikanischen Nachrichten geistert, wenn wieder einmal ein Grundstück umgegraben oder ein Brückenpfeiler untersucht wird, in welchem man seine Überreste zu finden hofft.

Die Anhörungen des Senatsausschusses wurden teilweise live im amerikanischen Fernsehen übertragen – organisiertes Verbrechen und Gangsterbosse übten auf Amerikaner schon immer eine Faszination aus, genau wie Gesetzeshüter à la Eliot Ness (1903–1957) oder J. Edgar Hoover, die solche Verbrecher zur Strecke bringen wollen. In diesen Rollen – wenngleich mit dem Gesetzbuch und nicht mit dem Revolver – brillierten John F. Kennedy und sein Assistent Robert. Bobby hinterließ mit seinen messerscharfen Fragen und seinem kühlen, konzentrierten Auftreten auf viele Beobachter einen tiefen Eindruck.

Ein Highlight war seine Konfrontation mit dem Mafia-Boss (die Übergänge zwischen den Gewerkschaftsbossen und jenen der Unterwelt waren durchaus vielfältig und fließend) Salvatore, genannt Sam, Giancana (1908–1975). Als Giancana auf eine Frage Robert Kennedys zu seinen Geschäftsgewohnheiten, zu denen dem Vernehmen nach das Hängen von Opfern an Fleischerhaken und deren Verstauen in Kofferräumen gehörten, zu kichern begann, entgegnete ihm Bobby cisig: »Ich dachte, nur kleine Mädchen kichern, Mr. Giancana.« Es ist bis heute eine Tragödie für die Reputation der Kennedys, dass dies nicht der einzige Kontakt mit Giancana blieb.

28. Was war das Neue an Kennedys Präsidentschaftskandidatur?

Heutige Präsidentschaftswahlen ziehen sich über viele Monate hin, weil die »erste Runde« besonders aufwändig ist: der Reigen der Vorwahlen (primaries) oder die einen Kandidaten kürenden Wahlversammlungen (caucuses) in den einzelnen Bundesstaaten. Bei den Wahlen im Jahr 2012 und 2008 beispielsweise waren solche Vorentscheidungen in 50 Bundesstaaten, im District of Columbia (der Hauptstadt Washington), in Puerto Rico, den amerikanischen Jungferninseln und in den fernen pazifischen Besitzungen wie Guam und anderen Inseln angesetzt – 2008 bei beiden großen Parteien, 2012 lediglich bei den Republikanern (der demokratische Amtsinhaber Barack Obama stand als erneuter Kandidat von vornherein fest).

Während diese sich über mehrere Monate hinziehenden und die Medien bis zum Überdruss dominierenden Vorwahlen in Amerika heute als Teil des demokratischen Prozesses gelten, waren sie 1960 fast noch eine Außenseitermethode auf dem Weg zur Kandidatur. Über viele Jahre der amerikanischen Geschichte wurden die Kandidaten erst auf den Wahlparteitagen bestimmt, nach vielen Absprachen und Manövern durch die *party bosses*, die Führungspersönlichkeiten der Parteien, und durch reichlich Kungelei – den *backroom deals* in verrauchten und nach Whiskey riechenden Hinterzimmern am Rande von Parteitagen.

John F. Kennedy, der 1958 mit großer Mehrheit für eine zweite Amtszeit als Senator von Massachusetts gewählt worden war, wusste, dass er sich nicht auf das Parteiestablishment verlassen konnte – für dieses waren Hubert Humphrey und Lyndon B. Johnson die Favoriten.

Am 2. Januar 1960 verkündete John F. Kennedy in einem Tagungsraum des Senats im Capitol seine Kandidatur. Er machte deutlich, dass er ein Mandat der demokratischen Parteibasis suchte: »Ich glaube, dass jeder demokratische Anwärter für diese wichtige Nominierung bereit sein sollte, seine Sichtweise, seine bisherigen Leistungen und seine Kompetenz den Wählern in einer Serie von Vorwahlen zur Abstimmung vorzulegen.« Es war ein mühevoller Weg, doch Kennedy hatte in den vergangenen vier Jahren eine exzellente Organisation in den – damals noch relativ wenigen – Bundesstaaten mit Vorwahlen aufgebaut, und er verfügte vor allem über scheinbar unbegrenzte Geldmittel.

Das Kennedy-Vermögen wurde wieder einmal gezielt in einem Wahlkampf eingesetzt, und dies auf vielfältige Weise: Broschüren wurden gedruckt und kleine Krawattenhalter in

Form des Schnellbootes PT-109 hergestellt (die an Kennedys für das Land erbrachte Opfer erinnern sollten); es wurden aber auch Parteibosse und Delegationsleiter von Old Joe persönlich »geschmiert«. Auch in der Logistik war die Kennedy-Mannschaft der seiner Mitbewerber überlegen. Hubert Humphrey soll sich auf manch einem Flughafen über das Auftauchen der Privatmaschine mit dem Namen *Caroline* gewundert haben, während er auf das Einchecken zu seinem Linienflug wartete.

Nachdem Kennedy erwartungsgemäß die erste *primary* in New Hampshire, einem Nachbarstaat von Massachusetts und bis heute traditionsgemäß der erste Staat, der Vorwahlen abhält (nach Iowa, wo immer der erste *caucus* stattfindet), mit 85 % der Stimmen gewonnen hatte, ging es weiter nach Wisconsin, wo Humphrey, der aus dem benachbarten Minnesota kam, Favorit war. Kennedy schonte sich nicht, führte einen traditionellen Wahlkampf, in dem es galt, möglichst viele Hände zu schütteln und möglichst viele Babys auf dem Arm zu halten.

»Er war«, so beobachtete ein Lokalpolitiker, »morgens um 6 im Einsatz und hörte in der gleichen Nacht erst um 10 in einem Shopping Center auf«. Kennedy konzentrierte sich auf die urbanen Regionen, während Humphrey stärker im Farmland von Wisconsin präsent war. Es war wieder einmal eine Familienangelegenheit: Die telegenen Brüder und Schwestern Kennedys fielen geradezu in Wisconsin ein, umarmten Farmer und Handwerker, mit denen man daheim in Hyannis Port nur durch Dienstboten kommuniziert hätte. »Die Kennedys«, stöhnte Hubert Humphrey, »sind überall im Staat, und sie sehen alle gleich aus und klingen alle gleich. Teddy und Eunice sprechen vor einer Menge, und die Leute glauben, sie hören Jack zu. Ich bekomme Berichte, wonach Jack gerade an drei oder vier unterschiedlichen Orten gleichzeitig auftritt.«

Noch mehr Grund zur Frustration hatte Humphrey, wenn Jackie an der Seite seines Rivalen war. Derartige Auftritte absolvierte sie mit ihrer Abneigung gegen den Politikbetrieb nur in wohl abgewogener Dosierung und stets mit dem gleichen Ergebnis: Es kam zu Begeisterungsstürmen, zu ans Chaotische grenzenden Menschenaufläufen und zu Szenen von fast hysterischem Jubel und vielstimmigem Gekreische, wie sie wenige Jahre später bei Auftritten der Beatles zu einem Symbol des turbulenten Jahrzehnts wurden: Sie leiteten die Kennedy-Präsidentschaft ein.

Am 5. April 1960 gewann Kennedy die Vorwahl in Wisconsin mit 56 % der Stimmen deutlich. Humphrey setzte seine Hoffnungen nun auf West Virginia. Der Staat schien das denkbar ungünstigste Terrain für Kennedy zu sein: verarmt, mit einem katholischen Bevölkerungsanteil von nur 4 % und mit Wählerschichten, von denen man in heutiger Terminologie viele als »bildungsfern« bezeichnen würde. Die Auftritte in West Virginia, bei denen die Kriegsteilnahme und das »Heldentum« Kennedys gebührend herausgehoben wurden, waren indes kein reines Buhlen um Wählerstimmen; es war ein Prozess des Gebens und Nehmens und für Kennedy des Lernens.

Der Journalist Pierre Salinger (1925–2004), der bald Regierungssprecher Kennedys werden sollte, beobachtete nachdenklich: »Ich glaube, West Virginia hat zu einer Transformation John F. Kennedys als Persönlichkeit geführt. Zum wirklich ersten Mal kam er mit Armut in Kontakt. Er sah Hunderte von Menschen in der Stadt herumhängen, die nichts zu tun hatten. Es nahm ihn deutlich mit. Nach meiner Einschätzung hat es seine ganze Einstellung zum Leben verändert.«

Angesichts der in West Virginia allgegenwärtigen sozialen Härten hielten einige von Kennedys Beratern einen Auftritt von

Jacqueline Kennedy für unpassend – die Stilikone mit umfangreichen Fremdsprachenkenntnissen und einem Faible für Designermode würde keine emotionale Verbindung zu arbeitslosen Bergleuten herstellen können. Nichts war weiter von den Tatsachen entfernt. Die Verehrung, die Jacqueline von Menschen zuteil wurde, denen der amerikanische Traum versagt geblieben war, erreichte quasi-royale, wenn nicht gar quasi-sakrale Ausmaße. Sie erfuhr von einem älteren Mann, der gern zu einer Kennedy-Veranstaltung gekommen wäre, seine schwerbehinderte Frau jedoch nicht allein lassen wollte. Also kam Jackie Kennedy zu ihm. Der Mann war fassungslos: »Jetzt glaube ich auch an Santa Claus. Sie ist wie eine richtige Königin.«

Am Abend des 10. Mai 1960 gewann John F. Kennedy in einem Erdrutsch, mit mehr als 60 Prozent der Stimmen, in West Virginia. In der Delegiertenarithmetik waren es nur 25 Stimmen (und diese waren nicht einmal bindend) auf dem Parteitag. Doch der Symbolgehalt wurde im ganzen Land verstanden: John F. Kennedy war ein Kandidat, dem die Herzen der Wähler zuflogen wie kaum einem anderen Politiker seit Franklin D. Roosevelt.

29. Welche überraschende Entscheidung traf JFK auf dem Wahlparteitag 1960?

Trotz seines Siegeszuges durch die Vorwahlen war die Nominierung John F. Kennedys keineswegs sicher, als sich die Demokraten zu ihrem Wahlparteitag im Juli 1960 in Los Angeles trafen. Kurz zuvor hatten zwei Politiker ihr Interesse an der Kandidatur bekundet, die sich den Vorwahlkampf erspart hatten.

Neben Lyndon B. Johnson überraschte auch Adlai Stevenson mit seiner Kandidatur – die Wahlniederlagen von 1952 und 1956 hatten seinen Ehrgeiz auf das höchste Staatsamt nicht bremsen können. Es war allen politischen Beobachtern klar, dass Kennedy in Schwierigkeiten kommen würde, wenn er nicht gleich in einem der ersten Wahlgänge eine Mehrheit würde vorweisen können – sich lang hinziehende Abstimmungen auf *conventions* führten in der amerikanischen Geschichte meist zur Nominierung eines Kompromisskandidaten. Vor allem aus dem Lager von Lyndon B. Johnson wurden Indiskretionen über Kennedys Gesundheitszustand gestreut. Hinweise auf Kennedys Leiden verbreitete auch ein politischer Verbündeter Johnsons, der künftige Gouverneur von Texas, John B. Connally (1917–1993) – er war es, der an einem noch fernen Novembertag mit Kennedy in einer offenen Limousine sitzen würde.

Seine Verteidigungslinie hatte Kennedy schon einige Monate zuvor deutlich gemacht, als er beteuerte: »Niemand mit Morbus Addison sollte Präsident werde, doch ich habe die Krankheit nicht und habe nie an ihr gelitten.« Was immer über seine Nebennierenstörungen bekannt wurde, führte er auf eine Malariaerkrankung während des Kriegseinsatzes im Pazifik zurück.

Neben den Vorwahlergebnissen konnte John F. Kennedy 1960 auf eine exzellente Organisation vertrauen. Das unter der Leitung von Bruder Bobby stehende Team war in praktisch jedem Bundesstaates präsent und auf fast alle Eventualitäten vorbereitet. Doch es ging alles glatt. Im ersten Wahlgang bereits erhielt Kennedy 806 Stimmen und damit 45 mehr als erforderlich. John F. Kennedy war nun der Präsidentschaftskandidat der Demokratischen Partei.

Nun galt es, seinen *running mate*, seinen Vizepräsidentschaftskandidat, auszuwählen. Seine Entscheidung überraschte viele und verbitterte nicht wenige, darunter Bobby. Denn John F.

Kennedy bot diese Kandidatur jenem Politiker an, der mit 26 % das zweitbeste Wahlergebnis bei der Abstimmung erzielt hatte: dem Mehrheitsführer im Senat, Lyndon B. Johnson. Johnson war von Herkunft und Persönlichkeit her so ziemlich das Gegenteil der Kennedys: aus einfachen Verhältnissen stammend, von derber, oft vulgärer Sprache und von der Gewieftheit des Berufspolitikers. Liberal war er kaum, aber John F. Kennedy hatte einen wahlstrategischen Aspekt im Sinn: Im tiefen Süden, wo Kennedy Probleme haben würde, konnte Johnson eine große Hilfe im Wahlkampf sein.

Bobby war entsetzt, er verabscheute Johnson. Der Texaner indes ergriff seine Chance und schien alle Aversionen gegen Jack, den er einst einen gelbgesichtigen Burschen genannt hatte, zu vergessen. Johnson zeigte gar regelrechten Enthusiasmus und sandte Kennedy ein Telegramm, in dem er seiner Namensabkürzung einen neuen Sinn gab: »LBJ heißt jetzt *Lets Back Jack*.«

Diesmal hatte John F. Kennedy die volle Zustimmung seines Vaters: »In zwei Wochen werden alle sagen, dass dies Dein cleverster Schritt war.« In seinem Umfeld versuchte Jack, die Gemüter zu beruhigen. Es sei nur die Vizepräsidentschaft, und Johnson sei um fast zehn Jahre älter als er. Was sollte schon passieren?

30. Worin unterschied sich der Wahlkampf von 1960 von früheren Präsidentschaftswahlen?

Die USA erlebten die Geburtsstunde einer völlig neuen Form der politischen Auseinandersetzung, wenig kalkulierbar, stets mit der Gefahr, durch einen Fehler, einen Missklang im Angesicht von Millionen Wählern den jeweiligen Wahlchancen irreparablen Schaden zuzufügen. Das Medium Fernsehen wurde zum Forum, auf dem die beiden Spitzenkandidaten aufeinandertrafen. Die Rededuelle Kennedy–Nixon vor laufender Kamera gingen als »The Great Debates« in die politische Kultur Amerikas ein, als Sternstunden der Demokratie, aber auch des Mediums Fernsehen.

Amtsinhaber Eisenhower hatte seinem Vize Nixon geraten, nicht auf den Vorschlag der Fernsehanstalten einzugehen, mit Kennedy rhetorisch die Klingen zu kreuzen. Doch Nixon war stolz auf seine Argumentationsfähigkeit und teilte nicht die Bedenken des Präsidenten, dem weniger erfahrenen Kennedy eine Gelegenheit zu geben, bei der er sich auf gleicher Augenhöhe mit dem Vizepräsident der Vereinigten Staaten befand. Nixon verstieg sich gar zu der völlig unrealistischen Behauptung: »Das Fernsehen ist nicht mehr so effektiv wie 1952. Der Reiz des Neuen ist verloren gegangen.« Zu Beginn der Fünfziger Jahre fand sich ein Fernsehapparat in einem von zehn amerikanischen Haushalten. 1960 verfügten neun von zehn Haushalten über ein TV-Gerät.

Die erste der vier Debatten fand am 26. September 1960 in Chicago statt. Die Zahl der Zuschauer, die dem Ereignis beiwohnten, übertraf alles in der Geschichte des Mediums Fernsehen Dagewesene. Bald nach den Wahlen sprachen Medienwissenschaftler von 100 bis 120 Millionen Zuschauern (in einem Land, das damals knapp 200 Millionen Einwohner hatte), heute geht man von immer noch beeindruckenden 70 Millionen Zuschauern aus. Beide Kandidaten hatten die letzten Stunden mit Vorbereitungen im Kreise ihrer Berater verbracht, hatten versucht, auf alle denkbaren Fragen des sorgfältig ausgewählten Panels von Journalisten die effektvollsten Antworten zu konzipieren. Nixon war etwas früher im Studio, versuchte trotz eines gerade überstandenen Krankenhausaufenthalts wegen einer

Knieverletzung auf die Anwesenden einen gut gelaunten und vitalen Eindruck zu machen.

Einige Minuten erfreute sich der Vizepräsident der allgemeinen Aufmerksamkeit. Dann der Schock! Als Senator Kennedy das Studio betritt, stürzen sich die Pressefotografen auf ihn und lassen den verblüfften Nixon stehen. Der Mann aus Massachusetts, so entfuhr es einem der Reporter, sehe aus wie ein Adonis. Kennedy war braun gebrannt, trug einen dunklen Maßanzug und ein unwiderstehliches Siegerlächeln zur Schau: »Von dem Moment, da Kennedy hereinschritt und ihm die Aufmerksamkeit der Fotografen stahl, war Nixon nicht mehr derselbe Mann. Er war von der Filmstar-Aura seines Rivalen geradezu leer gepumpt, spürte die eigene Minderbedeutung. Er sank in seinen Stuhl, seinen Kopf abgewandt, ein Mann auf dem Rückzug.«

Die Debatte lief nicht gut für Nixon. Doch Kennedy erschien ihm argumentativ keineswegs überlegen – Zu*hörer*, die das Geschehen im Radio verfolgten und die dazu gehörende TV-Übertragung nicht gesehen hatten, gaben später bei Umfragen mehrheitlich an, dass Nixon auf sie den überzeugenderen Eindruck gemacht habe. Doch das Radio hatte an diesem Tag das kleinere Publikum. Die allermeisten politisch interessierten Amerikaner waren an jenem Abend Zu*schauer*. Und in deren Einschätzung schnitt Kennedy deutlich besser ab.

Der optische Kontrast zwischen beiden Kandidaten war unübersehbar. Kennedy hob sich in seinem dunklen Anzug vorteilhaft von der grauen Studioumgebung ab, er zeigte geradezu symbolhaft Profil. Nixons grauer Anzug hingegen schien mit dem Hintergrund zu verschmelzen und gab dem Vizepräsidenten eine verwaschene Erscheinung, die noch durch seine Physiognomie unterstrichen wurde. Nixon sah nach seinem Krankenhausaufenthalt elend aus, hatte Ringe unter den Augen und einen schlecht sitzenden Hemdkragen.

Ein zusätzliches Problem war sein starker Bartwuchs, den Karikaturisten gern benutzten, um den Vizepräsidenten als dunkle, wenig Vertrauen einflößende Person zu porträtieren. Nixon benutzt Puder, um die Stoppeln abzudecken, lehnte aber ansonsten das Auftragen von Make-up ab. Im Laufe der Debatte begann Nixon, der sich erkennbar unwohl fühlte, zu schwitzen, was gleichfalls wenig attraktiv wirkte. Der Spott, der sich über Nixon nach diesem Auftritt ergoss, war teilweise grausam. »Mein Gott!«, rief Chicagos Bürgermeister, der Demokrat Richard Daley aus, »die haben ihn ja schon einbalsamiert, bevor er überhaupt gestorben ist!« Wenig freundlich war auch das Fazit von Nixons Vizepräsidentschaftskandidat Henry Cabot Lodge: *That son of a bitch just lost the election!*

»Die Kandidaten brauchen nicht vorgestellt zu werden«, mit diesen einleitenden Worten eröffnete Howard K. Smith vom Sender CBS die Debatte. Das Thema des ersten Aufeinandertreffens der beiden Kandidaten war zwar eigentlich amerikanische Innenpolitik, doch wurde die Außenpolitik schnell zum beherrschenden Thema. Gerade dies hätte nach allgemeiner Einschätzung ein Heimspiel für Vizepräsident Nixon werden müssen. Doch schon in den Anfangsminuten wurde deutlich, dass Senator Kennedy, der über Jahre im Auswärtigen Ausschuss des Senats mitgearbeitet hatte und Autor zahlreicher außenpolitischer Schriften war, sich auf diesem Areal seinem Rivalen ebenbürtig fühlte und diesem in der Fähigkeit, seine Kompetenz zu vermitteln, haushoch überlegen war.

Nach Begrüßung des Moderators und Nixons drehte er sich in Richtung Kamera und nahm eine Position ein, wie sie in späteren Phasen des Fernsehzeitalters von Staatspräsidenten eingenommen wird, wenn sie sich an ihr Volk wenden. Geschickt spielte er auf einen historischen Vorläufer der bevorstehenden Wahl an, jene Entscheidung von vor hundert Jahren, die gleichfalls von wegweisender, epochaler Bedeutung gewesen war:

> »Bei der Wahl von 1860 sagte Abraham Lincoln, dass es um die Frage geht, ob diese Nation zur Hälfte versklavt und zur Hälfte frei existieren könne. Bei der Wahl von 1960 geht es angesichts der uns umgebenden Welt darum, ob diese halb frei oder halb versklavt bestehen kann; ob sie sich in die Richtung auf die Freiheit zubewegt, in Richtung jener Straße, die wir genommen haben, oder ob sie in Richtung Sklaverei fort schreitet.«

Er zog einen eleganten Bogen zu den inneren Problemen Amerikas und verknüpfte die notwendigen Reformen in Amerikas Gesellschaft mit dem großen Kampf in Übersee, mit dem Wettstreit mit einer totalitären Ideologie:

> »Es hängt in ganz großem Maße davon ab, was wir in unserem Lande tun. Der Grund, dass Franklin D. Roosevelt in Lateinamerika als guter Nachbar galt, lag darin, dass er hierzulande ein guter Nachbar war. Die Menschen haben gespürt, dass sich die amerikanische Gesellschaft wieder bewegt. Ich will, dass wir dieses Bild von uns zurückgewinnen. Ich will, dass Menschen in Lateinamerika und Afrika und Asien wieder nach Amerika blicken, dass sie sich fragen, was der amerikanische Präsident macht, und nicht auf Chruschtschow oder die chinesischen Kommunisten schauen. Das ist die Verpflichtung für unsere Generation. 1933 hat Franklin Roosevelt in seiner Antrittsrede gesagt, dass seine Generation von

Amerikanern ein Rendezvous mit dem Schicksal hat. Ich glaube, unsere Generation hat das gleiche Schicksal. Die Frage ist: Kann die Freiheit unter dem schwersten Angriff, dem sie bislang ausgesetzt ist, bewahrt werden? Ich glaube, das kann sie. Und ich glaube, dass es in der letztgültigen Analyse darauf ankommt, was wir hier machen. Es ist Zeit, dass Amerika wieder voranschreitet.«

Die Wirkung auf Amerikas Fernsehzuschauer war außerordentlich: »Innerhalb von acht Minuten hatte ein schlanker, exzellent gekleideter junger Gentleman den in ihren Wohnzimmer sitzenden amerikanischen Männern und Frauen einen Vorschlag unterbreitet. Und dabei hatte er so unglaublich viel sympathischer gewirkt als der Bursche, der in den letzten acht Jahren Vizepräsident der Vereinigten Staaten gewesen war.«

Nixon gelang es kaum, gegenüber diesem Auftritt an Profil zu gewinnen. Doch der hochbegabte Debattenredner gab sich nicht geschlagen und ging in die Offensive. Vor allem aus Kennedys »Unerfahrenheit« versuchte er Kapital zu schlagen – mit fast 14 Jahren im Capitol besaß Kennedy allerdings mehr legislative Erfahrung, als sie manch einer der Präsidenten mit ins Weiße Haus gebracht hatte.

Wiederum konterte der jugendliche Herausforderer mit feiner Ironie und einem erneuten Verweis auf den als den größten Präsidenten eingeschätzten Amtsinhaber:

»Abraham Lincoln ist Präsident geworden nach einer wenig bekannten Periode im Repräsentantenhaus, nachdem er die Wahl um den Senat 1858 verloren hatte, und doch war er ein herausragender Präsident. Es gibt keinen sicheren, vorgezeichneten Weg in die Präsidentschaft. Es gibt keine Garantien, dass man bei der einen oder der anderen Route [ins Weiße Haus] ein erfolgreicher Präsident sein wird.«

Der Eindruck nach Ende der Debatte war im Kennedy-Lager der eines eindeutigen Sieges – was Meinungsumfragen unter Zuschauern bestätigten: 43 % sahen Kennedy als »Sieger«, nur 23 % hatten von Nixon den stärkeren Eindruck. Auch die Körpersprache des Kandidaten, der sich gerade nicht an die Zuschauer wandte, ließ die Sympathien eher in Richtung Kennedys ausschlagen. Nixon blickte bei Äußerungen des jugendlichen Senators oft finster und mit rastlosen Augenbewegungen im Studio umher. Kennedy wirkte auch als Zuhörer souveräner. Er machte sich Notizen (oder deutete dies zumindest an) und hob gelegentlich mit angedeutetem Lächeln eine Augenbraue.

Drei weitere Debatten fanden im Herbst 1960 zwischen Kennedy und Nixon statt, doch keine von ihnen erreichte die Zuschauerzahlen der ersten. Nixon erlebte am 7. Oktober im NBC-Studio in Washington ein »Comeback«, sah besser aus als beim ersten Aufeinandertreffen (er hatte mit zahlreichen Milkshakes versucht, Gewicht zuzulegen) und konnte Kennedy bei der Diskussion um das damals wie heute existierende Problem Taiwan–China vorübergehend in die Defensive drängen. Zum Nachteil des Republikaners hatte sein deutlich besserer Auftritt rund zwanzig Millionen Zuschauer weniger als die erste Debatte. Am 13. Oktober 1960 bekam die Auseinandersetzung ein anderes Format, als sich Kennedy und Nixon nicht im gleichen Studio gegenüber standen, sondern über mehr als 4000 Kilometer getrennt waren: Kennedy sprach aus einem Studio in New York, Nixon blickte in Los Angeles in die Kameras. Die vierte und letzte Debatte am 21. Oktober in New York schien bereits Routine zu sein. John F. Kennedy hatte die Bedeutung des Fernsehens richtig eingeschätzt, als er ein Jahr vor den Großen Debatten geschrieben hatte:

>Nichts ist mit dem revolutionären Einfluss des Fernsehens vergleichbar. Das TV hat die Art unserer politischen Kampagnen, Parteitage, Kandidaten und Kosten drastisch verändert. Manche Politiker betrachten es mit Misstrauen, andere mit Freude. Einige Kandidaten haben von seinem Gebrauch Nutzen gehabt, anderen hat man empfohlen, es zu meiden. Ob gut oder schlecht – und ich gehöre zu jenen, die seinen Nettoeffekt für einen positiven halten –, die Wirkung des Fernsehens auf die Politik wird enorm sein. Vor gerade 40 Jahren hat Woodrow Wilson seinen Körper und Geist auf einer kräftezehrenden Reise quer durchs Land verschlissen, als er für die Sache des Völkerbundes predigte. Heute kann Präsident Eisenhower Millionen von Menschen innerhalb von 15 Minuten erreichen, ohne sein Büro überhaupt zu verlassen. Doch der politische Erfolg des Fernsehens ist unglücklicherweise nicht auf jene begrenzt, die es verdienen. Es ist ein Medium, anfällig für Manipulation und Taschenspielertricks. Es kann von Demagogen missbraucht werden, durch den Appell an Emotionen und Vorurteile und Ignoranz.«

Die Stoßkraft des Mediums Fernsehen hat sich 1960 in vollem Umfang manifestiert, Fernsehdiskussionen der Spitzenkandidaten gehören nicht nur in den USA, sondern in vielen Demokratien der Welt mittlerweile zum festen Ritual des Wahlkampfes. Der »Showdown« der Spitzenkandidaten in den USA wurde zum unverzichtbaren Bestandteil der meisten folgenden Wahlkämpfe; mit Auftritten, von denen einige in Erinnerung blieben und Wahlen mitentschieden, wie Gerald Fords (1913–2006)

Lapsus 1976 mit der Behauptung, die Sowjetunion würde Osteuropa nicht beherrschen. Oder 1980 mit Ronald Reagans (1911–2004) humorvollen Repliken auf den sauertöpfisch dreinblickenden Jimmy Carter (»There you go again!«). Oder 1992 mit George Bush seniors sehnsüchtigem Blick auf die Armbanduhr in der Debatte mit dem jugendlichen Bill Clinton – als wolle er andeuten, dass er seine Zeit für abgelaufen halte. Heute sind Duelle dieser Art in vielen Demokratien fester Bestandteil der wirklich bedeutenden Wahlkämpfe. Keiner verstand dieses Forum so virtuos zu nutzen wie John F. Kennedy im Wahlkampf 1960.

31. Welche Rolle spielte Kennedys Religion im Wahlkampf 1960?

Noch nie war ein Katholik amerikanischer Präsident gewesen, und John F. Kennedy war sich bewusst, dass ihm seine Religionszugehörigkeit von Nachteil sein konnte. Es war inzwischen fast eine Generation her, dass ein katholischer Politiker nach dem höchsten Staatsamt gegriffen hatte. Al Smith (1873–1944), Gouverneur von New York, war 1928 für die Demokratische Partei angetreten und hatte deutlich gegen den Republikaner Herbert Hoover (1874–1964) mit 40 % zu 58 % verloren.

Viele der Vorwürfe, die Smith zu hören bekommen hatte, wurden von Kennedys politischen Gegnern auch 1960 wieder aufgefrischt. Ein Katholik im Weißen Haus, so wurde finster angedeutet, sei ein Agent des Papstes und würde stets die Interessen seiner Kirche über die des Landes stellen. Selbst innerhalb der eigenen Partei fragten sich manche Strategen, ob Kennedy in Staaten mit eher konservativ-protestantischen Bevölkerungsmehrheiten wie im Mittelwesten gewinnen könne. Die *New York Times* brachte am 7. September 1960 einen Artikel über eine

Organisation mit dem irreführenden Namen »National Conference of Citizens for Religious Freedom«, die sich vehement gegen die Wahl eines Katholiken aussprach. Es war freilich eine gut getarnte Pro-Nixon-Wahlinitiative.

Kennedy ergriff die Initiative und hielt fünf Tage später vor protestantischen Geistlichen in Houston eine Rede, in der er klarstellte:

> »Ich bin nicht der katholische Kandidat für die Präsidentschaft; ich bin der Kandidat der Demokratischen Partei, der eben auch Katholik ist. Ich spreche in öffentlichen Angelegenheiten nicht für meine Kirche, und meine Kirche spricht nicht für mich. Sollte jemals der Tag kommen, an dem mein Amt mich zwingen würde, entweder gegen mein Gewissen oder gegen die nationalen Interessen zu handeln, würde ich zurücktreten – und ich hoffe, dass jeder andere ehrbare öffentliche Bedienstete das genau so tun würde.«

An seiner Befürwortung der von der amerikanischen Verfassung vorgegebenen strikten Trennung von Staat und Religion ließ Kennedy keinen Zweifel. Die katholische Hierarchie in Puerto Rico indes war wenig hilfreich, als sie für die lokalen Wahlen auf der Insel eine Empfehlung gegen den amtierenden Gouverneur aussprach.

Die Befürchtungen im demokratischen Lager, dass Kennedys Katholizismus potenzielle Wähler abschrecken könnte, übersahen den positiven Effekt: Der junge Kandidat war für katholische Wähler äußerst attraktiv, so dass dieser Umstand wahlentscheidend sein konnte. Dieses eher konservative Segment der Wählerschaft hatte zu etwa 60 % für den Republikaner Eisenhower gestimmt. Nixon sah zu seinem Verdruss in den letzten

Wochen vor der Wahl seine Zustimmungsrate bei katholischen Wählern eher in der Größenordnung von 20 % bis 30 %. Da sich ein sehr knapper Wahlausgang abzeichnete, konnte der Meinungsumschwung bei den Katholiken den Ausschlag geben – so hätte Kennedys Glaube ihm mehr genutzt als geschadet.

Bemerkenswert ist, dass seit Kennedy nie wieder ein Katholik zum amerikanischen Präsidenten gewählt worden ist – obwohl keine andere einzelne Glaubensgemeinschaft einen so hohen Wähleranteil hat wie die Katholiken mit zurzeit rund 28 %.

32. Wie war der Wahlverlauf 1960?

Es würde knapp werden. Die letzte Umfrage des Meinungsforschungsinstituts Gallup, drei Tage vor der Wahl veröffentlicht, sah Kennedy mit seinem Vizepräsidentschaftskandidaten Johnson mit 50,5 % hauchdünn vor dem »Ticket« Nixon/Lodge.

Der Wahlabend wurde einer der spannendsten der amerikanischen Geschichte, und es schien, als säße an diesem 8. November 1960 fast die gesamte Nation vor ihren Schwarzweiß-Fernsehern und verfolge, wie in den Studios der drei großen *Networks* Prognosen aufgestellt und erste Ergebnisse mitgeteilt wurden. Wie bei jeder amerikanischen Präsidentschaftswahl kam es weniger auf prozentuale Stimmenanteile an, sondern mehr darauf, welcher Kandidat welchen Bundesstaat gewinnt und somit die diesem Staat zustehenden *electoral votes*, Wahlmännerstimmen, erhält.

Die magische Zahl war – und ist – 270; wer diese Schallmauer, die Hälfte der insgesamt 538 plus 1 Wahlmännerstimme erhält, wird von den Fernsehanstalten als zukünftiger Präsident präsentiert. Die Kennedy-Familie hatte sich fast vollständig in Hyannis Port versammelt und verfolgte auf mehreren TV-Geräten die Entwicklung, ein jeder nach seiner Stimmungslage: Bobby stand wie immer erkennbar unter Starkstrom, kommentierte die eingehenden Trends in die eine oder andere Richtung mit meist kernigen Ausdrücken. Jack war äußerlich ruhig, seine Frau versuchte sich von der Aufregung nicht anstecken zu lassen und war außerdem schnell ermüdet: Sie stand zwei Wochen vor der erwarteten Niederkunft ihres zweiten Kindes. Und natürlich waren Jacks alte Freunde dabei: Lem Billings aus der gemeinsamen Schulzeit sowie Kenny O'Donnell und Dave Powers, die zu seinen engsten Beratern während der Präsidentschaft werden sollten. Richard Nixon übrigens saß in einer Suite des Ambassador Hotels in Los Angeles vor dem Fernseher – ein Ort von tragischer Bedeutung für die Kennedys. Knapp acht Jahre später, am 4. Juni 1968, wird Robert Kennedy, der für die Präsidentschaft kandidierte, im Ambassador Hotel ermordet.

Die ersten Ergebnisse sahen gut aus, doch dann kamen Rückschläge. Der damals wie heute so oft Wahl entscheidende Staat Ohio ging an Richard Nixon, bald folgten weitere Staaten des Mittleren Westens, darunter Wisconsin, wo Kennedy im vorigen Winter so hart um die Stimmen bei den demokratischen Vorwahlen gekämpft hatte. Jackie zog sich um halb elf abends zurück; ihr Mann folgte ihr in den frühen Morgenstunden. Noch war der Ausgang ungewiss. Kurz vor sechs Uhr am nächsten Morgen bezogen Agenten des Secret Service Position auf dem Anwesen der Kennedys – es war das sicherste Anzeichen, dass John F. Kennedy die Wahl gewonnen hatte.

Nach Stimmenanteilen war es einer der engsten Wahlausgänge aller Zeiten, erst die Wahl im Jahr 2000 würde ein ähnliches – dann sich aber fast zwei Monate hinziehendes – Drama sein. Kennedy hatte 49,7 %, Nixon 49,5 % der Stimmen gewonnen. Im entscheidenden Wahlmännerkollegium war der Vorsprung mit 303 zu 219 komfortabler. Joe senior, dessen Geld weite Teile des Wahlkampfes finanziert hatte – wie auch bei seines Sohnes früheren Kampagnen – brachte die Zufriedenheit und den Stolz auf die effektiv eingesetzten Ressourcen der Familie auf den Punkt: »Glaubt Ihr, ich zahle für einen Erdrutschsieg?«

Dass Joes Geld eine weit größere, eine amoralische Rolle gespielt habe, warfen bald darauf die Republikaner den Kennedys vor. In Illinois und Texas sei es zu Wahlbetrug gekommen. Beide Staaten hatte Kennedy knapp gewonnen, in Illinois mit 8 000, in Texas – dank seines Vizepräsidentschaftskandidaten Lyndon B. Johnson – mit 46 000 Stimmen Vorsprung. Hätte Nixon beide Staaten geholt, hätte er exakt über 270 Wahlmännerstimmen verfügt und wäre somit der 35. Präsident der USA geworden. Nixon verzichtete auf eine neuerliche Auszählung und eine Anfechtung der Wahl, um dem Land eine konstitutionelle Krise zu ersparen.

Am Tag nach der Wahl stellten sich die Kennedys in Hyannis Port der Presse. Über die Medien bekamen die Menschen einen Blick auf ein äußerst sympathisches junges Paar (wann hatte man das letzte Mal eine schwangere First Lady gesehen?) und eine dem neuen Präsidenten ergebene, loyale Familie. An der Spitze der USA war es zu einem Generationenwechsel gekommen.

33. Was gefährdete noch die Präsidentschaft von JFK?

Am 11. Dezember 1960 befand sich der neu gewählte, aber noch nicht vereidigte Präsident John F. Kennedy auf dem Sommersitz seiner Familie an der Ocean Avenue in Palm Beach, Florida. Kurz vor 10 Uhr morgens bereitete er sich darauf vor, die Messe in einer örtlichen Kirche zu besuchen. Es war ein Sonntagvormittag, und es war allgemein bekannt, dass die seit vielen Jahren hier zeitweise ansässigen Kennedys – plötzlich die prominentesten Bürger von Palm Beach – in die St. Edward Church gingen.

Unweit des Hauses der Kennedys wartete ein alter Buick, Jahrgang 1950, mit laufendem Motor. Am Steuer saß Richard Pavlik, ein 73-jähriger ehemaliger Postangestellter aus New Hampshire, der in seiner Heimatstadt als Sonderling galt. Unter anderem soll er geäußert haben, dass Kennedy nur durch sein Geld ins Weiße Haus gelangt sei und dass er, Pavlik, allen eine Lehre erteilen würde: Die Präsidentschaft dürfe nicht käuflich sein. Pavlik führte in dem Buick zehn Stangen Dynamit mit sich. Nach Aussagen eines Polizisten hätte die Sprengstoffmenge gereicht, um einen ganzen Berg abzutragen. Pavlik hatte Kennedy offenbar bereits in Hyannis Port aufgelauert und war ihm jetzt nach Florida gefolgt. Sein Plan war, mit seinem alten Buick den Wagen des künftigen Präsidenten vor dem Kennedy-Anwesen zu rammen und sich selbst, Kennedy und dessen Begleiter in die Luft zu sprengen.

Doch der psychisch schwerkranke Richard Pavlik zögerte, als er zu seiner Überraschung Jacqueline mit den beiden Kleinkindern und ihrem Mann das Haus verlassen sah. Die junge Frau oder gar die Kinder zu töten, hatte er nie geplant. Pavlik ließ von seinem Attentat ab. Vier Tage später wurde er verhaftet. Sein Nachfolger als Postmeister in dem kleinen Ort in New Hampshire hatte von Pavlik Ansichtskarten mit wirren Äußerungen erhalten, darunter aus Palm Beach. Der Mann schöpfte Verdacht und informierte die Polizei. Pavlik verbrachte den Rest seines Lebens in einer Einrichtung für psychisch kranke Menschen, wo er 1975 starb.

V

»DIE FACKEL IST AN EINE NEUE GENERATION WEITERGEGEBEN WORDEN«

(1961)

34. Wie verlief der Amtsantritt JFKs?

Die Amtseinführung eines Präsidenten ist ein Festakt, in dem Amerika sich selbst und seine Demokratie feiert. Seit 1936 wird er traditionell auf den 20. Januar nach den Wahlen angesetzt. Die Zeremonie findet vor dem Capitol statt. Höhepunkte sind die Vereidigung des neuen (oder wiedergewählten) Präsidenten durch den Obersten Bundesrichter und die anschließende Antrittsrede *(inaugural address)* des frisch Vereidigten.

Der 20. Januar 1961 war ein klirrend kalter Tag. Die rund 20 000 Zuschauer froren ebenso wie die geladenen Ehrengäste auf den Stufen des Capitols, die Beine der Mädchen der verschiedenen, für die anschließende Parade bereitstehenden High School-Bands verfärbten sich bedenklich ins Bläuliche. Kennedy legte dennoch den Amtseid ohne Mantel in seinem Frack ab – wieder einmal wollte er seine (vermeintlich) robuste Gesundheit und seine Jugendlichkeit demonstrieren. Bereits an diesem ersten halben Tag im Amt strebte er außerdem danach deutlich zu machen, dass mit Jacqueline und ihm eine neue Epoche kulturellen Glanzes ins Weiße Haus einziehen würde.

So war der berühmte Poet Robert Frost (1874–1963) eingeladen worden, ein eigens für diesen Tag komponiertes Gedicht vor dem Publikum am Capitol und den Millionen daheim vor den Fernsehgeräten vorzutragen. Doch die grelle Sonne an diesem strahlend-schönen und doch eisigen Wintertag blendete den 86-jährigen so, dass er nicht von seinem Blatt ablesen konnte und sich behelfen musste, indem er ein anderes Gedicht, das er auswendig konnte, vortrug.

Die kleine Panne lenkte jedoch nicht vom Höhepunkt ab: der Antrittsrede John F. Kennedys. Mit 1355 Worten nicht überdurchschnittlich lang, gilt sie als eine der größten dieser Ansprachen, als ein rhetorisches Feuerwerk, das seine Landsleute inspirierte. Die Rede machte unzweifelhaft deutlich, dass an diesem Tag eine neue Ära beginnen würde. Die Fackel, so Kennedy, sei an eine neue Generation übergeben worden – er war der erste im 20. Jahrhundert geborene Präsident. Kennedy sprach fast ausschließlich über außen- und weltpolitische Themen mit dem zentralen Punkt der Rivalität mit der Sowjetunion und der drohenden Gefahr eines atomaren Konfliktes.

Erneut bezog er sich auf Abraham Lincolns (1809–1865) Mahnung am Vorabend des Bürgerkrieges, die Nation könne nicht zur Hälfte frei und zur Hälfte Sklaven haltend sein. Kennedy übertrug dies auf eine Welt, die halb frei und halb unfrei, eben kommunistisch, sei. Er machte deutlich, dass die USA unter seiner Führung für die Erhaltung der Freiheit einstehen würden: »Jede Nation, ob sie es gut oder böse mit uns meint, soll wissen, dass wir jeden Preis zahlen, jede Last tragen, jede Entbehrung auf uns nehmen, jeden Freund unterstützen und jedem Feind entgegentreten werden, um das Überleben und den Sieg der Freiheit zu sichern.«

Den ideologischen Gegnern der USA sicherte er zu, für Frieden einzutreten. Und er fügte hinzu, was heute zu einem geflügelten Wort in internationalen Beziehungen geworden ist:

»Wir sollten niemals aus Furcht verhandeln. Aber wir sollten uns auch niemals fürchten, zu verhandeln.« Am stärksten verwurzelt in der kollektiven Erinnerung Amerikas blieb sein Aufruf, sich zu engagieren: »Und deshalb, meine amerikanischen Mitbürger: *Fragt nicht, was euer Land für euch tun kann – fragt, was ihr für euer Land tun könnt.*«

Danach führte er die traditionelle Parade der neuen Adresse seiner Familie entgegen: 1600 Pennsylvania Avenue, dem Weißen Haus.

35. Warum wurden JFKs engste Mitarbeiter »the best and the brightest« genannt?

Kennedy stellte ein Kabinett und einen Beraterstab zusammen, in dem einige intellektuelle Schwergewichte saßen (und andere, die sich für solche hielten). Sein brillanter Redenschreiber Ted Sorensen gehörte zweifelsohne hierzu, ebenso der von der Harvard University kommende Arthur Schlesinger junior (1917–2007), der *Special Assistant to the President* wurde, und der nationale Sicherheitsberater McGeorge Bundy (1919–1996).

Die Bezeichnung *The Best and the Brightest*, die Besten und die Klügsten, für das Kennedy-Team wurde zwar erst zu einem festen Begriff, nachdem die Kennedy-Administration in die Geschichte eingegangen war; dass sie aber bereits ab 1961 in den Wandelgängen des Capitols und den Vorzimmern des *Oval Office* in Gebrauch war, ist höchst wahrscheinlich. Die Floskel trifft nämlich haargenau das Selbstwertgefühl der Beteiligten, von denen keiner an Minderwertigkeitskomplexen oder Anflügen ungebührlicher persönlicher Bescheidenheit litt. Das Gefühl, einer neuen und qualifizierteren Generation von Führungspersönlichkeiten anzugehören, war Teil der Aura im Weißen Haus und angesichts der Biografien und bisherigen Leistungsbilanzen mancher Beteiligter durchaus auch verständlich. Auch Robert und John F. Kennedy hatten wenig Zweifel an ihren eigenen Fähigkeiten – ein Selbstwertgefühl, das sich beim Präsidenten auf charmant-gewinnende und bei Bobby (dem von Washington-Insidern wohl meistgehassten Angehörigen der neuen Regierung) eher auf rüde Weise manifestierte.

Zur Symbolfigur der Hybris, der intellektuellen Selbstüberschätzung, zu der hochbegabte Menschen wohl gelegentlich neigen, und des tragischen Scheiterns der *best and brightest* wurde ein anderer: Robert McNamara (1916–2009). Der Präsident der Ford Motor Company hatte den Ruf eines Wunderknaben und eines Meisterorganisators. Seine Fähigkeit zum brillanten Umgang mit Statistiken und als Controller par excellence hatte er im Zweiten Weltkrieg bei den amerikanischen Luftstreitkräften bewiesen. Er stand an der Spitze von Kennedys Wunschliste bei der Zusammenstellung des Kabinetts und schien für die Leitung der wohl schwierigsten Monsterbehörde der amerikanische Regierung geradezu prädestiniert: dem Pentagon. McNamara war nicht nur ein erfolgreicher Industriekapitän, sondern auch Republikaner – seine Ernennung zum Verteidigungsminister war somit eine die Parteigrenzen überschreitende Entscheidung. Und McNamara war mit 44 Jahren nur ein Jahr älter als Kennedy.

McNamaras historische Reputation und mit ihr die Einschätzung der *brightness* des Kennedy-Teams, in diesem Fall der praktischen Anwendung von unzweifelhafter intellektueller Brilllanz im politischen Alltag, ist eng mit einer Tragödie verbunden, deren volle Tragweite sich erst nach Präsident Kennedys Tod zeigen sollte. McNamara gilt als »Architekt« der amerikanischen Beteiligung am Vietnamkrieg, und dies in doppelter Hinsicht: Er zeichnete unter Kennedys Nachfolger Lyndon B. Johnson nicht nur für die Ausweitung verantwortlich, sondern vor allem für das Mikromanagement der Kriegführung mehr als 10 000 Kilometer vom Schauplatz entfernt. Es war ein Desaster, mit mehr als 52 000 gefallenen Amerikanern, einem tief sitzenden nationalen Trauma und wohl über einer Million getöteter Vietnamesen.

Wenn bei jedem militärischen Engagement der USA im letzten Vierteljahrhundert unisono geschworen wird, die Lehren aus Vietnam zu beherzigen, heißt dies vor allem, den Militärs die Details der Kriegführung zu überlassen – und nicht wie McNamara über deren Köpfe hinweg aus einem Büro in Washington Feldzüge zu planen. McNamara hat mehr als dreißig Jahre später in seinen Memoiren nur sehr halbherzig Selbstkritik geübt und in einem Interview mit Errol Morris in dessen Oscar-prämierte Dokumentation *The Fog of War* von 2003 äußerte er sich auffällig betroffen. Als er 2009 im Alter von 93 Jahren starb, drückten zahlreiche Nachrufe in den Medien wenig Sympathie für den Dahingegangenen aus (Vietnamveteranen verfluchten ihn meist vollends) – und mit ihm für ein dank bitterer historischer Erfahrungen wenig geschätztes Selbstbewusstsein von Amtsträgern einer lange zurückliegenden Epoche.

36. Welche Rolle sollte JFKs Bruder Robert in der neuen Regierung übernehmen?

Die meisten der Männer (es waren ausschließlich Männer; der der Damenwelt privat so zugetane Präsident berief keine einzige Frau auf einen Kabinettsposten), die Kennedy in seine Regierung holte, hatte er entweder nie – wie Verteidigungsminister McNamara – zuvor gesehen oder nur flüchtig kennengelernt wie Außenminister Dean Rusk (1909–1994) oder Finanzminister Douglas Dillon (1909–2003).

Kennedy brauchte jemanden im Kabinett, dem er rückhaltlos Vertrauen schenken konnte. Seine Entscheidung überraschte die Öffentlichkeit: Er machte seinen Bruder Robert zum Justizminister. Der Präsident wusste, dass er mit Bobby am Kabinettstisch einen Vertrauten hatte und auf dessen Expertise nicht nur für Angelegenheiten seines Ministeriums bauen konnte. Vater Joe unterstützte diese Entscheidung, und auch Bobby scheint frühzeitig einverstanden gewesen zu sein – Geschichten eines angeblichen Zögerns von Robert wurden fast zeitgleich mit dessen Ernennung von den Kennedys in die Welt gesetzt und geneigten Journalisten zugespielt.

In der Tat wurde, wie zu erwarten, Kritik laut – doch bei Weitem nicht in jener Stärke, die man von der heutigen medialen Begleitung der Politik und der Politiker gewohnt ist. Von Nepotismus wurde allenfalls unterschwellig gesprochen; kritisiert wurde eher, dass der 35-jährige Robert wenig juristische und noch weniger administrative Erfahrung besaß. Selbst die Professoren der University of Virginia, wo Robert sein juristisches Examen bestanden hatte, drückten öffentlich ihr Unverständnis aus.

Der Senat indes bestätigte Robert in seinem neuen Amt – wozu pikanterweise sein Intimfeind, Vizepräsident Johnson, mit seinen langjährigen Verbindungen beigetragen hatte – und machte den jungen Mann somit zum unmittelbaren Vorgesetzten von FBI-Direktor J. Edgar Hoover, in dessen Safe eine stetig dicker werdende Akte über John F. Kennedy lag. Den Direktor hatte der neue Präsident wie alle seine Vorgänger und auch seine

Nachfolger in einer der ersten Amtshandlungen – wohlweislich – in seinem Amt bestätigt.

37. Welche Organisation gründete Kennedy gleich zu Beginn seiner Amtszeit?

Im Kalten Krieg – dessen war sich John F. Kennedy bewusst – würde sich nicht nur diejenige Seite Vorteile verschaffen können, die über die größere Zahl von Atomsprengköpfen und Panzerdivisionen verfügte, sondern auch jene Supermacht, der es gelang, vor allem in der sogenannten Dritten Welt Sympathien zu erwerben. Die Zahl der neuen Nationen in Afrika und Asien nahm mit dem Ende des Kolonialismus stetig zu; die Herzen der Menschen dort zu gewinnen, wurde für Amerika zu einer dringenden Angelegenheit.

So rief Kennedy am 1. März 1961 das *Peace Corps* ins Leben, eine Einrichtung, in der junge Amerikanerinnen und Amerikaner den Menschen in fernen Weltteilen beim Aufbau der Infrastruktur und bei der Bekämpfung von Hunger und Krankheiten helfen konnten – und dies ohne dass das Corps zu »einem Instrument von Diplomatie, Propaganda oder ideologischem Konflikt« werden sollte. Natürlich sah die Sowjetunion im Peace Corps eine Tarnorganisation der CIA, und amerikanische Kritiker kolportierten, »dass eine Menge Kids auf der Welt in Bermudashorts herumhopsen«.

Doch der Gedanke Kennedys war, dass sich Bürger afrikanischer, lateinamerikanischer und asiatischer Staaten durch den Kontakt mit jungen Amerikanern ein eigenes Bild der USA würden machen können. Auch junge Amerikaner würden aus diesem Austausch Nutzen ziehen und ihren Horizont erweitern können. Das Peace Corps war ihm wichtig genug, dass er ein

Familienmitglied an seine Spitze stellte, seinen Schwager Sargent Shriver (1915–2011).

So wurde das Peace Corps zu einem dauerhaften Vermächtnis des 35. Präsidenten und seiner Regierung. Alle Nachfolger, ob Demokraten oder Republikaner, hielten an ihm fest. »Es produzierte«, so schreibt Kennedy-Biograf Robert Dallek, »mehr Freunde als Feinde und überzeugte, wie Kennedy gehofft hatte, Millionen von Menschen in Übersee, dass den Vereinigten Staaten daran gelegen war zu helfen, den Lebensstandard in den sich entwickelnden Nationen zu verbessern.«

38. Wie schaffte es JFK, Millionen von Amerikanern in seinen Bann zu ziehen?

In den ersten Wochen und Monaten seiner Präsidentschaft schwamm John F. Kennedy auf einer Welle der Beliebtheit; seine Zustimmungsraten lagen deutlich über 70 %, manchmal gar noch höher. Erstaunlicherweise wusste der Präsident während seiner gesamten eintausendtägigen Amtszeit und ungeachtet der zahlreichen Krisen die Mehrzahl seiner Landsleute hinter sich: Von einem Absturz in den Umfragen, wie sie fast jeder Präsident seit Harry Truman erlebt hat, blieb Kennedy verschont.

Ein Instrument, dessen er sich virtuos bediente und mit dem seine Gedanken, aber auch seine Ausstrahlung, seine Schlagfertigkeit, sein Charme über das Fernsehen oder die Zeitungen in fast jedes amerikanische Wohnzimmer gelangten, waren seine Pressekonferenzen. Zum ersten Mal wurde eine Pressekonferenz live im Radio und Fernsehen ausgestrahlt – Kennedy hatte keine Angst vor einem Versprecher oder einer unbedachten Äußerung wie manche seiner Vorgänger.

Insgesamt hielt Kennedy 64 Pressekonferenzen ab, die nach den nicht ganz objektiven Beobachtungen seines Beraters (und Bewunderers) Arthur Schlesinger jr. »eine superbe Show [waren], immer unterhaltsam, manchmal aufregend, von den Reportern und den Fernsehzuschauern genossen. Diese Konferenzen zeigten einige seiner charakteristischen Eigenschaften – die flinke intellektuelle Lebendigkeit, das erstaunliche Meistern von Regierungsdaten, die Schlagfertigkeit, mit der er sich auch über sich selbst lustig machen konnte, die inspirierende Art und Weise, auf die er das Kommando innehatte.«

Im April 1962 ergab eine Umfrage, dass fast drei Viertel aller erwachsenen Amerikaner eine oder mehrere Pressekonferenzen ihres Präsidenten live mitverfolgt hatten. Von diesen bewerteten 92 % die »Performance« von John F. Kennedy positiv.

Ungeachtet der aus heutiger Sicht geringen Qualität der manchmal flimmernden Schwarz-Weiß-Aufzeichnungen kann man Kennedys Auftritte auch heute noch auf sich wirken lassen – dank des Internets.

39. Wo sah JFK als neuer Präsident seine größten politischen Herausforderungen?

Für John F. Kennedy lag der Schwerpunkt seiner Präsidentschaft auf der Außenpolitik; diese würde er persönlich konzipieren und nicht dem State Department überlassen. Geprägt durch seinen Einsatz im Zweiten Weltkrieg und unter dem Eindruck des Kalten Krieges in seiner Zeit als Kongressabgeordneter und Senator brachte er außenpolitischen Fragen mehr Interesse entgegen als viele seiner Kollegen.

Im Wahlkampf von 1960 hatte er gegen den Republikaner Nixon mit dem Vorwurf des *missile gap*, der Raketenlücke, gepunktet, die angeblich zugunsten der Sowjetunion existierte. Und die Sowjets sah Kennedy an verschiedenen Brennpunkten in der Offensive: Vor der Küste Floridas hatten sie im Kuba des Revolutionärs Fidel Castro einen Verbündeten gewonnen, in Südostasien waren kommunistische Rebellen auf dem Vormarsch – bemerkenswerterweise sah man Anfang 1961 Laos als das Land, das zu fallen drohte und damit der »Domino-Theorie« zufolge den ganzen Subkontinent mit sich reißen würde, und noch nicht das benachbarte Vietnam.

Der potenzielle Krisenherd Nummer Eins lag für Kennedy indes im Herzen Europas: Berlin. Die von den vier Besatzungsmächten geteilte Stadt war ein Spannungsfeld par excellence, und es war abzusehen, dass die Sowjets dort bald wieder den Hebel ansetzen würden: Die durch die noch offene Grenze zwischen dem sowjetischen und den drei westliche Sektoren strömenden Flüchtlinge drohten die DDR des Walter Ulbricht (1893–1973), dem getreuesten Gefolgsmann der Sowjets, demografisch auszubluten.

Die ersten Zeichen indes deuteten auf eine leichte Entspannung hin. Auf seiner ersten Pressekonferenz am 25. Januar 1961 konnte Kennedy bekannt geben, dass die Sowjetunion zwei Piloten der US Air Force freigelassen hatte, die sich im Sommer 1960 mit ihrer Maschine vermeintlich verflogen hatten und über sowjetischem Territorium abgeschossen worden waren. Die Führung im Kreml hatte im Wahlkampf auf Kennedy gesetzt und von ihm wahrscheinlich mehr Flexibilität als von Nixon erhofft. Bei einer Rede zur Lage der Nation Ende Mai deutete Kennedy an, dass ein Gipfeltreffen mit dem sowjetischen Parteichef Nikita Chruschtschow (1894–1971) »weise« sein und zum Verringern der Konfrontation beitragen könne – es war, wie sich zeigen sollte, keine gute Idee. Doch Kennedy ließ seinen

Willen zur Entspannung deutlich erkennen: »Wir wollen mit dem russischen Volk in Harmonie leben, wir streben nicht nach Eroberungen, nach Satelliten, nach Reichtümern.«

Amerika konnte aus einer Position der Stärke versuchen, denn Kalten Krieg ein wenig zu entschärfen, war doch bald nach Kennedys Amtsantritt bekannt geworden, dass die vermeintliche Raketenlücke überhaupt nicht existierte und die USA in der neuen Waffenkategorie der ballistischen Interkontinentalraketen einen beruhigenden Vorsprung hatten. Doch groß war der technologische Vorsprung nicht: Am 12. April 1961 flog erstmals ein Mensch ins All, und er trug keineswegs das Sternenbanner auf dem Raumanzug. Es war der Major der Roten Luftwaffe Juri Alexejewitsch Gagarin (1934–1968).

40. Welchen ersten schweren Rückschlag musste JFK im Amt erleiden?

Knapp drei Monate neu im Amt, sah sich der neue Präsident mit einem ernsten Konflikt konfrontiert, der ein Land betraf, das während seiner Amtszeit ein Dauerkrisenherd bleiben und schließlich, im Oktober 1962, zum Brennpunkt der bedrohlichsten Konfrontation des gesamten Kalten Krieges werden sollte: Kuba.

Kennedy hatte von seinem Vorgänger Eisenhower einen vom Geheimdienst CIA ausgearbeiteten Plan geerbt, dem er zunächst wenig Beachtung geschenkt hatte. Der 1959 in Kuba an die Macht gekommene Fidel Castro, der sich nicht als Befreier des kubanischen Volkes, sondern als ein neuer Tyrann entpuppt hatte, sollte von Exil-Kubanern gestürzt werden. Die Castro-Gegner waren von der CIA trainiert und mit amerikanischen Waffen – allerdings nicht gerade modernster Bauart – ausgerüstet worden. Kennedy stimmte der Invasion dieser Truppe, die in der *Bahía de Cochinos* (Bay of Pigs, Schweinebucht) an der kubanischen Südküste erfolgen würde, – wenn auch zögerlich – zu. Gegenüber dem weltpolitischen Rivalen Sowjetunion und dessen Verbündeten »schwach« zu erscheinen, erschien dem Präsident als politisch fatal, nachdem er sich im Wahlkampf mit dem *missile gap,* der vermeintlichen amerikanischen Unterlegenheit bei Interkontinentalraketen, als Falke hatte profilieren können.

Auch versicherten ihm CIA-Chef Allen Dulles (1893–1969) und seine militärischen Berater, dass das Unternehmen exzellent vorbereitet sei. Sie verwiesen immer wieder auf die vermeintliche Schwäche der Castro-Truppen und vor allem auf den zu erwartenden Aufstand des kubanischen Volkes, das sich nach der Landung der Befreier gegen seinen Unterdrücker Castro geschlossen oder zumindest in großer Zahl erheben würde.

Doch schon beim Präludium des Unternehmens am 15. April 1961 kam es zu Pannen. An diesem Tag griffen acht B 26-Bomber, die noch aus dem Zweiten Weltkrieg stammten und mit Markierungen der kubanischen Luftwaffe versehen waren, von Nicaragua aus die Militärflugplätze Castros an. Amerikanische Medien berichteten, wie von der CIA geplant, dass kubanische Piloten gegen Castro revoltierten und dessen Luftstreitmacht auszuschalten suchten.

Doch wie so oft bei Luftangriffen wurde deren Effektivität überschätzt. Der kleinen kubanischen Luftwaffe verblieben die, wie sich in den nächsten Tagen zeigen sollte, kampfstärksten Maschinen vom britischen Typ Sea Fury. Verheerender für die Außendarstellung der Invasion war jedoch die schlampig vorbereitete Propagandashow an diesem Tag. Eine weitere B-26 in den Farben der kubanischen Luftwaffe machte eine »Notlandung« auf dem Flughafen von Miami; die Abdeckung eines Motors war vor dem Start in Nicaragua noch dekorativ mit einer Maschinenpistole durchsiebt worden.

Während der Pilot, Mario Zúñiga, seine sorgfältig studierte Geschichte von Auflehnung und Heldenkampf den Reportern in die Federn diktierte, fielen einigen Journalisten mit Kenntnissen zeitgenössischer Luftfahrttechnologie Merkwürdigkeiten an der »übergelaufenen« B 26 auf: Die Pilotenkanzel hatte das Design der bei der US-Luftwaffe benutzten Maschinen dieses Typs, und die Maschinengewehre befanden sich im Bug – kubanische B-26 hatten diese bekanntermaßen unter den Tragflächen. Noch unerklärlicher: Über den Mündungen der MGs fand sich noch jene Abdeckfolie, mit der man die Läufe vor der Verstaubung schützte. Das passte wenig zu Zúñigas Schilderung, er habe aus allen Rohren auf die Unterdrücker seines Volkes gefeuert.

Auch an der diplomatischen Front lief es von Anfang an nicht gut. Der kubanische Botschafter bei den Vereinten Nationen sprach noch an diesem Samstag von einem Angriff durch Söldner, hinter dem die USA stünden. In den nächsten Stunden und Tagen widersprach der US-Botschafter bei der Weltorganisation, Adlai Stevenson, der ehemalige und zweifach gescheiterter Präsidentschaftskandidat der Demokratischen Partei, heftig und aus tiefster Überzeugung. Dass der angesehene Diplomat von seiner eigenen Regierung im Dunkeln gelassen und er somit zu einer bald decouvrierten Lüge gezwungen worden war, verletzte Stevenson zutiefst.

Nach den Luftangriffen geschah – nichts. Der nächste Tag, der 16. April, verstrich ohne weitere Aktionen. Castro konnte seine Kräfte mobilisieren und die Repressivität seines Regimes rechtfertigen. Es kam zu Verhaftungen und Hinrichtungen von Oppositionellen. Da Luftbildauswertungen inzwischen ergeben hatten, dass Castros Luftwaffe keineswegs zerstört war, hätten weitere Luftschläge erfolgen müssen. Doch inzwischen waren die Zweifel des Präsidenten gewachsen. Mit seiner Bemerkung »I'm not signed on to this« verbot er der CIA einen weiteren Luftangriff. Es war das erste Abrücken seiner Administration von der Invasion. Die Aufständischen würden auf das verzichten müssen, was Militärexperten bei jeder amphibischen Landung für absolut unverzichtbar halten: Luftüberlegenheit.

Die Invasion der 1400 Kämpfer in der abgelegenen, durch ausgedehnte Sümpfe vom Hinterland isolierten Schweinebucht begann in den frühen Morgenstunden des 17. April. Auch hier ging fast alles schief. Der Luftaufklärung war entgangen, dass sich an einigen der Landestellen dicke Korallenriffe direkt unter der Wasseroberfläche befanden. Landungsboote blieben an diesem natürlichen Hindernis hängen, manche Exil-Kubaner mussten mit zerschnittenen Füßen, nassen Waffen und nicht funktionierenden Funkgeräten an Land gehen.

Viel früher als geplant wurden die Invasoren entdeckt, viel früher als im Zeitplan vorgesehen fielen Schüsse. Als die Sonne aufging, tauchten Castros Sea Fury und T-33 auf und nahmen sowohl die gelandeten Truppen als auch deren vier Versorgungsschiffe unter Feuer. Das Versorgungsschiff *Houston*, auf dem man fast den gesamten Treibstoff und die Munition des Unternehmens in die Bucht hatte bringen wollen, wurde vom berühmtesten Kampfflieger der Kubaner, Enrique Carreras Rojas, mit einer Raketensalve unter Beschuss genommen und versank nach einer gewaltigen Explosion. Beim Anblick der pilzförmigen Rauchwolke der detonierten *Houston* und ihrer Ladung, die meilenweit am Himmel zu sehen war, kam einem der mit an Land gegangenen CIA-Agenten ein furchtbarer Gedanke: »In diesem Moment glaubte ich, Fidel hat die A-Bombe!«

Deren bedurfte der Máximo Lider nicht. Auf dem Kriegsschauplatz eingetroffen (das Foto, das Castro zeigt, wie er im
Tarnanzug von einem Panzer springt, ist bis heute von ikono-
grafischer Glorie für seine Anhänger), lenkte Castro den Einsatz
seiner weit überlegenen Streitmacht von 25 000 Mann in der
Armee und gut 200 000 Milizionären. Nach etwas mehr als
48 Stunden war die Invasionstruppe zerschlagen, 118 Exilkubaner waren gefallen, rund 1200 gefangen genommen worden.
Die Unterstützung durch »offizielle« US-Streitkräfte, auf welche
die Invasoren gehofft hatten, kam nie. Kennedy, empört über
die ihm gegebenen falschen Analysen und ernüchtert durch das
völlige Ausbleiben einer kubanischen Erhebung gegen Castro,
vermied jedwede weitere Verwicklung seiner Regierung. Ein
Flottenverband um den Flugzeugträger *Essex*, der zum Eingreifen bereit in der Karibik stationiert war, wurde von Kuba
weg beordert. Der einzige Einsatz der U. S. Navy bestand im
Versuch zweier Zerstörer, einige der geschlagenen Rebellen zu
retten.

Die Schweinebucht-Invasion war ein Sieg für Castro, der seinen eisernen Griff um Kuba nun durch diesen »anti-imperia-
listischen Erfolg« verstärken konnte, und eine Blamage für die
USA. Eine Blamage, aber keine Katastrophe. Denn das Bay of
Pigs-Desaster hatte einige langfristig positive Auswirkungen.
Zunächst gelang es dem Präsidenten durch unumwundenes
Zugeben, einen Fehler gemacht zu haben, politischen Schaden
für seine junge Administration abzuwenden; seine Beliebtheits-
werte stiegen sprunghaft.

Kennedy war nun mehr denn je misstrauisch gegenüber
der »Expertise« von Geheimdienstmitarbeitern und Militärs.
Dies sollte sich bei der schwersten Krise seiner Amtszeit – und
wahrscheinlich seiner größten Stunde als Präsident – im Okto-

ber 1962 als angebracht erweisen. Die gefangenen CIA-Kämpfer wurden nach langwierigen Verhandlungen mit Kuba gegen die Lieferung von Nahrungsmitteln und Medikamenten im Wert von 53 Millionen Dollar Ende 1962 freigelassen. Die Fahne eines ihrer Regimenter wurde am 29. Dezember 1962 bei einer Veranstaltung in der Orange Bowl von Miami an Kennedy und seine Spanisch sprechende Frau Jacqueline übergeben. »Diese Fahne, das verspreche ich Ihnen«, so Kennedy, »wird der Brigade in einem befreiten Havanna zurückgegeben werden!« Noch immer wartet die Fahne in einem Museum in Miami auf diesen Tag.

41. Welche Mittel gegen Castro wurden nach dem Schweinebucht-Desaster ergriffen?

Fidel Castro und sein Regime wurden zum Feindbild schlechthin für den Präsidenten und seine Mitarbeiter, allen voran für seinen Bruder Robert. Ein wenig Familienpsychologie mag eine Rolle gespielt haben: Ein Kennedy verliert nicht gern, und das Scheitern der Invasion in der Schweinebucht war eine Niederlage vor den Augen der Weltöffentlichkeit, auch wenn diese den Präsidenten daheim in den USA keineswegs beschädigte. Darüber hinaus wurde das Castro-Regime als eine Bedrohung der amerikanischen Sicherheit betrachtet.

Zum einen war Kuba unter Castro in den sowjetischen Block abgedriftet, und die USA hatten plötzlich einen Verbündeten des geopolitischen Rivalen vor der Haustür – die anderen Partner (oder Vasallen) der Sowjetunion wie Nordkorea, Nordvietnam und Osteuropa inklusive Ostdeutschland waren geografisch weit entfernt. Zum anderen fürchtete man, dass Castro seine Revolution in andere lateinamerikanische Länder exportieren würde – was mit der Symbolfigur eines Che Guevara an der Spitze in den nächsten Jahren auch eintrat, wenn auch zunächst ohne Erfolg.

Dem Máximo Lider war von außen offenbar nicht beizukommen, ohne eine größere militärische Konfrontation zu riskieren. So verfiel man auf die Idee, seine Herrschaft von innen zu schwächen. Unter dem Codenamen *Operation Mongoose* (Mangusten sind kleine, meist im Untergrund lebende Säugetiere, zu denen auch die Erdmännchen gehören) sollten Anschläge in Kuba ausgeführt werden, mit denen das Vertrauen der Bevölkerung in Castro erschüttert werden sollte. Bobby Kennedy war für das »Projekt Kuba« verantwortlich: »Mein Plan ist es, auf der Insel für Unruhe zu sorgen, durch Spionage, Sabotage, allgemeine Unordnung; das alles soll von Kubanern selbst durchgeführt werden … Ich weiß nicht, ob wir es schaffen werden, Castro zu stürzen, aber ich schätze, wir haben nichts zu verlieren.«

Ein Ziel der Operation war die Ermordung Castros selbst. Ob die Kennedys davon wussten und dem Plan zustimmten, ist ungewiss; John F. Kennedy soll grundsätzlich gegen die gewaltsame Ausschaltung eines anderen Staatsmannes gewesen sein, bei Robert ist man sich in diesem speziellen Fall nicht ganz so sicher. Tatsache ist, dass alle Versuche – so sie denn tatsächlich erfolgten – kläglich scheiterten.

Dass es eine *Operation Mongoose* gegeben hat, wurde erst Mitte der 1970er Jahre nach Ermittlungen eines Kongressausschusses bekannt. Seither schossen Berichte über teilweise lächerliche Ansätze ins Kraut, mit denen die CIA den Diktator angeblich aus dem Weg räumen wollte, von der Zigarre mit eingebautem Sprengsatz bis hin zum mit Kontaktgift präparierten Taucheranzug. Allerdings hatte die CIA kaum noch Personal auf Kuba; Castro war nicht zimperlich gewesen, wenn es darum ging, Verdächtige auszuschalten. So kontaktierte man die Mafia, die

Grund genug hatte, Castros Sturz zu wünschen, da er dem blühenden Casino- und Prostitutionsgeschäft des organisierten Verbrechens auf Kuba ein Ende gesetzt hatte.

Unter anderem soll die Mafia den Killer Johnny Roselli auf Castro angesetzt haben. Sämtliche Versuche, Castro aus dem Weg zu räumen, scheiterten: Roselli wurde 1976 in der Bucht von Miami in einem auf den Wellen treibenden Ölfass gefunden, erschossen und mit abgesägten Beinen.

Die Querverbindungen CIA-Mafia-Castro haben reichlich Stoff für Theorien im Zusammenhang mit der Ermordung John F. Kennedys geliefert. *Operation Mongoose*, die man aus heutiger Sicht wohl als geplanten Staats-Terrorismus bezeichnen würde, war ein völliger Fehlschlag.

42. War Kennedy ein »Kalter Krieger«?

John F. Kennedy war ein Kind seiner Zeit. Und die Epoche, in der er als Politiker seinen Weg gegangen war, wurde in den USA trotz der wirtschaftlichen und militärischen Stärke des Landes durch eine tiefe Unsicherheit geprägt. Man sah sich mit der Sowjetunion einem Feind gegenüber, der schwer zu berechnen war und dessen Mittel und Heimtücke man für potenziell unbegrenzt hielt. Die Anhörungen in den 1950er Jahren über die angebliche kommunistische Unterwanderung des State Departments, Hollywoods und möglicherweise noch anderer ehrwürdiger amerikanischer Institutionen, die für immer mit dem Namen des Senators (»Hexenjäger« aus der Sicht seiner Kritiker) Joe McCarthy (1908–1957) verbunden sind, waren sichtbarer Beleg einer Furcht, die mitunter ins Irrationale abzuleiten drohte.

Nichts wäre fataler für Kennedys junge Präsidentschaft gewesen, denn als »weich« gegenüber Moskau wahrgenommen zu werden – so wie es ein halbes Jahrhundert später für vermeintliche Nachgiebigkeit gegenüber Terroristen der Fall ist. Also tat Kennedy sein Möglichstes, die Verteidigungsbereitschaft zu stärken. Im März 1961 erhöhte er den Haushalt des Pentagon und ließ die nukleare Abschreckung massiv ausbauen: Die Zahl der in Silos überwiegend im amerikanischen Mittelwesten für Armageddon bereit stehenden Minuteman-Raketen verdoppelte er von 300 auf 600, die Flotte der Polaris-Raketen tragenden U-Boote wurde von 6 auf 29 und die Zahl der von diesen durch die Weltmeere transportierten Atomsprengköpfe von 96 auf 464 erhöht. Und auch das neben land- und seegestützten Raketen dritte Standbein der nuklearen Abschreckung wurde gestärkt: Kennedy vergrößerte die Zahl der B-52 Bomber – wenn man so will, ein dauerhaftes Vermächtnis, denn zahlreiche dieser Maschinen sind noch heute im Einsatz und haben an Amerikas Kriegen des 21. Jahrhunderts in Afghanistan und im Irak teilgenommen, mit Besatzungen, die zu John F. Kennedys Regierungszeit noch nicht geboren waren.

Die Stärkung des Militärs und die Bereitschaft, sowjetischem Expansionsstreben entgegenzutreten, waren indes nur eine Seite des jungen Oberbefehlshabers. Seine eigene Erfahrung im Krieg, in dem er reichlich inkompetente hochrangige Offiziere erlebt hatte, und das Versagen des nationalen Sicherheitsapparates bei der Schweinebuchtinvasion machte ihn zutiefst misstrauisch – nicht nur gegenüber der CIA, sondern auch gegenüber seinen höchsten Militärs.

Kennedy war entsetzt über den offenbar leichtfertigen Umgang mit dem angehäuften Massenvernichtungspotenzial durch seine Generäle – allen voran der Vorsitzende der Vereinigten Stabschefs General Lyman Lemnitzer (1899–1988), Nato-Oberbefehlshaber General Lauris Norstad (1907–1988) und sein Luftwaffenchef General Curtis LeMay (1906–1990) (der militärisch Verantwortliche für das *Manhattan Project*, den Bau der ersten Atombomben und deren Einsatz gegen Japan). Sein Berater Walt Rostow (1916–2003) behauptete, deren Einstellung sei »Mr. President, sagen Sie uns einfach, dass wir einen Atomkrieg führen wollen, wir kümmern uns um den Rest!« gewesen.

Vor allem LeMay, politisch ein Erzreaktionär, war für Kennedy selbst physisch kaum zu ertragen. Er vermied es, dem General zu begegnen, und wenn sich dies doch nicht vermeiden ließ, konnte sich Kennedy nach Berichten seines Stellvertretenden Verteidigungsministers, Roswell Gilpatric (1906–1996), kaum beherrschen: »Er bekam einen Wutanfall … Ich sah den Präsidenten anschließend. Er wurde völlig cholerisch, war restlos außer sich.« Kennedy war entschlossen, die Entscheidungen über einen Einsatz von Nuklearwaffen so weit wie möglich von diesen Experten fernzuhalten. Es durfte keinen Atomkrieg aus Versehen geben, keine Katastrophe, die durch einsame Entscheidungen eines einzelnen Befehlshabers ausgelöst wurde. Der Präsident erkannte die Notwendigkeit, zumindest Ansätze von Vertrauen zwischen den USA und der Sowjetunion herzustellen. Ein erster geeigneter Schritt schien ihm ein Teststopp-abkommen.

Kennedy strebte nach einer Abkehr von der bislang gültigen westlichen Militärdoktrin der *massive retaliation,* der massiven Vergeltung. Die von seinem Vorgänger Eisenhower verfolgte Strategie bedeutete, dass Amerika beim Ausbrechen eines Konfliktes bereit war, sein weit überlegenes nukleares Potenzial praktisch umgehend einzusetzen. Kennedys Sorge war, dass ein Konflikt in einem fernen Weltteil, ein sogenannter Stellvertreterkrieg, zu einem nuklearen Schlagabtausch der Großmächte führen könnte.

In einem solchen Fall war mit 70 Millionen toten Amerikanern zu rechnen. So brachte er die USA und die NATO auf einen neuen Weg – die Strategie der *flexible response*, einer begrenzten Antwort im Krisenfall auch mit konventionellen Waffen. Kennedy suchte die Schwelle zum Nuklearkrieg höher und höher zu legen. Doch er sollte im darauf folgenden Jahr erleben, wie gefährlich niedrig sie dennoch war.

43. Wie verlief das erste – und einzige – Gipfeltreffen mit Chruschtschow?

Kennedy war gesundheitlich angeschlagen, als er in den ersten Junitagen 1961 zusammen mit seiner Frau nach Europa flog. Kurz zuvor, bei seiner ersten Auslandsreise zum Nachbarn Kanada, hatte er an einer Zeremonie teilgenommen, bei der mit mehreren Spatenstichen ein symbolisches Bäumchen gepflanzt worden war – für seinen angeschlagenen Rücken ein traumatisches Ereignis. Mit Schmerzmitteln und anderen, nicht mit letzter Sicherheit zu identifizierenden Drogen vollgepumpt erreichte er Europa; sein »Wunderdoktor« Max Jacobson (1900–1979) flog mit einer separaten Maschine nach Paris und gab dem Präsidenten auch auf dieser wichtigen Reise seine mysteriösen Injektionen (zu diesen und zu »Dr. Feelgood« an anderer Stelle mehr).

In Paris wurde Kennedy nicht nur von einer jubelnden Menschenmenge empfangen, sondern auch von einem der ältesten amtierenden – und einem der schwierigsten – Verbündeten der USA: Charles de Gaulle (1890–1970). Kennedy begegnete dem französischen Präsidenten respektvoll, bat ihn um seinen Rat, den ihm der nicht gerade an mangelndem Selbstbewusstsein leidende de Gaulle nicht vorenthielt – von den wichtigsten weltpolitischen Fragen bis hin zur Regierungsweise in einer Präsidialdemokratie. Unter anderem empfahl ihm de Gaulle, dass sich die USA aus dem eskalierenden Konflikt in Indochina heraushalten sollten, dies sei ein Sumpf sondergleichen.

Für Kennedy bedeuteten die vertraulichen Gespräche und die vielen Fototermine mit de Gaulle, der mit dem ein Vierteljahrhundert jüngeren Amerikaner von Gleich zu Gleich konferierte, ein Gewinn an internationaler Statur. Noch mehr waren die Franzosen, deren Medien und auch de Gaulle jedoch von seiner Frau beeindruckt. Die Begeisterung über Jackies Charme, ihre kulturellen Interessen und ihr fließendes Französisch (John hatte hingegen schon zu Schulzeiten Probleme mit Fremdsprachen gehabt) schlug hohe Wellen und ließen Kennedy sogar ein wenig eifersüchtig auf den von ihr verbreiteten Glanz werden.

Paris muss das reine Vergnügen für Kennedy gewesen sein im Vergleich zu dem, was seiner in Wien harrte. Um die Mittagszeit des 3. Juni 1961 begann das Gipfeltreffen mit Chruschtschow, bei dem der Sowjetchef umgehend in die Offensive ging. Er nahm Maß an Kennedy, im Kopf das noch keine zwei Monate zurückliegende Desaster in Kuba, und glaubte, es mit einem schwachen und unerfahrenen Gegner zu tun zu haben.

Chruschtschow hielt dem verblüfften Kennedy – der kaum jemals zuvor erlebt hatte, dass sein Charme und sein Charisma bei einem Gegenüber nicht verfingen – einen Vortrag über die Segnungen des Sozialismus, verwahrte sich gegen amerikanische Belehrungen und zeigte sich zu Kennedys Entsetzen bei der Erwähnung der möglichen Todesopfer in einem nuklearen Schlagabtausch wenig beeindruckt.

Bei einem Spaziergang der beiden Männer (nur mit ihren Übersetzern) in einer Pause sahen Kennedys Berater, wie Chru-

schtschow den Präsidenten mit drohend erhobenem Zeige-
finger »anbellte wie ein Terrier«. Kennedy wusste um seinen
schwachen Auftritt: »Er ist mit mir umgesprungen wie mit
einem kleinen Jungen.« Auch in den nächsten Sitzungen wurde
es nicht besser. »Dieser Mann ist sehr unerfahren, geradezu
unreif«, urteilte Chruschtschow über Kennedy. Ein zentraler
Streitpunkt war die Berlin-Frage. Chruschtschow erklärte, die
drei Westsektoren seien ein Dorn im Fleisch des sozialistischen
Lagers, und betonte, seiner Auffassung nach sei ganz Berlin Teil
der DDR. »Wenn die USA«, so drohte der Kreml-Chef, »einen
Krieg wegen Berlin anfangen wollen, gibt es nichts, was die
UdSSR dagegen tun kann.« Nach weiterem fruchtlosen Austausch resümierte Kennedy zutiefst resigniert: »Wenn das so ist,
wird es ein kalter Winter werden.«

Die unnachgiebige Haltung Chruschtschows, seine offenbare
Bereitschaft, auch einen Atomkrieg in Kauf zu nehmen, ließen
Kennedy fassungslos zurück – fassungslos, aber auch der eigenen Bilanz von Wien bewusst: »Das Schlimmste, was mir in
meinem Leben passiert ist … er hat mich fertig gemacht.« Zum
Glück hatte ihm de Gaulle vorher seine Einschätzung mit auf
den Weg nach Wien gegeben, dass das Auftreten des Parteichefs
ein Bluff sein könnte. »Wenn jemand so spricht wie er heute«, so
Kennedy nach dem Ende des Gipfeltreffens, das für ihn gesundheitlich, mental und politisch eine Tortur war, »und es wirklich
so meint, muss er verrückt sein. Und ich bin sicher, dass er nicht
verrückt ist.«

44. Wie reagierte Kennedy auf den Mauerbau in Berlin im August 1961?

Die größte außenpolitische Sorge Kennedys in den ersten Monaten seiner Amtszeit war der Ausbruch einer weiteren Berlin-Krise, ausgelöst durch gewaltsame Maßnahmen der DDR (freilich auf sowjetischen Befehl), um die gesamte Stadt unter ihre Kontrolle zu bringen. Kennedy wollte im Konfliktfall nicht nur die Wahl »zwischen atomarem Holocaust und Kapitulation« haben. Er drückte Verständnis für das Sicherheitsbedürfnis der Sowjetunion aus und machte deutlich, dass diese Sicherheit nicht durch die Rechte der drei Westmächte in Berlin bedroht sei: »Um es zusammenzufassen: Wir suchen den Frieden – aber wir werden nicht kapitulieren.«

Am Morgen des 13. August 1961, einem Sonntag, wurde Kennedy in Hyannis Port durch die Nachricht überrascht, dass ostdeutsches Militär und Polizei an den Demarkationslinien zwischen West-Berlin, dem Osten der Stadt und dem übrigen Staatsgebiet der DDR Absperrungen errichteten. Zunächst nur unter Verwendung von Stacheldrahtrollen, doch mancherorts wurde auch schon mit dem Bau einer Mauer begonnen.

Die Empörung in der westlichen Welt, vor allem in West-Berlin und in der Bundesrepublik, war groß. Doch Kennedy reagierte verhalten: Eine Großmacht, die in die Offensive zu gehen gedenkt, igelt sich nicht ein. Ein System, das seine eigenen Bürger mit einer Mauer von der Massenemigration abzuhalten versucht, verhielt sich nicht souverän. Kennedy erblickte in der Abriegelung vielmehr »das Ende der Berlin-Krise«. Ihm war bewusst, dass von Amerika eine harte Haltung erwartet wurde – aber dies konnte auch durch Verlautbarungen und der Aufstockung des Militär-Budges deutlich gemacht werden.

Forderungen aus Deutschland wie die des Regierenden Bürgermeisters von West-Berlin, Willy Brandt (1913–1992), nach einer Verstärkung der dortigen US-Garnison sah Kennedy als Teil des Bundestagswahlkampfes von 1961: »Schaut Euch das an! Was glaubt er, wer er ist?« Statt Soldaten schickte er seinen – wenig begeisterten – Vize Lyndon B. Johnson nach Berlin, wo über 300 000 Menschen dem Texaner zu dessen Erleichterung einen begeisterten Empfang bereiteten.

Alles in allem nahm Kennedy die Ereignisse dieses historischen Sonntags beinahe mit Genugtuung auf: »Warum würde Chruschtschow eine Mauer bauen, wenn er die Absicht hätte, sich ganz Berlin einzuverleiben? Dies ist ein Weg aus seiner Zwickmühle. Es ist keine schöne Lösung, aber es ist zum Teufel noch mal besser als ein Krieg.«

45. Welche einflussreiche Stimme verstummte Ende 1961?

Am 19. Dezember 1961 erlitt Joseph P. Kennedy einen Schlaganfall, der ihn weitgehend bewegungsunfähig machte und zu weiten Teilen seiner Sprache beraubte. John F. Kennedy war durch die massive Behinderung seines Vaters nunmehr das Oberhaupt der Familie. Ironie des Schicksals: Joe Kennedy war dadurch geistig so eingeschränkt und auf Hilfe angewiesen wie seine Tochter Rosemary (die als die hübscheste Kennedy-Tochter galt), deren Gehirn und Bewusstsein durch den vom Vater angeordneten Quacksalbereingriff für den langen Rest ihres Lebens zerstört worden war.

Joe Kennedy musste die Ermordung seiner Söhne John und Robert noch miterleben. Er starb am 18. November 1969.

VI

DER GRIFF NACH DEN STERNEN UND DER KAMPF UM DIE BÜRGERRECHTE

(1961–1963)

46. Auf welches visionäre Ziel verpflichtete JFK die Vereinigten Staaten?

Am 25. Mai 1961 trat John F. Kennedy im Capitol vor die versammelten Abgeordneten beider Kammern, des Senats und des Repräsentantenhauses, sprach zunächst über außen- und sicherheitspolitische Themen, um schließlich die Nation auf eine besondere Aufgabe zu verpflichten, die vielen seiner Zuhörer fantastisch, vielleicht auch irreal, auf jeden Fall aber visionär vorkam. Das Land müsse es sich mit aller Kraft zum Ziel setzen, einen Menschen zum Mond zu schicken und wieder sicher zur Erde zurückzubringen, noch »bevor das Jahrzehnt vorüber ist«.

Diese Zeitvorgabe war kühn, denn bis zum Ende der Dekade blieben am Tag seiner Rede nur noch 8 Jahre, 7 Monate und 6 Tage. Und fantastisch war das Ziel vor allem deshalb, weil die USA in der gerade aufblühenden Raumfahrt wenige Erfolge vorweisen konnten. Das Zeitalter der unbemannten Raumfahrt hatte 1957 mit dem »Sputnik-Schock« begonnen, als es den Sowjets vor den USA gelang, einen Satelliten in die Erdumlaufbahn zu bringen – ein Ereignis, das in Amerika starke Selbstzweifel an der eigenen wissenschaftlichen und technologischen Überlegenheit auslöste, die man seit dem Zweiten Weltkrieg für beinahe naturgegeben hielt.

Auch die bemannte Raumfahrt hatte mit einem sowjetischen Erfolg, dem Flug Juri Gagarins sechs Wochen vor Kennedys Rede, begonnen. Dem hatten die USA nur den kurzen, 15 Minuten dauernden Parabelflug mit dem Astronauten Alan Shephard am 5. Mai entgegenzusetzen, bei dem dieser zwar dank des Erreichens einer Höhe von 190 Kilometern der erste Amerikaner im All wurde, ohne jedoch wie Gagarin die Erde zu umrunden.

Der Mond schien unerreichbar weit weg, was Kennedy ebenso wenig beeindruckte wie die Kosten von damals geschätzten astronomischen 40 Milliarden Dollar. Der Präsident blieb gegenüber Kritikern, die solche Summen gern auf der Erde und für andere staatliche Ausgaben verwendet hätten, beharrlich. Der technologische Fortschritt, der gewaltige Boom für die unterschiedlichsten Zweige der amerikanischen Industrie und die Stimulierung der Nation für dieses Projekt schienen diese Investition ebenso zu rechtfertigen wie der erhoffte psychologische und politische Nutzen eines Triumphes über die Sowjetunion im »Wettlauf zum Mond« (den bis heute kein Russe und kein Nichtamerikaner betreten hat).

In einer weiteren programmatischen Rede zur Raumfahrt, am 12. September 1962, auf dem Campus der Rice University in Texas erklärte Kennedy: »Warum zum Mond, fragen manche. Sie könnten genau so gut fragen: Warum den höchsten Berg erklimmen? Warum, vor 35 Jahren, über den Atlantik fliegen? Wir sind entschlossen, in dieser Dekade zum Mond zu gehen und andere Dinge zu tun, nicht weil sie einfach sind, sondern weil sie schwer sind, weil dieses Ziel die besten uns innewohnenden Fähigkeiten und Kräfte freisetzt.«

Mit seiner Vision war Kennedy vielen Zeitgenossen weit voraus. Seine Ermordung im November 1963 machte die Zielvorgabe zu einer Art nationalem Vermächtnis. Kennedy sollte Recht behalten: Der technologische Stimulus, der mit der Mercury- und der Gemini-Kapsel begann und schließlich zum Apollo-Raumfahrtprojekt führte, war enorm und sicherte mit seinen unzähligen »Nebenprodukten« Amerikas Führungsposition bis heute. Die Mikroelektronik und die Kommunikationstechnologie wurden gefördert, der Klettverschluss und medizinische Innovationen entwickelt, aber nicht die vielzitierte Teflonpfanne, denn diese gab es schon vorher. Psychologisch war das Raumfahrtprogramm ebenfalls von unschätzbarem Wert: Die Astronauten gaben vielen Amerikanern wieder Stolz und Selbstvertrauen in einer Zeit schwerer Krisen, mit Gewaltverbrechen daheim und einem opferreichen Krieg in Vietnam.

Am 21. Juli 1969 betraten Neil Armstrong (1930–2012) und Edwin »Buzz« Aldrin die Oberfläche des Erdtrabanten und hissten ein Sternenbanner auf der Mondoberfläche, das nie von einem Windhauch bewegt werden würde. Das Jahrzehnt war noch nicht vorbei, und Kennedys Vision war dank eines nationalen Kraftaktes Wirklichkeit geworden.

47. Welchen ersten Erfolg der amerikanischen Raumfahrt durfte JFK miterleben?

Nie zuvor hatten so viele Menschen vor dem Fernsehgerät gesessen wie am 20. Februar 1962, als 135 Millionen Zuschauer den Start der auf den Namen *Friendship 7* getauften Mercury-Kapsel von Cape Canaveral live mitverfolgten – Live-Übertragungen waren ein Kennzeichen des Raumfahrtprogramms in einer freien Gesellschaft wie den USA. Die Sowjets gaben eine bemannte Raummission meist erst bekannt, wenn beim Start alles gut gegangen war. Eines dieser Fernsehgeräte stand im *Oval Office* des Weißen Haus, wo John F. Kennedy, sein Bruder Robert und einige enge Mitarbeiter angespannt das Lift-off des Astronauten John Glenn mitverfolgten.

Nachdem in den letzten Monaten zehn Starts wegen technischer Probleme oder schlechtem Wetter hatten abgesagt werden müssen, stand das Prestige des noch jungen amerikanischen Raumfahrtprogramms auf dem Spiel. Entgegen der Sorgen der NASA um die Haltbarkeit des Hitzeschildes beim Wiedereintritt in die Erdatmosphäre – und damit um Glenns Überleben – verlief der Flug erfolgreich. Glenns Kapsel umkreiste die Erde dreimal und wasserte sicher unweit der Bermudas. Der Jubel überall im Land und im Weißen Haus war überwältigend, und die Begeisterung wurde auch dadurch nicht geschmälerte, dass Glenns drei Erdumkreisungen kein Rekord waren – die Sowjets hatten wieder einmal die Nase vorn, nachdem German Titow im August 1961 bereits bei seinem Flug die Sonne nicht weniger als 17 mal hatte aufgehen sehen – Titow besuchte übrigens bald darauf die USA und wurde von Kennedy ins Weiße Haus eingeladen.

Glenn wurde zum Nationalhelden, und Kennedy flog nach Florida, um dem ehemaligen Piloten der Marines persönlich zu gratulieren. Die Anerkennung durch den Präsidenten wurde für Glenn indes zum zweischneidigen Schwert: Kennedy soll dafür gesorgt haben, dass der Held der Nation nicht wieder ins All und damit in Gefahr geschickt wurde. Glenn – der Politiker und Senator für seinen Heimatstaat Ohio wurde – kehrte 2008 an Bord eines Space Shuttle in den Weltraum zurück: als mit 77 Jahren ältester Raumfahrer aller Zeiten.

48. Welchen deutschen Raumfahrtpionier schätzte Kennedy besonders?

Beobachtern fiel sehr schnell auf, dass zwischen Kennedy und Wernher von Braun (1912–1977) die Chemie stimmte. Der Präsident bewunderte den verantwortlichen deutschstämmigen Ingenieur für den Bau amerikanischer Raketen, vor allem für die letztlich zur Mondlandung unersetzlichen Saturn V.

Die Bewunderung war erkennbar gegenseitig; Kennedy war bei seinen Besuchen im Marshall Space Flight Center in Huntsville, Alabama, und in Cape Canaveral in Florida von den Visionen des Raketenbauers äußerst beeindruckt, und von Braun genoss sichtlich die Aufmerksamkeit des Präsidenten. Von Brauns langjährige Sekretärin bezeichnete beide gar als Freunde.

Die dunklen Seiten in der Biografie Wernher von Brauns, die barbarischen Umstände, unter denen Zwangsarbeiter die V 2-Raketen gegen Kriegsende für von Brauns – und damit Hitlers – Programm der »Wunderwaffen« produzieren mussten, wurden teilweise erst viel später (von Braun starb 1977) von Historikern der Öffentlichkeit bekannt gemacht. Was Kennedy und seine Administration über die Vergangenheit von Brauns wussten, schmälerte nicht die Wertschätzung des Präsidenten – was auch typisch für das amerikanische Credo ist, wonach in den USA (fast) jeder eine zweite Chance bekommen könne. Und von Braun wurde gebraucht, um den Wettlauf ins All und damit eine wichtige Etappe im Kalten Krieg gegen die Sowjetunion zu gewinnen.

Kennedy lud von Braun und seine Frau Maria zu einem Empfang ins Weiße Haus, zu dem es nie kommen sollte – das Datum war der 25. November 1963. Beide Männer verband bei allen Unterschieden im Lebensweg eines: der Traum, als erste Nation den Mond zu erreichen.

49. Wie stand John F. Kennedy zur Bürgerrechtsbewegung im ersten Jahr seiner Amtszeit?

Der John F. Kennedy durchaus gewogene Biograf Robert Dallek nennt den Präsidenten einen »Opportunisten bei den Bürgerrechten« und kommt damit Kennedys Einstellung zweifellos recht nahe. Wie bei zahlreichen Details seines Lebens, gehen die Einschätzungen Kennedys durch die Historiker auch bei seiner Haltung zum Kampf farbiger Amerikaner um Gleichheit und Gerechtigkeit auseinander. Seine Verehrer sehen in ihm wenn nicht einen Vorkämpfer, so doch einen entschlossenen Unterstützer der Bürgerrechtsbewegung, und seine Kritiker einen Politiker, dem die eigene Position, die Umfragewerte und die Chancen auf eine Wiederwahl wichtiger waren als die Solidarität mit Landsleuten, die unter schreiender Ungerechtigkeit, tagtäglicher Diskriminierung und oft auch brutaler Gewalt durch weiße Rassisten litten.

Kennedy bemühte sich in der Tat über weite Strecken seiner Karriere, eine Balance zwischen grundsätzlicher Sympathie für afrikanischstämmige Landsleute und politischem Kalkül zu halten. Der Vorwurf, seine Verbundenheit mit schwarzen US-Bürgern drücke sich eher verbal als in Handlungen aus, ist nicht ganz unberechtigt. In Reden hatte er sich verschiedentlich zur *Desegregation*, der Überwindung der Rassentrennung, bekannt, die im Süden der USA Alltag war und der das Oberste Bundesgericht mit seiner historischen Entscheidung *Brown vs. Board of Education* das Totenglöckchen geläutet hatte. Mit dem Entscheid von 1954 wurde die Rassentrennung in öffentlichen Schulen für unvereinbar mit der Verfassung erklärt.

Doch die Umsetzung verlief gegen viele Widerstände – die ganze Welt wurde Zeuge, wie mühevoll das Überwinden des Rassismus in *Old Dixies* war, als Präsident Eisenhower 1957 die

Nationalgarde vor der High School von Little Rock, Arkansas, aufmarschieren ließ, um den ersten neun schwarzen Schülern – den heute beinahe legendären *Little Rock Nine* – gegen den Widerstand einer tobenden, die jungen Leute beschimpfenden (weißen) Menge den Schulbesuch zu ermöglichen. Gegen Ende der 1950er Jahre besuchten dennoch nur rund 10 % der schwarzen Schülerinnen und Schüler integrierte, also ethnisch gemischte, Oberschulen.

In anderen Bereichen des Lebens war die unter der verlogenen Devise *separate but equal,* getrennt, aber gleich, propagierte Rassentrennung Teil des Alltags schwarzer Amerikaner: Sie mussten im Bus hinten sitzen (auch diese Trennung fiel dank des Protestes der Bürgerrechtlerin Rosa Parks (1913–2005) und des anschließenden Busboykotts in Montgomery, Alabama), in vielen Hotels und Restaurants wurde ihnen der Zutritt verwehrt und ihr Wahlrecht mit allen erlaubten und vor allem unerlaubten Mitteln mit Füßen getreten.

Doch der Widerstand wuchs, und die Aktionen erlangten landesweite und auch internationale Aufmerksamkeit – Aktionen wie jene der vier jungen schwarzen Männer, die sich im Februar 1960, als Kennedy gerade seinen Vorwahlkampf begann, am *lunch counter* eines Woolworth-Kaufhauses in Greensboro, North Carolina, auf für Weiße vorgesehene Barhocker niederließen, natürlich nicht bedient und schließlich verhaftet wurden. Umgehend wurden *Sit-ins* zu einer Protestform, die sich über den ganzen Süden ausbreitete und an der bis Jahresende rund 50 000 farbige Jugendliche teilnahmen.

Diejenigen von ihnen, die 1960 die Präsidentschaftsdebatten im Fernsehen mitverfolgten, erlebten einen demokratischen Kandidaten, der ihnen aus dem Herzen zu sprechen schien. »Wenn ein Negerbaby geboren wird«, so dozierte Kennedy vor seinem Rivalen Richard Nixon und einem Millionenpublikum vor den Bildschirmen und benutzte dabei eine Bezeichnung, die heute als rassistischer Ausdruck geächtet ist, damals aber normaler sprachlicher Umgang war, »hat es nur ein Drittel der Chance, auf ein College zu gehen wie ein weißer Schüler; es hat nur ein Drittel der Chance, einen respektierten Beruf zu ergreifen, und nur halb so viel Aussicht, einmal ein Haus zu besitzen. Ich glaube, wir müssen besser werden. Ich will nicht das Talent eines einzigen Amerikaners verschwendet sehen.«

Den Worten folgten nach dem Amtsantritt kaum Taten – zunächst jedenfalls. Kennedys Agenda wurde von der Außenpolitik, vom Kalten Krieg, dominiert. Er brauchte für seine Gesetzesvorhaben die Unterstützung des Kongresses und hier vor allem der *Southern Democrats*, seiner Parteifreunde aus dem Süden, die herzlich wenig Interesse daran hatten, an den bestehenden gesellschaftlichen Verhältnissen etwas zu ändern. Seine ersten Schritte waren zaghaft, wie das Einsetzen einer Kommission, die dafür sorgen sollte, dass Bundesbehörden bei der Einstellung von Mitarbeitern afroamerikanische Bewerber nicht diskriminierten. Ein von ihm im Wahlkampf versprochener präsidentialer Erlass *(executive order)* gegen die Benachteiligung schwarzer Mieter blieb ohne seine Unterschrift – was Bürgerrechtler veranlasste, in großer Zahl Kugelschreiber als stummen Protest ins Weiße Haus zu senden.

Die Ereignisse indes gewährten ihm an dieser Front keine Ruhe. Im Mai 1961 kam es zu gewaltsamen Ausschreitungen von weißen Rassisten: Die Busse, mit denen Bürgerrechtler zu Protesten in den Süden fuhren, wurden attackiert. Kurz hintereinander wurden in Alabama zwei Busse dieser *Freedom Riders* überfallen, einer davon wurde in Brand gesetzt. Einige Passagiere wurden mit Baseballschlägern verprügelt, in einem Fall drosch der Mob auch auf Reporter ein. Kennedy war sich der fatalen Wirkung der Bilder bewusst, die von Alabama aus um die Welt gingen – vor allem auf die jungen Nationen mit farbiger Bevölkerung, um deren Sympathien die USA im ideologischen Wettstreit mit der Sowjetunion rangen. Kennedy erklärte, die Ereignisse in Alabama seien für ihn und die überwiegende Mehrheit der Amerikaner Anlass zu großer Sorge. Sein Bruder Robert verstand die Hoffnung der Bürgerrechtler auf greifbare Unterstützung besser und schickte in seiner Funktion als Justizminister U.S. Marshalls, also ausschließlich der Bundesregierung unterstehende Polizeibeamte, nach Alabama. Robert war auch bei der nächsten Krise, in der das Unrechtssystem in *Old Dixie* erneut schlaglichtartig beleuchtet wurde, die treibende Kraft in der Kennedy-Administration.

50. Was bewegte JFK dazu, die Anliegen schwarzer Amerikaner stärker zu unterstützen?

Im September 1962 wollte sich der 19-jährige James Meredith als erster schwarzer Student an der Staatsuniversität von Mississippi in Oxford (die Universität ist nicht ganz so renommiert wie die im englischen Oxford), genannt »Ole Miss«, einschreiben.

Der Supreme Court glaubte ihm mit einem Bescheid vom 10. September den Weg gebahnt zu haben, in dem der Uni »eine kalkulierte Kampagne des Verzögerns, der Schikane und des meisterhaften Nichtstuns« vorgeworfen wurde. Doch der Gouverneur von Mississippi, Ross Barnett (1898–1987), verhinderte mit Unterstützung des Staatsparlamentes in der Hauptstadt Jackson die Immatrikulation von Meredith und wandte sich in einer Fernsehansprache an die Bevölkerung seines Staates (der

schon damals und heute noch die Armutsstatistik der USA an-
führt), in der er von der Tyrannei der Bundesregierung in Washington fabulierte und zum Widerstand gegen diese aufrief.

Robert Kennedy führte mit Barnett nicht weniger als zwanzig
Telefongespräche im Laufe der nächsten dreizehn Tage und ließ
Meredith schließlich unter dem Schutz von 500 U. S. Marshalls
das Universitätsgelände betreten. Am Abend verkündete John F.
Kennedy in einer Fernsehansprache an die Nation (die die Ereignisse um *Ole Miss* mit Spannung verfolgte), dass die Anwei-
sungen des Gerichts dank der Kooperation mit Mississippi umgesetzt seien und Meredith nun auf dem Universitätscampus
wohne. Kennedy schloss mit den Worten – die zweifellos seinen
in dieser Angelegenheit innigsten Wunsch ausdrückten – »dass
es keinen Grund gibt, warum dieses Kapitel nicht schnell und
leise geschlossen werden kann«.

Es kam jedoch ganz anders. Barnett hatte die Polizisten des
Staates Mississippi, die Meredith ebenfalls hätten schützen sollen, abgezogen und damit einem auf zwei- bis viertausend Menschen geschätzten Mob freie Bahn verschafft. Es kam zu gewalttätigen Auseinandersetzungen mit den U. S. Marshalls, bald
fielen Schüsse. Zwei Unbeteiligte, ein Anwohner und ein fran-
zösischer Journalist, starben; 160 Marshalls wurden verletzt.
Präsident Kennedy schickte die Armee in einer Stärke von 2300
Mann, die schließlich die Ruhe wieder herstellte. Mit bitterer Ironie sagte er in jener Nacht zu seinem Stab: »So eine spannende
Zeit hatte ich seit der Schweinebucht nicht mehr.«

James Meredith – der heute noch in Jackson, Mississippi,
lebt – nahm am 1. Oktober sein Studium auf und war von nun an
»nur« noch gehässigen Bemerkungen und giftigen Blicken seiner
Kommilitonen ausgesetzt. John F. Kennedy lernte bei der Krise
schnell, dass sein Eingreifen zugunsten seiner schwarzen Lands-

leute und das entschlossene Durchsetzen des Rechts politisch keineswegs schädlich war: Seine Zustimmungsrate bliebt bei traumhaften 75 %; die Kommentare amerikanischer wie internationaler Medien waren überwiegend positiv.

Zwischenfälle blieben indes an der Tagesordnung. Besonders hässliche Bilder kamen aus Birmingham, Alabama, wo die Polizei vor laufenden Kameras mit Hochdruck-Wasserkanonen und bissigen Hunden gegen junge Schwarze vorging und der örtliche Polizeichef Eugene Connor (1897–1973) mit dem angemessenen Spitznamen »Bull« zur Vorzeigefigur des weißen Rassenhasses wurde.

Kurz nach der Verhaftung von Martin Luther King (1929–1968) kam es Anfang Mai 1963 zu Protesten, bei denen die örtlichen Bürgerrechtsorganisationen auf die zweifelhafte Taktik verfielen, Kinder gut sichtbar bei den Aktionen einzusetzen – King war offenbar dafür, Malcolm X (1925–1965) hingegen blickte mit Verachtung auf diesen Schritt: »Richtige Männer bringen ihre Kinder nicht ins Schussfeld.«

Bei den Krawallen nahm der AP-Journalist Bill Hudson ein Foto auf, das am 4. Mai auf der Titelseite der New York Times erschien: ein junger Schwarzer, der von einem Polizeischäferhund in den Bauch gebissen wird. John F. Kennedy erklärte, dass Bild verursache ihm Übelkeit. Der Präsident war längst entschlossen, sich auf die Seite der Bürgerrechtsbewegung zu stellen – er würde gegen Rassenhass und Rassentrennung mit einem historischen Gesetzentwurf vorgehen.

51. Welche war eine der bedeutendsten Reden JFKs?

Medgar Evers (1925–1963) war einer der führenden Bürgerrechtler in Mississippi, der unter anderem James Meredith bei seinem
Kampf um sein Studium beraten hatte. Als Sergeant der U.S.
Army hatte Evers an der Befreiung Europas von der menschen-
verachtendsten Form rassistisch orientierter Gewaltherrschaft
teilgenommen. Mit anderen Aktivisten der NAACP, der 1909
gegründeten *National Association for the Advancement of Colored
People*, verfolgte Evers am Abend des 11. Juni 1963 die mit Spannung erwartete Fernsehansprache Präsident Kennedys zu den
Bürgerrechten.

Es war spät in der Nacht, in den frühen Morgenstunden des
12. Juni, als Evers vor seinem Haus am 2332 Margaret Walker
Alexander Drive in Jackson vorfuhr. Er sah mit Schrecken, dass
ausgerechnet in dieser Nacht das fade Licht am Carport brannte
und den Eingangsbereich des bescheidenen einstöckigen Hauses beleuchtete. Medgar Evers hatte seine Frau Myrlie stets er-
mahnt, die Lampe ausgeschaltet zu lassen, um keine gut erkennbare Silhouette zu bieten. Erst wenige Tage zuvor war ein
Molotov-Cocktail im Carport gelandet.

Irgendwo auf der anderen Straßenseite lauerte in dieser Nacht
jemand im Gebüsch, legte die Enfield Rifle an und feuerte einen
Schuss ab. Evers schleppte sich noch einige Meter weiter und
brach dann vor seinem Haus zusammen. Möglicherweise waren die letzten Worte, die er noch hörte, bevor er starb, die des
Präsidenten in seiner Ansprache. Der Mörder konnte zunächst
nicht gefasst werden; doch 1994 wurde der Ku-Klux-Klan-Fana-
tiker schließlich verurteilt und verbrachte seine letzten Jahre im
Gefängnis. Medgar Evers' Haus ist heute ein Museum, eingerichtet mit dem bescheidenen Mobiliar eines bürgerlich-situierten
Schwarzen in einer Zeit eines manchmal gewaltsamen Um-

bruchs. Myrlie Evers(-Williams) würde im Januar 2013 das Bitt-
gebet bei der zweiten Amtseinführung von Präsident Obama
sprechen.

Nachdem Präsident Kennedy sich am Vormittag bereits mit
führenden Vertretern des Kongresses getroffen und um Unterstützung für seinen *Civil Rights Act* geworben hatte, machte er
am Abend des 11. Juni 1963 die amerikanische Nation mit seiner
Gesetzesinitiative vertraut. Nach langem zurückhaltendem
Taktieren sprach Kennedy mit ungewöhnlicher Klarheit, geradezu mit Leidenschaft, wie die hier in Auszügen wiedergege-
bene Rede belegt:

»Wir stehen vor einer im Wesentlichen moralischen Frage, so
alt wie die Schrift und so klar wie die Verfassung. Der Kern
dieser Frage ist, ob alle Amerikaner die gleichen Rechte und
die gleichen Chancen bekommen. Hundert Jahre sind ver-
gangen, seit Präsident Lincoln die Sklaven befreit hat, doch
deren Nachfahren, deren Enkel sind nicht wirklich frei. Sie
sind noch nicht von den Fesseln der Ungerechtigkeit befreit. Sie sind noch nicht von sozialer und ökonomischer Un-
terdrückung befreit. Und diese Nation wird, ungeachtet all
ihrer Hoffnungen und ihres Stolzes, nicht wirklich frei sein,
wenn nicht all ihre Bürger frei sind. Die Zeit für diese Nation,
ihre Versprechen zu erfüllen, ist gekommen. Die Feuer der
Frustration und der Zwietracht brennen in jeder Stadt, im
Norden wie im Süden. Ein großer Wandel steht uns bevor,
und es ist unsere Aufgabe, unsere Verpflichtung, diese Revolution, diesen Wandel, für alle friedlich und konstruktiv zu
machen. In der nächsten Woche werde ich den Kongress auf-
fordern zu handeln, eine Verpflichtung einzugehen, die es in
diesem Jahrhundert noch nicht gegeben hat, nämlich dass

die Rasse im Leben und in den Gesetzen Amerikas keinen Platz hat.«

Der von Kennedy angekündigte *Civil Rights Act* untersagte jede Form der Benachteiligung aufgrund von Hautfarbe, Religion oder Geschlecht. Die Rassentrennung an öffentlichen Plätzen wie in Schulen und Restaurants wurde verboten. Auch das Wahlrecht der Afroamerikaner wurde bekräftigt und im *Voting Rights Act* von 1965 präzisiert – und dennoch, noch ein halbes Jahrhundert später, bei der Präsidentschaftswahl von 2012, hat es zahlreiche Versuche gegeben, schwarzen Amerikanern das Wählen zu erschweren.

John F. Kennedy sollte das Inkrafttreten des *Civil Rights Acts* nicht mehr erleben. Es war sein in parlamentarischen Regularien und Taktiken so erfahrener Nachfolger Johnson, der 1964 den *Civil Rights Act* durch beide Kammern des Kongresses brachte und ihn unterzeichnete.

Kennedys Rede markierte den Höhepunkt des Reifungsprozesses, den der Präsident durchlaufen hatte. Er war, wie sein Biograf Robert Dallek formulierte, nach langem Zögern auf die Herausforderung eingegangen, welche die Bürgerrechtsbewegung und der alltägliche Rassismus in weiten Teilen der amerikanischen Gesellschaft darstellten, und hatte sich ihr schließlich gestellt: »JFK's Leidenschaft für den Feldzug [der Bürgerrechtler] kam spät, aber sie ermöglichte es seinem Nachfolger, Lyndon Johnson, einem weißen Texaner, zum Architekten der *Desegregation* [der Überwindung der Rassentrennung] zu werden.«

52. I have a dream – Wie war JFKs Beziehung zu Martin Luther King?

Wie Millionen anderer Amerikaner saß auch John F. Kennedy am 28. August 1963 vor dem Fernsehgerät und verfolgte ein heute als historisch eingeschätztes Ereignis, das sich nur einige Blocks vom Weißen Haus entfernt abspielte. Der *March on Washington for Jobs and Freedom* war eine eindrucksvolle Demonstration der Bürgerrechtsbewegung auf der Mall in Washington.

Kennedy, zunächst wenig begeistert von der Aktion, befürchtete einerseits einen gewaltsamen Verlauf und zum anderen, dass der Marsch Gegner seines *Civil Rights Acts* veranlassen könnte, dem Projekt parlamentarische Steine in den Weg zu legen. Als absehbar war, dass sich die Organisatoren von dem Plan nicht abbringen ließen, setzte seine Administration – allen voran abermals Bruder Robert – alles daran, um das Ereignis zu einem Erfolg werden zu lassen. Kennedy bat Gewerkschaftschef Walter Reuther (1907–1970) für eine sichtbare Teilnahme auch weißer Bürgerrechtler zu sorgen, und Robert wies örtliche Behörden an, die für die Veranstaltung nötige Infrastruktur bereitzustellen – und die Polizei auf Hunde verzichten zu lassen, damit keine Erinnerungen an »Bull« Connor wach wurden.

Bei glühender Sommerhitze versammelten sich an jenem Augusttag zwischen 200 000 und 300 000 Teilnehmer rund um das Lincoln Memorial, wo zunächst zahlreiche Künstler auftraten, darunter Mahalia Jackson (1911–1972), Joan Baez und Marian Anderson (1897–1993), die schwarze Opernsängerin, die bereits fast ein Vierteljahrhundert zuvor an gleicher Stelle ein Osterkonzert gegeben hatte, das als eine frühe Sternstunde der Bürgerrechtsbewegung gilt. Auch Hollywoodprominenz war vertreten: Sidney Poitier und Harry Belafonte und als Unterstützer mit weißer Hautfarbe kurioserweise der aus *Ben Hur* be-

143

kannte Charlton Heston, der später zum politischen Rechts-außen wurde.

Der Star der Demonstration war hingegen Martin Luther King, der an diesem Nachmittag seine berühmte *I have a dream*-Rede hielt, in der er seinen Traum von einem Amerika artikulierte, in dem Menschen »nicht nach der Farbe ihrer Haut, sondern nach ihrem Charakter beurteilt werden«, eine Rede, die er mit der Zeile eines alten Sklavenliedes schloss: *Free at last! Free at last! Thank God Almighty, we are free at last!*

Kennedy war beeindruckt und ließ dies King und andere Organisatoren des Marsches bei einem Treffen im Weißen Haus am gleichen Abend wissen. Es war eine der wenigen persönlichen Begegnungen der beiden Männer, die zu Ikonen der 1960er Jahre wurden. Kennedy hatte 1960 – abermals via Robert – für die Freilassung des wieder einmal inhaftierten Pfarrers gesorgt, was ihm die mit entscheidenden Stimmen zahlreicher schwarzer Wähler am Wahltag einbrachte. King hatte Kennedy wiederholt wegen seiner zunächst zögerlichen Haltung in der Frage der Gleichstellung farbiger Amerikaner kritisiert.

1961, im ersten Amtsjahr Kennedys, hatte sich King noch skeptisch gezeigt: »Ich bin überzeugt, dass er das Verständnis und die politischen Fähigkeiten hat, aber bislang fürchte ich, dass ihm die moralische Leidenschaft fehlt.« Im Juni 1963 trafen sich beide Männer im Rosengarten des Weißen Hauses zu einem längeren Gespräch, bei dem King wohl merkte, dass sich Kennedys Haltung geändert hatte – und bei dem beiden bewusst wurde, dass sie fast schicksalhaft aneinander gekettet waren, dass der eine den anderen für das Erreichen seiner politischen Ziele brauchte. Vor allem aber, dass sie dieselben Feinde hatten, denselben Bedrohungen ausgesetzt waren. Kennedy und King standen beide unter Beobachtung durch FBI-Direktor J. Edgar

Hoover. Und wie der Präsident führte auch Martin Luther King ein Privatleben, in dem die Libido allzu oft über die Vernunft siegte. Beide lieferten Hoover und anderen politischen Gegnern mit ihren persönlichen Schwächen Munition, beide machten sich erpressbar.

Im darauffolgenden Jahr wurde Martin Luther King der Friedensnobelpreis verliehen. Wie Präsident Kennedy, so stand auch dem Reverend ein gewaltsames Ende bevor – 1968, auf einem Hotelbalkon in Memphis. Und auch in Kings Fall war der Mörder nach offizieller Lesart ein Einzeltäter.

VII

CAMELOT – DER SCHÖNE GLANZ
EINER PRÄSIDENTENFAMILIE

53. Wie kam es zur Camelot-Analogie?

In einer stürmischen Herbstnacht fuhr der Journalist Theodore
White (1915–1986) zum schwer bewachten Anwesen der Kennedys auf Cape Cod. White, der als Autor des Bestsellers *The Ma-*
king of a President, einer Analyse des Wahlkampfes von 1960, be-
rühmt geworden war, stand vor dem bedeutendsten Interview
seiner Karriere. Eingeladen zu diesem Gespräch hatte ihn Jacqueline Kennedy. Es war der Abend des 29. November 1963. Genau eine Woche zuvor war ihr Mann in Dallas ermordet worden.

White hörte der jungen Witwe mehrere Stunden lang zu und
begann noch in der gleichen Nacht seinen Essay zu verfassen,
der in der Zeitschrift *Life* erscheinen würde. Jackie Kennedy diktierte ihm während des Gesprächs nicht nur ihre ganz persönliche Reminiszenz an die tausend Tage der Präsidentschaft ihres
Mannes in die Feder, sie versuchte auch die Historiografie seiner
Epoche in eine ganz bestimmte Richtung zu lenken – jetzt, da
die Kennedy-Präsidentschaft ganz plötzlich Geschichte geworden und der Beurteilung durch Historiker und Biografen ausgesetzt war. Und Jackie war sich bewusst, dass die Forschung auch
Unschönes über Jack und sein Leben zutage fördern würde. So
begann sie, einen Mythos in die Welt zu setzen, der im Laufe der

nächsten Jahre und Jahrzehnte einiges von seinem Glanz verlieren, aber nie vollständig zerstört werden würde. Sie beschrieb gegenüber White das Weiße Haus unter John F. Kennedy als ein »amerikanisches Camelot«.

Mit dem Begriff Camelot konnten die meisten von Whites Lesern – und die von dem Kennedy-Berater und Historiker Arthur Schlesinger, der in den nächsten Jahren mit seinen Büchern ebenfalls kräftig am Mythos mitstrickte – etwas anfangen: *Camelot* war der Titel eines sehr erfolgreichen Broadway-Musicals mit Topbesetzung: Richard Burton als König Arthur und Julie Andrews als Guinevere. Wie diverse Hollywoodverfilmungen des Themas zeichnete es das Idyll des frühmittelalterlichen Hofes jenes englischen König, der an seinem runden Tisch von edlen Rittern wie Sir Lancelot umgeben war. Der Hof war dieser Deutung nach ein Lichtschein in finsterer Zeit; an ihm regierten Geist und Vernunft, gediehen Visionen, die weit über die Enge der Gegenwart hinaus reichten.

Dank der Persönlichkeit Arthurs sammelte sich an diesem Hof – und hier ging die Mythologie fast nahtlos in die Kennedy-Terminologie über – die Besten und Klügsten, also *the best and the brightest*. Wie der Hof von König Arthur war der Glanz des jungen Präsidenten und seiner getreuen Knappen nicht vor dieser Welt, hatte vor deren Niederungen und Grausamkeiten (in Gestalt eines Namenlosen hinter einem Fenster im fünften Stockwerk) keinen Bestand. Umso mehr galt es, diese flüchtige Vision einer besseren, edleren Welt in Erinnerung zu behalten, wie es eine der zentralen Botschaften des Musicals (die Jackie an White weitergab) beschwört: *Don't let it be forgot that for one brief shining moment there was Camelot.*

54. Welche Rolle dachten die Kennedys dem Weißen Haus zu?

Umgehend nach ihrem Einzug ins Weiße Haus – und lange bevor ihr der Name Camelot in den Sinn kam – machte sich die neue First Lady daran, den Amtssitz des Präsidenten zu einem kulturellen Zentrum, wenn nicht gar zu *dem* kulturellen Fokus der Nation zu machen. Jackie Kennedy war die Verkörperung des dem Durchschnittsamerikaner wenig bekannten Begriffs *savoir vivre,* und sie war entschlossen, Weltläufigkeit, Geist und Eleganz in die Zentrale der Macht einziehen zu lassen, wie es in der 1600 Pennsylvania Avenue bislang undenkbar gewesen war.

Die direkten Vorgänger, die Eisenhowers, waren ein ältliches Ehepaar gewesen, die zu Jackies Entsetzen kaum Bücher hinterließen, wohl aber in Mamie Eisenhowers (1896–1979) Lieblingsfarbe Rosa getünchte Zimmer. Vor den Eisenhowers wiederum hatte Harry Truman mit seiner gegenüber den Medien so abweisenden Frau Bess (1885–1982) im Weißen Haus gelebt – und dieses um eine Bowling-Bahn bereichert.

Unter Jackies Ägide wurde die Kunst der stilvollen Empfänge und der perfekt arrangierten Diners bis in die feinsten Details und mit reichlichen Anlehnungen an das von ihr verehrte Land unerreichter Hochkultur gepflegt. Die Speisekarten bei Festessen wurden von nun an in Französisch gedruckt, und auf Jackies Geheiß wurden ein Zuckerbäcker und ein Dessertkünstler aus der *Grande Nation* eingeflogen und angestellt; zu einem Essen im Weißen Haus eingeladen zu sein, bedeutete von nun an, wahre Haute Cuisine genießen zu dürfen.

Und Einladungen ergingen reichlich, nicht nur an Staatsgäste und Senatoren, sondern vor allem an die intellektuelle Elite der USA und anderer Länder. Tennessee Williams, Arthur Miller, Leonard Bernstein gaben sich förmlich die Klinke in die Hand, man lauschte der virtuosen Interpretation eines Pablo Casals und den Gedichten eines Carl Sandburg. Bilder von Empfängen im Weißen Haus füllten die Illustrierten und flimmerten über die Fernsehschirme – in ihrem Mittelpunkt stets eine strahlend schöne First Lady in Kreationen von Cassini oder Dior und an ihrer Seite ein ebenfalls blendend aussehender Präsident im Cut oder im Tuxedo.

Kennedy lächelte bei diesen Anlässen beherrscht, manchmal auch ein wenig unsicher in die Kameras. Der Präsident wusste um den positiven Effekt der Bilder auf die Amerikaner, war aber nicht ganz in dem Maße wie seine Frau in der Welt der Existenzialphilosophen, der Weltklasse-Cellisten und der *foie gras* zuhause – seine Vorliebe galt den James Bond-Romanen von Ian Fleming (die 1962 erstmals verfilmt wurden), und bei der Nahrungsaufnahme konnte er auch einem guten amerikanischen Hamburger einiges abgewinnen.

Zahlreiche Intellektuelle dankten dem Präsidentenpaar die ihnen entgegengebrachte Aufmerksamkeit mit Hymnen, die nicht immer ganz frei von Peinlichkeit waren. Die Kritiker blieben in der Minderheit und äußerten sich allenfalls verhalten – wie Arthur Miller (1915–2005), der sich durch die hart glänzenden Augen des Präsidenten leicht irritiert fühlte. Zu dieser Irritation mag indes beigetragen haben, dass Kennedy diese Augen zu Millers Verdruss wiederholt und mit sichtlichem Wohlgefallen über die üppigen Formen von Millers Frau, der Schauspielerin Marilyn Monroe, gleiten ließ.

55. Mit welchem Projekt beeindruckte Jackie ihre Landsleute?

Die kulturbeflissene First Lady wollte keineswegs als Modegöttin zu einer Fußnote in der Geschichte amerikanischer Präsidentenfamilien werden, sondern nahm sich bald nach der Wahl ihres Mannes einer Aufgabe an, die ihr längst überfällig schien: das Weiße Haus zu einer würdigen Adresse zu machen, das nach amerikanischem Credo dem Volk gehörende Anwesen zu einem nationalen Juwel aufzupolieren. Das in seinem Kern 160 Jahre alte Gebäude, in das John Adams (1725–1826) und seine Frau Abigail (1744–1818) im Herbst 1800 als erstes Präsidentenpaar eingezogen waren und das die Briten im August 1814 in Brand gesteckt hatten, war zwar unter Präsident Truman kernsaniert worden, die Einrichtung indes ließ zu wünschen übrig. Ihr erster Eindruck, so äußerte Jackie Kennedy leicht überzogen, war der eines Mittelklassehotels, das mit Möbelstücken aus einem Winterschlussverkauf eingerichtet sei. Die First Lady übernahm die Leitung der umfangreichsten Restauration in der Geschichte des Weißen Hauses. Zum Chefdekorateur berief sie – natürlich – einen Franzosen, Stephane Boudin. Ihre Zielvorgabe war es, das Weiße Haus in jenem Stil zu gestalten, der in der klassizistischen *Era of Good Feeling* unter Präsident James Monroe (1817–1825) tonangebend gewesen war. Originalmöbelstücke aus der Epoche wurden in unterschiedlichen Teilen des Landes aufgetrieben, bei der Akquirierung passender Kunstobjekte setzte sie ihren ganzen Charme ein. Auch der steinreiche Verleger Walter Annenberg (1908–2002) aus Philadelphia konnte sich diesem nicht entziehen, dem sie das noch heute im Weißen Haus hängende Porträt Benjamin Franklins (1706–1790) auf subtile Weise »abluchste«. Für Jacqueline Kennedy, die Kunst und Geschichte studiert hatte, war die Umgestaltung des Weißen Hauses die Erfüllung eines Traumes. Anfragen, die von früheren First Ladies gepflegten karitativen Anliegen zu übernehmen, bürstete sie kurzerhand ab: »Warum soll ich durch die Krankenhäuser sausen und Rotkäppchen spielen, wenn es hier für mich so viel zu tun gibt?«

Nach knapp einem Jahr, in dem ein Raum des Amtssitzes nach dem anderen behutsam – um den normalen Betrieb nicht zu stören – umgestaltet wurde, war Jackie Kennedys großes Werk weitgehend vollbracht. Das Weiße Haus war nun auch kunsthistorisch zu einer der allerersten Adressen des Landes geworden. Sie ließ die Amerikaner an ihrem persönlichen Triumph – den ihr Mann wohlwollend und nur mit gelegentlichen Eingaben wie der Bitte, den *Blue Room* blau zu belassen, begleitet hatte – teilhaben. Am Abend des 14. Februar 1962 saßen 80 Millionen Amerikaner vor den Fernsehgeräten und verfolgten fasziniert die Dokumentation des Senders CBS. Eine Stunde lang führte Jackie Kennedy die Zuschauer durch ihr *maison blanche*, erklärte mit der ihr eigenen leisen, fast gehauchten Stimme (die vor allem auf Männer stets eine Wirkung hatte) die diversen Exponate. Das Weiße Haus war nunmehr ein Museum, ein Schaukasten amerikanischer Kultur und Machtzentrale in einem geworden.

56. Wie wirkte die Familie Kennedy auf die amerikanischen Bevölkerung?

Die Öffentlichkeit wurde in wohldosiertem Maße mit Bildern aus dem Familienleben von John F. und Jacqueline Kennedy versorgt – und schien nicht genug davon bekommen zu können. Wie andere prominente Mütter vor und nach ihr versuchte Jacqueline Kennedy ein prekäres Gleichgewicht zu halten: zwischen dem Schutz der Privatsphäre ihrer Familie und der notwendigen Darstellung des jungen Familienglücks nach außen – denn die auf diese Weise gewonnenen Sympathien kamen zwangsläufig dem Präsidenten auch politisch zugute.

So erschienen in mehr oder weniger regelmäßigen Abständen Hochglanzartikel in *Life*, *Newsweek* und anderen Medien, die einen Blick auf die private Seite der Kennedys erlaubten und in denen die beiden entzückenden Kinder, die 1957 geborene Caroline und der 1960 geborene John junior (genannt John-John), im Mittelpunkt standen.

Man sah die Kinder, wie sie fröhlich durch das *Oval Office* tobten und den mächtigsten Mann der Welt von seiner Arbeit abhielten, was diesen sichtlich erfreute. Die Nation nahm an Carolines ersten Ausritten auf einem Landsitz der Kennedys in Virginia teil, wobei sie in die Fußstapfen – oder vielmehr die Steigbügel – ihrer Mutter trat, die eine exzellente Reiterin war. Man war dabei, wenn der Präsidentenhubschrauber auf dem Rasen des Weißen Hauses landete und die beiden Kinder auf den erkennbar glücklichen Vater zustürzten. Schmalfilmstreifen von der Kennedyschen Wochenendidylle kamen an die Öffentlichkeit, die einen entspannten Präsidenten zeigten, der sich mit breitem Lachen der freundlichen Zudringlichkeit von Carolines Pony erwehren musste.

Das immer noch junge Paar – Jacqueline wurde 1962, dem einzigen Jahr, in dem Kennedy vom ersten bis zum letzten Tag Präsident war, immerhin erst 33 Jahre alt – machte in lässiger Freizeitmode, auf der Segelyacht wie beim Golfen, einen genauso stilsicheren Eindruck wie in Abendgarderobe bei einem Staatsempfang. In den Kennedys glaubten sich viele amerikanische Familien wiederzuerkennen – sie waren jung und optimistisch und scheinbar ganz normal. Und andererseits waren sie von jener gewissen quasi-royalen Distanz, die Bewunderung erst richtig aufkommen lässt, mit einer Aura von Schönheit, Esprit und Reichtum, wie man sie sonst am ehesten von den Berühmtheiten der Traumfabrik Hollywood her kannte.

Waren diese Szenen eines glücklichen Familienlebens *fake*, war alles gestellt, der Wirkung auf die Öffentlichkeit wegen? Nein, keinesfalls. Was immer es zwischen den Eheleuten an Krisen gab – in beider Bemühen, Caroline und John eine glückliche Kindheit zu sichern, waren Jack und Jackie in der Tat wie fast jede amerikanische Familie. Die beiden waren liebevolle Eltern; Caroline und John junior wuchsen unter den Augen der Öffentlichkeit und doch emotional warm und umsorgt heran. Gegen John F. Kennedy ist nach seinem Tod vieles ins Feld geführt worden, doch ein Vorwurf ist ihm posthum nie gemacht worden: dass er ein schlechter Vater gewesen sei.

57. Welche Rolle spielten die Medien bei der Erschaffung des Kennedy-Images?

John F. Kennedy mochte Reporter, und die Reporter mochten ihn. Mit nur sehr wenigen Ausnahmen erlagen die beim Weißen Haus akkreditierten Korrespondenten seinem Charme. Ganz besonders wussten sie jedoch seinen (weitgehend) offenen Umgang mit der Presse zu schätzen. Unter seinem Vorgänger Eisenhower waren Pressekonferenzen eine dröge Angelegenheit; JFK führte die Sitte ein, dass der Präsident direkt gefragt werden konnte.

Und er blieb mit seiner Schlagfertigkeit und seinem häufig auch selbstironischem Witz keine Antwort schuldig – selbst wenn er zur Sache selbst nichts sagte. Sie nahmen es ihm ab, wenn er anmerkte, wie gern er Präsident war: »Ich habe ein nettes Haus, das Büro ist ganz nah, und die Bezahlung ist gut.« Wo Charisma nicht wirkte, taten dies die kleinen Vergünstigungen, die jeder Machtpolitiker gelegentlich wie den Knochen an der Leine vor der Nase der Medien baumeln lässt: Exklusivinterviews hier, Mitnahme in der *Air Force One* dort – oder die Verweigerung solcher Vergünstigungen und ein Anruf eines Kennedy (zum Beispiel von Old Joe) bei einem Verleger oder Chefredakteur.

Vor allem aber: Die meisten Journalisten fühlten sich in den frühen 1960er Jahren noch an einen Ehrenkodex gebunden, nicht alles publik zu machen. Die Epoche des poliokranken Präsidenten Franklin D. Roosevelt, den kein Reporter, der auf sich hielt, im Rollstuhl fotografierte oder beim mühsamen Voranschreiten mit Unterstützung von kräftigen Helfern, lag den Kennedy-Jahren näher als die Zeit eines Bill Clinton, dessen Ejakulation auf das Kleid einer Praktikantin in allen Details ebenso beschrieben wurde wie die vorangegangenen oralen »Gunstbezeugungen« der jungen Frau.

Es gab Dinge, über die schrieb man 1962 nicht – und über das Privatleben des Präsidenten, das mit Sekretärinnen, Schauspielerinnen und Prostituierten nicht zum Familienidyll von Camelot passte, wurde »gentlemanlike« von der sogenannten Vierten Macht in einem demokratischen Staatswesen hinweggesehen.

58. Gab es Pläne für eine Kennedy-Dynastie im Weißen Haus?

Spätestens nach seiner wichtigen Rolle bei der Lösung der Kubakrise 1962 und nachdem erkennbar geworden war, wie sehr Robert Kennedy zum Motor der Bürgerrechtspolitik der Kennedy-Administration geworden war, konnte niemand übersehen, welch starke Position er in der Regierung und im engsten Kreis um den Präsidenten einnahm und über welch beträchtliches Charisma der »kleine Bruder« selbst verfügte: härter und kantiger als John, aber nicht weniger effektiv. So begann Vizepräsident Johnson in Robert einen Rivalen für die Nominierung für die Präsidentschaftskandidatur 1968 zu sehen – eine Nominierung, die sich Johnson durch seine loyalen Dienste, ungeachtet der Geringschätzung, die ihm vor allem »Bobby« entgegenbrachte, zu sichern hoffte.

Die Wahl von 1964 war für die Kennedys angesichts durchgängig guter Umfragewerte für den Präsidenten beinahe schon gelaufen. Wenn dann, nach dem von der Verfassung erlaubten Maximum von acht Jahren, für John die Zeit des Abschieds von der Macht gekommen war, stand mit Robert der ideale Nachfolger bereit. 1968 würde Robert 43 Jahre alt sein, exakt genau so alt wie Jack bei seiner Kandidatur 1960. Wenn Robert – nach den Planspielen im engsten Familienkreis – selbst zweimal zum Präsidenten gewählt worden war, stand die Kennedy-Ära immer noch nicht vor ihrem Ende. 1962 war Edward (Teddy) in den Senat eingezogen, und er würde 1976 über ausreichend politische Erfahrung verfügen (und 44 Jahre alt sein), um für die Präsidentschaft zu kandidieren. Würde auch er zweimal gewählt, so hätte das Land und mit ihm die Welt ein knappes Vierteljahrhundert der Kennedy-Herrschaft im Weißen Haus erlebt – von Januar 1961 bis Januar 1985. Ein englischer Beobachter bemerkte: »Die Familie mag ihre Macken haben – aber an Erben gibt es keinen Mangel.«

Solche Gedanken an eine Machtanhäufung erscheinen aus heutiger Sicht überzogen und auch nicht mit den Gründungsidealen der USA in Einklang zu stehen – einem Land, das in Rebellion gegen ein System der Aristokratie und der erblichen Privilegien entstanden war. Doch der Denkweise der Kennedys liefen solche Visionen keineswegs zuwider. Das überdimensionierte Selbstbewusstsein, das mehr noch als Jack seine Schwestern und auch Robert an den Tag legten, basierte zum einen auf dem Reichtum der Familie, mit dem bislang alle Hindernisse hatten aus dem Weg geräumt werden können. Zum anderen erblühte die Hybris dieser Generation auch auf den Lehren, die sie von Vater Joe eingeimpft bekommen hatten: dass Kennedys geborene Gewinner sind, dass Regeln nur für andere gelten und dass sich ein Kennedy so ziemlich alles erlauben kann.

Die Schimäre der drei Brüder, die einander im Präsidentenamt ablösten, wurde nie Realität. Robert, menschlich und politisch gereift, kandidierte 1968, starb jedoch nach seinem Vorwahltriumph in Kalifornien von Mörderhand. Edward forderte 1980 seinen amtierenden Parteifreund Jimmy Carter in einem erbitterten innerparteilichen Zweikampf heraus, scheiterte aber.

WAS AMERIKA NICHT SEHEN DURFTE: DES PRÄSIDENTEN DUNKLE SEITEN

59. Was war JFKs größte Schwäche?

Bei einem Treffen mit dem britischen Premierminister Harold Macmillan (1894–1986) wurde John F. Kennedy plötzlich vertraulich: »Ich frage mich, wie es bei Dir ist, Harold. Also wenn ich für drei Tage keine Frau gehabt habe, bekomme ich furchtbare Kopfschmerzen.« Der Premier, eine Generation älter als Kennedy, war geschockt, auch weil er zurecht vermutete, dass Kennedy bei seinem Bedürfnis nicht auf den ehelichen Verkehr. mit seiner Frau Jacqueline anspielte, die längst zu einer globalen Ikone weiblicher Schönheit geworden war. Es dürfte Macmillan nur wenig beruhigt haben, dass Kennedy offenbar mit den Jahren ein wenig zurückhaltender geworden war – als Jugendlicher empfand er jeden Tag als verloren, an dem er keinen Sex gehabt hatte, und hätte eine dreitägige Karenz wohl als Höllenqual empfunden.

Details über die Libido des Präsidenten sind erst Jahre nach seinem Tod an die Öffentlichkeit gelangt und wurden zunächst als kaum glaubhaft eingestuft – bis immer mehr alte Freunde und Mitarbeiter als auch inzwischen im Ruhestand befindliche Secret Service-Agenten »auspackten«. Besonders letzteren, inzwischen schon ältere Herren, war bei Interviews für amerikanische Fernsehsender immer noch die Belastung anzumerken, der sie als Top-Profis ausgesetzt waren: Sie hatten ihren Präsidenten vor jeder denkbaren Gefahr zu schützen – und wussten doch oft nicht einmal, wer die Person war, mit der er gerade zusammen war, und was sich in ihrer Handtasche befand. Manchmal wussten sie nicht einmal, wo sich der Präsident gerade aufhielt.

Und auch das Ausmaß der außerehelichen Aktivitäten schockierte im Zuge immer neuer Enthüllungen jene Teile der Öffentlichkeit, die noch unter dem Eindruck der publizierten Familienidylle mit Jackie und Caroline und John-John, mit dem fröhlichen Clan von Hyannis Port und dem hellen Kinderlachen im Weißen Haus standen. Diese Idylle gab es, sie war echt. Aber sie war nur ein Teil der Biografie des John F. Kennedy. Seine Persönlichkeit hatte noch eine andere Seite: die der grenzenlosen sexuellen Gier. Auch andere hochgestellte Politiker hatten und haben Affären, mit einer Dauergeliebten wie François Mitterrand (1906–1996) oder in Form einer kurzen sexuellen Befriedigung in einem Seitenraum des *Oval Office* wie Bill Clinton (über dessen Quickie mit Miss Lewinsky sich JFK wahrscheinlich totgelacht hätte).

Doch bei Kennedy war es anders. Er hatte praktisch kontinuierlich Sex mit fast stetig wechselnden Partnerinnen; mit einigen zog sich die Affäre zumindest über einige Monate hin. Die »Frauenbeschaffung« übernahm der Präsident manchmal selbst wie im Falle von Mary Meyer, der Schwägerin seines Freundes, dem Journalisten Ben Bradlee (der beteuerte, von dieser Seite Kennedys nichts geahnt zu haben), die er ansprach und die dann nach einigen Wochen des Zögerns seinem Begehren nachgab.

Manchmal liefen ihm seine Sexualobjekte (nichts anderes waren sie für ihn) auch quasi an seinem Arbeitsplatz über den Weg wie die 19-jährige Praktikantin Mimi Alford, die er an ihrem vierten Tag im Weißen Haus entjungferte und die ihm dann über fast eineinhalb Jahre zur Verfügung stand. Geküsst habe er sie nie, betonte Alford in ihren 2012 erschienen Memoiren *Once Upon a Secret* und »Nein« habe sie erst gesagt, als er sie zu einem »Blowjob« mit seinem jüngeren Bruder Teddy in seinem Beisein überreden wollte. Wie bei allen Erinnerungen von Ex-Geliebten, Ex-Leibwächtern und Ex-Freunden muss man fairerweise einwenden, dass der Einzige, der den intimen Details aus Kenntnis der Sachlage widersprechen und den Präsidenten möglicherweise verteidigen könnte, nicht mehr da ist: er selbst.

Nach Lage der Dinge haben offenbar häufig seine engsten Vertrauten für Bettgespielinnen gesorgt. Neben Schwager Peter Lawford trugen vor allem seine Freunde aus der »irischen Mafia«, Dave Powers und Kenny O'Donnell, zu seinem Entertainment bei. Die Anwesenheit von Frauen wurde bei Reisen des Präsidenten im Voraus organisiert; bei seiner Ankunft war sichergestellt, dass er in der Suite des jeweiligen Hotels nicht allein war. Die Damen (sie kamen nicht selten zu zweit oder zu dritt; *ménage à trois* war einer der dem ansonsten nicht sehr fremdsprachengewandten Präsidenten geläufigsten frankophonen Formulierungen) wurden häufig als Starlets bezeichnet, was sie gelegentlich auch waren: junge Schauspielerinnen, die von der großen Hollywoodkarriere träumten. Die eine oder andere war immerhin schon so bekannt, dass die Secret Service-Agenten ihren Namen kannten – bei anderen wurde nicht gefragt.

»Sekretärin« war eine weitere offizielle Bezeichnung, die ein breites Spektrum beruflichen Hintergrundes umfasste: Stenografie-Kenntnisse waren nicht unbedingt erforderlich. Unter dieser Rubrik rangierten auch die hochklassigen Callgirls, die verschiedentlich engagiert wurden. Geld war nicht nur bei diesen im Spiel, auch andere Frauen bekamen (wenn man davon ausging, dass Kennedys Charme allein nicht überzeugen konnte) ein Bündel Dollarnoten zugesteckt – für ihren Service und vor allem für ihr Schweigen.

Um dieses zu sichern, gehörten auch Drohungen zum Repertoire. Vor allem den aufstrebenden Leinwandgrößen wurde mehr oder weniger diskret deutlich gemacht, dass die Verbindungen der Familie Kennedy jede Karriere im Keim ersticken könnten. Dieser Mechanismus scheint funktioniert zu haben, denn zu Kennedys Lebzeiten wurde kaum etwas vom Schattendasein des Präsidenten bekannt und bis heute hat sich nur ein erstaunlich kleiner Teil aller beteiligten Frauen öffentlich geäußert. Wohl auch deshalb, weil in der amerikanischen Gesellschaft der frühen 1960er Jahre, vor dem Erblühen des oft tendenziell männer- und (hetero-)sexualitätsfeindlichen amerikanischen Feminismus, bei zahlreichen Frauen gegenüber reichen und mächtigen Männern eine Attitüde vorherrschte, die im heutigen Klima der sexuell-politischen Korrektheit mit jener Verachtung und herablassenden Belehrung bedacht würde, wie dies bei vielen Rezensionen der Alford-Memoiren der Fall ist.

In New York war das Carlyle Hotel Kennedys bevorzugte Adresse – nicht zuletzt, da der Präsident hier durch einen unterirdischen Gang unbemerkt zu naheliegenden Appartements gelangen konnte, in denen er Entspannung fand, ohne dass die in der Hotel-Lobby versammelten Reporter etwas bemerkten. Auch im Weißen Haus musste Kennedy seinen Kopfschmerzen vorbeugen: Der Swimmingpool des Amtssitzes war für gewöhnlich um die Mittagszeit Schauplatz solch prophylaktischer Sitzungen, wenn Jackie Kennedy nicht zu Hause war. Grundsätzlich wurde nackt geschwommen, und enge Freunde wie O'Donnell und Powers waren häufig mit von der Partie – auch sie bekamen gelegentlich etwas vom Vergnügen ab, so wie einst in Camelot die getreuen Ritter der Tafelrunde goutieren durften, was der König übrig ließ. In Kennedys engem Zirkel war das Sexualleben des Präsidenten ein Geheimnis, das alle zu einer in der Tat an King Arthur, Sir Lancelot und die übrigen Recken erinnernden verschworenen Gemeinschaft machte.

Kennedys Biograf Richard Reeves bringt es auf den Punkt: »Die Freunde und die engsten Assistenten – ein paar von ihnen entsetzt über das ganze Treiben – taten, als würde es nicht geschehen oder als sei es das Hobby ihres Chefs. Denn immerhin: Es nahm weniger Zeit in Anspruch als Tennis, und die Partner waren oft leichter aufzutreiben. Für manche war es wie ein Ritterschlag, das aufregende Gefühl, in den privaten Kennedy-Kreis aufgenommen zu sein. Die Frauen, die Sekretärinnen, die Stars und die Ehefrauen von Freunden, waren Ausdruck eines aggressiven Privilegs. Auf der Hut zu sein und dann alle Spuren zu beseitigen war Teil des Spiels. Es waren diese Geheimnisse, die Männer aneinander schweißten.« Und ein junger Sekretär beschrieb den Präsidenten fast ehrfurchtsvoll: »Er ist wie ein Gott, fickt jede, die er will und wann immer ihm danach ist.«

Kennedys Sexualleben war – wenn wir davon ausgehen, dass die posthumen Enthüllungen über ihn zumindest zum großen Teil stimmen und keine Fantasiegebilde sind, wofür die Zahl der Zeugen zu groß erscheint – höchst ichbezogen und von dem in der Kennedy-Familie spürbaren *sense of entitlement* geprägt, dem von Selbstzweifel freien Bewusstsein – wobei einem Dinge zustehen, die für andere tabu sind. Von einem tieferen menschlichen Interesse an seinen Partnerinnen oder zumindest an deren sexueller Erfüllung wird nicht berichtet. Wenn das berühmte Zitat denn authentisch ist, hat es die Schauspielerin Angie Dickinson darauf anspielend wohl auf den Punkt gebracht, als sie von ihrer Liaison mit John F. Kennedy ironisch als den auf-

regendsten sieben Minuten (nach anderer Überlieferung: zwanzig Sekunden) ihres Lebens sprach.

60. Was wusste Jackie von den Affären ihres Mannes?

Jacqueline Kennedy lernte schon früh in ihrer Ehe, dass sie von
ihrem Mann keine Treue im herkömmlichen, bürgerlichen Sinn
erwarten konnte. Ein Blick auf die Ehe ihrer Schwiegereltern
dürfte ihr offenbart haben, welches Verständnis vom Leben und
den vermeintlichen Vorrechten eines Mannes – vor allem eines
reichen Mannes – John sich bei seinem Vater abgeschaut haben
dürfte. Sie hat sich wohl keine Illusionen gemacht, dass die
Belastungen des Präsidentenamtes Jacks Interesse an anderen
Frauen völlig zum Erliegen bringen würden. Wie »aktiv« er dennoch auch nach seinem Amtsantritt (nach einigen Berichten
bereits in der Nacht der Vereidigung und der Inaugurationsbälle)
blieb, dürfte eine bittere Überraschung für sie gewesen sein. Sie
wusste manches, wenn bei Weitem nicht alles – und wollte es
auch nicht wissen. Jack brachte seiner Frau bei seinen Eskapaden zumindest insoweit ein Rudiment von Respekt entgegen
(wenn dieser Begriff angesichts seiner Lebensführung nicht völlig fehl am Platze ist), indem er seine Neigungen möglichst dann
auslebte, wenn er auf Reisen oder Jackie nicht im Weißen Haus
war. Sie umgekehrt spielte das Spiel mit und kündigte ihre Rückkehr in den Amtssitz von ihren Ausflügen zu ihrem Refugium
Glen Ora in Virginia meist rechtzeitig an. Gelegentlich ging es
auch schief. Einmal kam die First Lady unerwartet zurück, als
sich der Präsident noch im Swimmingpool vergnügte. Die
diensthabende Secret Service-Agent verwehrte ihr (mit möglicherweise zutiefst gespaltenen Loyalitätsgefühlen) den Zugang,
während der Präsident den Pool fluchtartig verließ. Jackie soll

die Fußspuren gesehen haben, die größeren des Präsidenten und daneben deutlich kleinere.

Dass es sie schmerzte, bezweifelten Beobachter nicht. Gelegentlich brach sich die Bitterkeit Bahn wie beim Besuch eines französischen Journalisten, den sie durchs Weiße Haus führte, auf zwei vermeintliche Sekretärinnen (genannt Fiddle und Faddle) zeigte und (auf Französisch) erklärte, dass die beiden mit ihrem Mann schliefen. Einmal entdeckte sie Damenunterwäsche in den Privatgemächern des Weißen Hauses, hielt sie mit spitzen Fingern empor und fragte im Beisein ihres Mannes und von Zeugen, ob jemand wisse, wem diese gehöre – es sei nicht ihre Größe. Es gibt wenig Zweifel daran, dass sie durch das Verhalten ihres Mannes zutiefst verletzt war, aber auch dass sie John nichtsdestotrotz liebte – und er sie, auf seine sehr eigenartige Weise, ebenso.

61. Wie reagierte Jackie auf die Eskapaden?

Es gibt keine Hinweise darauf, dass die First Lady sich bei ihrem Mann mit eigenen außerehelichen Beziehungen revanchierte. Sie ging mit einigen Bekannten aus wie mit Adlai Stevenson und Verteidigungsminister Robert McNamara, dessen kühlen Intellekt – darin Jack nicht unähnlich – sie bewunderte. Sie sprach ihm immerhin »sex appeal« zu, und Schwager Bobby wunderte sich über den als trockenen Intellektuellen verschrienen Kabinettskollegen: »Warum nennt ihn jeder ›den Computer‹ – und dann wollen alle meine Schwestern beim Dinner neben ihm sitzen?« Doch mehr als ein Abendessen und ein Theaterbesuch mit – wenn überhaupt – zaghaftem Flirten fand nicht statt.

Die First Lady widmete sich neben ihren kulturellen Anliegen vor allem der Erziehung ihrer beiden Kinder, die sie weitgehend vom Medienrummel fernzuhalten suchte, was freilich nicht grundsätzlich galt, da sowohl sie als auch ihr Mann durchaus daran interessiert waren, dass Bilder dieser amerikanischen Erfolgsfamilie die US-Bürger / Wähler erreichten. Der positive Einfluss, den sie auf ihre Kinder hatte, trat sehr viel später zutage: Sowohl Caroline (seit 1986 mit dem Designer Edwin Schlossberg verheiratet) als auch John F. Kennedy junior, der 1999 bei einem Flugzeugabsturz ums Leben kam, wuchsen zu Persönlichkeiten heran, die fast jeder, der ihre Bekanntschaft machen durfte, einfach bewundern musste. Anders als bei manchen ihrer Cousins und Cousinen waren Jackies Kinder frei von typisch kennedyesken Attitüden – sprich: von der DNA von Old Joe.

Wenn Jackie Kennedy eine Schwäche während ihrer rund tausend Tage im Weißen Haus erkennen ließ, so war es ihre Neigung zu Luxus und ein etwas fahrlässiger Umgang mit Geld, vornehmlich Kennedy-Geld. In den beiden ersten Amtsjahren ihres Mannes soll sie mehr als jene 100 000 Dollar, vor allem für Kleidung, ausgegeben haben, die John als Präsident verdiente. Es ärgerte ihn maßlos – was die Vermutung aufkommen lässt, dass ihre Einkaufsfahrten durch New Yorker und Pariser Haute Couture-Adressen eine subtile Form der Rache waren.

Biografen der First Lady tun ihr sicher kein Unrecht, wenn sie feststellen, dass sie reiche Männer zu kultivieren verstand. Sie hatte ein exzellentes Verhältnis zu Joe Kennedy, dem Hüter des Familienvermögens (während sie von Rose wenig hielt und zu den Schwestern ihres Mannes eine kühle Distanz pflegte). Und sie erneuerte bei einer Europareise im Herbst 1963, nach dem Tod des kleinen Patrick, die Freundschaft mit dem ihr von früher bekannten griechischen Großreeder Aristoteles Onassis (1906–1975), der zu jener Zeit eine Affäre mit ihrer Schwester

Lee hatte. »Ari« war der Mann, den sie fünf Jahre später heiraten sollte – lange nach Jacks Tod.

62. Gefährdete JFK sich selbst und sein Land durch sein ausschweifendes Privatleben?

Die tausend Tage der Präsidentschaft John F. Kennedys waren eine Ära, in welcher der Kalte Krieg in eine heißere Phase geriet als zu jeder anderen Zeit, vielleicht mit Ausnahme der frühen 1980er Jahre, als die Sowjetführung zunehmend gerontokratisch wurde und Chruschtschows Nachfolger Juri Andropow (1914–1984) sich im November 1983 einem nuklearen Erstschlag durch die NATO nahe wähnte. Die Sowjetunion erschien Kennedy und seinen Zeitgenossen als ein hochgerüsteter, zu jeder Aggression bereiter Rivale, das kommunistische China strebte erkennbar nach Atomwaffen, und eine hochmilitarisierte Bastion des Kommunismus lag quasi vor Amerikas Haustür: Kuba. Die CIA bemühte sich, Diktator Fidel Castro aus dem Weg zu räumen; dass dieser Ähnliches mit der amerikanischen Führung versuchen würde, konnte als halbwegs realistisch gelten.

Nach allgemeiner Einschätzung – die von Literaten wie Ian Fleming und Graham Greene sowie von Regisseuren wie Alfred Hitchcock (mit seinem Film *Topaz*) weiter geschürt wurde – wimmelte es überall, vornehmlich natürlich in Berlin und Wien, aber auch in Paris und Washington und Miami nur so von Spionen. Und auch eine innere Front gab es: Das organisierte Verbrechen zwischen Las Vegas und Atlantic City schlief nicht – Robert und John wussten dies aus ihrer Zeit in dem dafür zuständigen Senatsausschuss, Vater Joe durch seine geschäftlichen Kontakte. Die frühen 1960er Jahre waren spannend – und gefährlich.

Vor diesem Hintergrund konnte auch ein eingefleischter Anhänger John F. Kennedys das Privatleben des Präsidenten nur als zutiefst unverantwortlich einstufen. Als Oberkommandierender der amerikanischen Streitkräfte ruht die Befehlsgewalt des amerikanischen Präsidenten nicht. Im Zeitalter nuklear bestückter Langstreckenraketen betrug (und beträgt) die Reaktionszeit der Weltmacht USA und die anderer Atommächte nur wenige Minuten. Der Präsident muss immer erreichbar und immer handlungsbereit sein. Kennedy missachtete diese Notwendigkeit. Selbst seine engsten Berater wussten mitunter nicht, wo sich der Präsident gerade befand. Und auch der Offizier, der sich mit seinem berühmten, ans Handgelenk geketteten Diplomatenkoffer mit den Codes zur Aktivierung der amerikanischen Nuklearstreitmacht stets in der Nähe des Commander-in-chief aufhält, war verschiedentlich nicht darüber im Bilde, wo dieser war.

Wenig Gedanken schien Kennedy auch an seine Erpressbarkeit verschwendet zu haben. Fotos von ihm in kompromittierenden Situationen hätte jede halbwegs talentierte und attraktive KGB-, Mossad- oder Castro-Agentin beim Sexspiel mit einer Minox aufnehmen können – und natürlich auch jede geschäftstüchtige Edelprostituierte mit der Telefonnummer der Prawda oder eines britischen Boulevardblattes im Notizbuch. In der Tat manövrierte sich Kennedy mit seinen Eskapaden in eine Situation, in der er erpresst oder zumindest unter Druck gesetzt wurde – nicht aus Moskau, sondern von einer wohlbekannten Adresse in Washington …! Nicht nur eine Minikamera hätte in die, von Bodyguards oft nicht kontrollierte, Handtasche einer Dame gepasst, die zu mehr als käuflichem Sex die Hotelsuite des Präsidenten aufsuchen wollte. Auch für eine Spritze mit Gift oder eine kleinkalibrige Waffe wäre Platz gewesen.

Zwei von Kennedys Beziehungen waren regelrechter politischer Sprengstoff. Es war der Entertainer Frank Sinatra, der Kennedy im Februar 1960, als JFK am Anfang seines Vorwahlkampfes stand, die 25 Jahre alte Judith Campbell (1934–1999) vorstellte, eine Schönheit, die – wenn man ihren später verfassten Memoiren glauben darf – ihre kurze Beziehung mit Sinatra beendete, als dieser von ihr verlangte, mit ihm und einer anderen Frau das Bett zu teilen. Wie Kennedy kam auch Campbell aus einer kinderreichen katholischen Familie. Der Kandidat und die mit natürlichem Charme ausgestattete junge Frau verstanden sich auf Anhieb gut; Kennedy entwickelte an ihr ein Interesse, das über das rein Sexuelle hinauszugehen schien. In der Nacht von Kennedys Vorwahlerfolg in New Hampshire, am 7. März, verbrachten sie erstmals eine Nacht miteinander; nach seiner Wahl besuchte Judith den Präsidenten mehrfach im Weißen Haus, wenn Jackie nicht zugegen war.

Zu Campbells Pech stellte Sinatra sie am Rande eines Auftritts in Miami Beach noch jemand anderem vor: dem Mafioso Sam Giancana. Sie wurde auch seine Geliebte. Einige Journalisten wie Seymour Hersh behaupten, dass Judith, die später den Familiennamen Exner angenommen hat, als Kurier zwischen den Präsidenten und dem Verbrecher fungierte. Sie stritt dies zunächst ab und erklärte, ihre Beziehung zu Kennedy sei rein privater Natur, später widerrief sie diese Version und bezeichnete sich in der Tat als Bindeglied zwischen dem *Oval Office* und der Mafia – es waren Giancana und Kollegen, daran sei erinnert, mit deren Hilfe die CIA damals Castro umzubringen suchte. Bei der Bekanntschaft mit zwei so prominenten Männern blieb es nicht aus, dass das FBI auf Judith Campbell aufmerksam wurde.

John F. Kennedy erkannte (endlich) die Gefahr, in die er sich selbst gebracht hatte, als ihm J. Edgar Hoover ein Dossier mit dem Titel »Judith E. Campbell, Gefährtin von Ganoven« vorlegte. Der Präsident brach die Beziehung zu ihr ab. Die ganze Geschichte kam 1975 im Rahmen der Untersuchungen des Senatskomitees unter der Leitung von Frank Church (1924–1984) ans Licht, welches die Aktivitäten von CIA und FBI primär im Zusammenhang mit der Watergate-Affäre untersuchte.

Giancana konnte der Vorladung der Senatoren zur Aussage nicht nachkommen, da er einige Tage zuvor, am heimischen Herd in Oak Park bei Chicago beim Kochen einer Abendmahlzeit, gemäß den Sitten seines Gewerbes mit sieben Kopfschüssen zum ewigen Schweigen gebracht worden war. Judith Campbell Exner starb 1999 an Brustkrebs.

Auch eine der letzten Affären des Präsidenten – aufgrund nicht eindeutiger Quellenlage mit einem Rest von Skepsis zu betrachten – fällt unter die Rubrik »Sicherheitsrisiko«. Die Dame hieß Ellen Rometsch und lebte in Washington, weil ihr Mann, ein Unteroffizier der Bundeswehr, an der dortigen deutschen Militärmission arbeitete. Nach Hershs Recherchen war sie eine Top-Prostituierte, die in einem Club anzutreffen war, der von Politikern besucht wurde. Die deutsche Herkunft an sich wäre kein Problem gewesen, doch das FBI und zwangsläufig auch Justizminister Robert Kennedy blickten etwas näher auf die Landkarte und dann auch in die Biografie der 27-jährigen. Sie stammte aus der DDR, war erst vor wenigen Jahren in den Westen gekommen und vorher Mitglied einer kommunistischen Jugendorganisation gewesen. Damit lag fast zwangsläufig der Verdacht nahe, dass sie eine Agentin des Ostblocks sein musste – ähnlich wie knapp ein Vierteljahrhundert zuvor Inga Arvad zur Nazispionin abgestempelt worden war.

In Washington war man im Frühjahr und Sommer 1963 durch den Blick über den Atlantik hochgradig sensibilisiert: In Groß-

britannien dominierte die Affäre um das Callgirl Christine Kee-
ler die Berichterstattung in den Medien, die mit ihren Diens-
ten sowohl den Kriegsminister Ihrer Majestät, John Profumo
(1915–2006), als auch den sowjetischen Marineattaché (und
KGB-Mann) in London beglückt hatte. Die Affäre führte zum
Sturz von Premierminister Macmillan. So weit wollte man es in
Washington nicht kommen lassen. Ellen Rometsch wurde am
21. August 1963 ohne Umstände nach Deutschland abgescho-
ben; ihr Mann folgte ein paar Tage später, er war Knall auf Fall
»versetzt« worden. Die Ehe wurde bereits im darauf folgenden
Monat wegen Ellens außerehelichen Beziehungen geschieden.

63. Wem spielte Kennedy mit seinen Affären in die Hände?

Wenn es eine Konstante in John F. Kennedys Leben gab, auf die
er gern verzichtet hätte, war dies FBI-Direktor J. Edgar Hoover.
Seit seinen Tagen als junger Marineleutnant erfreute JFK sich
Hoovers Aufmerksamkeit, und dessen Akte über Kennedy
wurde mit jeder Affäre, die an sein Ohr gelangte, dicker. Robert
Kennedy war nominell der Vorgesetzte Hoovers, doch dieser
ließ den Justizminister regelmäßig an der Munition schnup-
pern, die er gesammelt hatte – für den unwahrscheinlichen Fall,
dass man seine letzten Endes fast ein halbes Jahrhundert wäh-
rende Herrschaft über das FBI zu beenden versuchte. Es war
Bobby, dem Hoover am 3. Juli 1963 von der Beziehung des Präsidenten zu Ellen Rometsch berichtete. Der Bruder des Präsidenten schickte eigens einen alten Mitarbeiter, LaVern Duffy, um
die Deutsche auf dem Flug in ihre Heimat zu begleiten und
wahrscheinlich auch mit einigen Zahlungen ihre Verschwiegen-
heit sicherzustellen. Ende Oktober tauchte im *Des Moines Regis-*

ter (eine Zeitung aus Iowa) ein Bericht auf, der den Namen Rometsch einer breiten Öffentlichkeit bekannt machte. John F. Kennedy soll äußerst aufgeregt gewesen sein, als im Senat Stimmen nach einer Untersuchung laut wurden – der Zeitungsbericht hatte angedeutet, das »Party Girl« (so die feine Umschreibung) habe mit hochrangigen Regierungsmitgliedern ein Verhältnis gehabt. Robert und John waren geradezu auf Hoovers oft nicht ganz saubere Dienste angewiesen. Der Direktor traf sich mit führenden Senatoren und ließ durchblicken, dass er reichlich belastendes Material über Mitglieder des – Oberhauses des amerikanischen Parlamentes hätte – Material über sexuelle Aktivitäten und Vorlieben. Der Untersuchungsausschuss trat nie zusammen. Die Kennedys, die allzu gern ihre Überlegenheit zur Schau stellten, waren gegenüber dem FBI-Direktor in ein für sie – vor allem für Robert – demütigendes Abhängigkeitsverhältnis geraten. Vizepräsident Lyndon B. Johnson soll es auf zünftige texanische Art ausgedrückt haben: »Hoover hat Jack Kennedy bei den Eiern.« Weder John F. Kennedy noch ein anderer Präsident – übrigens auch Johnson nicht – würde Hoover je feuern. Der Direktor war mit seinen 77 Jahren immer noch im Amt, als ihn im Mai 1972 ein tödlicher Herzinfarkt ereilte.

64. Gab es Anzeichen einer Geschlechtskrankheit bei JFK?

John F. Kennedy hat seit seinen sexuell aktiven Teenagerjahren an einer oder mehreren sexuell übertragbaren Krankheiten gelitten. Nach heutigem medizinischem Kenntnisstand erscheint eine Chlamydieninfektion und eine aus dieser resultierenden nicht-gonorrhoische Urethritis (eine nicht durch Gonokokken, die Auslöser des Trippers, verursachte Harnröhrenentzündung) und Prostatitis (eine Entzündung der Prostata) wahrscheinlich. Er wurde in seinem Erwachsenenleben verschiedentlich von Schmerzen beim Wasserlassen geplagt, eine Symptomatik, die auf das damals noch neue Penicillin gut ansprach. Angesichts von Kennedys stetig wechselnden Sexualkontakten ist die Wahrscheinlichkeit einer Re-Infektion groß – wie auch die Chance, dass Kennedy seine Partnerinnen und auch seine Frau infizierte. Es stimmt nachdenklich, dass von Jackies fünf Schwangerschaften drei mit dem frühen Tod der Leibesfrucht endeten.

65. Welche Beziehung hatte der Präsident zu Frank Sinatra?

Frank Sinatra (1915–1998) stammte aus einfachen Verhältnissen in Hoboken, New Jersey, und hatte es in einem rasanten Aufstieg bis an die Spitze der amerikanischen Unterhaltungsindustrie geschafft. Eine Freundschaft mit dem Präsidenten der Vereinigten Staaten und der Zugang zum Weißen Haus – vielleicht gar als halboffizieller Entertainer der politischen Klasse und der Nation – hätten für ihn die Krönung seiner Ambitionen bedeutet.

»The Voice« hatte schon ersten Kontakt zu den Kennedys aufgenommen, als der Senator von Massachusetts bereits als nächster Präsidentschaftskandidat seiner Partei gehandelt wurde. Die Verbindung wurde über einen Künstler leicht geringeren Ranges in Kennedys eigener Familie hergestellt: seinem Schwager Peter Lawford (1923–1984), in England geboren, Schauspieler und Gatte von Kennedys Schwester Patricia (1924–2006). Sinatra erlaubte Lawford Zugang zu seinem engeren Umfeld, einem der berühmtesten – oder berüchtigtsten – des amerikanischen Showbusiness: dem »Rat Pack«. So bezeichnete man wenig schmeichelhaft eine Gruppe von Entertainern, bei denen sich unbestreitbares Können mit einem legendär rauen Privatleben verbanden, für die glanzvolle Auftritte im Scheinwerferlicht von Las Vegas und vor den Kameras der großen Studios mit anschließenden Gelagen und unzähligen Affären (bei zahlreichen gescheiterten Ehen) abwechselten. Der harte Kern dieser Machos nach dem medialen Geschmack der 1950er Jahre waren Sinatra, sein Kumpan Dean Martin (1917–1995), mit bürgerlichem Namen Dino Paul Crocetti, ebenfalls italienischer Abstammung, sowie der hochbegabte schwarze Showstar Sammy Davis jr. (1925–1990). Zu diesem illustren Kreis stieß Peter Lawford – solange er als Netzwerker und Kontaktmann zu John F. Kennedy nützlich schien. Lawford dürfte sich seiner Position nicht nur im Rat Pack, sondern auch innerhalb des Kennedy-Clans bewusst gewesen sein: Man duldete ihn als eine Art Hofnarr, und er war nicht gerade selten für die Unterhaltung des Präsidenten zuständig, der jeder Langweile entgehen wollte. Im Klartext hieß dies meist: Lawford war für die Frauenbeschaffung ›autorisiert‹.

Sinatra und sein Rat Pack ließen sich für die PR Kennedys einspannen: Sie sangen auf dem Parteitag der Demokraten 1960, auf dem Kennedy nominiert wurde, die Nationalhymne, und Sinatra textete seinen Hit »High Hopes« in eine speziell für den Wahlkampf geeignete Version um. Kennedy und der Mann mit der unvergesslichen Stimme waren sich einige Male begegnet, verstanden sich gut und hatten gemeinsam eine Menge Spaß. Das FBI berichtete in einem Dossier über einen Besuch John F. Kennedys bei Sinatra in Las Vergas zu Beginn seines Wahlkampfes im Februar 1960, als »Showgirls aus der ganzen Stadt in der Suite des Senators ein- und ausgingen«.

Die endgültige Besiegelung der Freundschaft sollte nach Sinatras Planung ein Besuch Kennedys für einen Wochenendurlaub im März 1962 auf dem Anwesen des Entertainers in Palm

Springs sein – ohne die First Lady, versteht sich: Jackie konnte Sinatra nicht ausstehen. Sinatra kaufte angrenzendes Land, ließ Unterkünfte für den Secret Service und einen Hubschrauberlandeplatz errichten; eine goldene Plakette mit der Aufschrift *John F. Kennedy Slept Here* war bereits geprägt.

Doch dann wurde sein Plan durchkreuzt: FBI-Direktor J. Edgar Hoover legte Robert Kennedy Teile der umfangreichen Sinatra-Akte vor – ja, auch der Entertainer erfreute sich Hoovers besonderer Aufmerksamkeit seit den 1940er Jahren. Robert war entsetzt: Sinatra hatte enge Kontakte zum organisierten Verbrechen. Mit Lucky Luciano (1897–1962) hatte er in Havanna fröhlich gefeiert, bevor Fidel Castro den Casinos und Bordellen in Kuba Hauptstadt den Garaus machte, auf Sinatras Anwesen in Palm Springs ging Mafiaboss Sam Giancana ein und aus – eine jener Figuren, die Bobby Kennedys Justizministerium im Visier hatte. Giancana brachte gelegentlich seine Freundin Judith Campbell mit – auch sie spielte eine Rolle in den weniger an das edle Rittertum von Camelot erinnernden Seiten der Biografie von John F. Kennedy.

Sowohl Robert als auch John F. Kennedy erkannten sofort, welche Gefahr von einer öffentlich bekannten Verbindung mit Sinatra ausging, nicht zuletzt weil über Sinatras Verbindungen zur Mafia und zum organisierten Verbrechen immer lauter gemunkelt wurde. Die Beziehung zu Frank Sinatra wurde umgehend abgebrochen. Die wenig schöne Kunde musste natürlich Peter Lawford überbringen. Dass Kennedy dennoch an diesem Wochenende nach Palm Springs kam, aber im Haus des Entertainers Bing Crosby (1903–1977) – einem Republikaner – wohnte, gab Sinatra den Rest und ärgerte ihn weit mehr als die Tatsache, dass der Präsident dort sexuelle Beziehungen zu einer mutmaßlichen Ex-Geliebten Sinatras hatte, zu Marilyn Monroe.

Frankie Boy kündigte Lawford die Freundschaft auf, riss sämtliche Bilder Kennedys von den Wänden und zertrümmerte mit einem Vorschlaghammer den Landeplatz, auf dem der Präsidentenhubschrauber Marine Corps One nie landen würde.

66. Wie war Kennedys Verhältnis zu Marilyn Monroe?

Es ist eine der berühmtesten Szenen aus der Präsidentschaft John F. Kennedys: flimmernde Schwarzweißbilder, die zur Ikonographie des 20. Jahrhunderts gehören. Im mit mehr als zehntausend Menschen besetzten Madison Square Garden von New York geht, von grellem Scheinwerferlicht verfolgt, mit vorsichtig tippelnden Schritten die wohl berühmteste Frau der Epoche auf die Bühne und stellt sich hinter das Rednerpult. Doch Marilyn Monroe wird keine Rede halten, sondern ein kleines Lied singen, das ob seiner Präsentation weiten Teilen des Publikums den Atem raubt. Das Haar der Schauspielerin ist platinblond, der Gang ein wenig unsicher (sie soll vorher wieder einmal ein wenig geistige Stärkung zu sich genommen haben), doch der wahre Blickfang ist ihr Kleid. Mit Tausenden glitzernder Pailletten besetzt, scheint die Diva in diesen Hauch von Couture hineingenäht worden zu sein. Es betont ihre Figur auf das Vorteilhafteste, und in mehr als nur einem Beobachter steigt der Verdacht auf, dass Marilyn zumindest an diesem Abend, vielleicht gar grundsätzlich nichts für Unterwäsche übrig hat.

Die Darbietung ihres mit gehauchter Stimme vorgetragenen »Happy Birthday, Mr. President« empfinden manche Zuschauer als nett, andere als ein wenig peinlich. Der Adressat des Ständchens indes zeigt keinerlei übertriebene Gefühlsregung angesichts der geballten Portion Erotik auf der Bühne und bedankt sich artig. Nachdem ihm so nett Happy Birthday gesunden worden sei, könne er sich ja eigentlich aus der Politik zurückziehen, bemerkt John F. Kennedy nüchtern. Eine erkennbare Wirkung scheint Marilyn nicht auf ihn ausgeübt zu haben. Es ist der Abend des 19. Mai 1962, und im Madison Square Garden wird mit einer Fundraising-Veranstaltung der 46. Geburtstag des Präsidenten (der tatsächlich erst zehn Tage später ist) gefeiert. Eine Person fehlt in New York: Die First Lady ist nicht mitgereist. Jackie Kennedy hat sich den Auftritt der »Sexbombe« aus Hollywood und deren allzu offensichtliche Verehrung ihres Mannes ersparen wollen.

Dass der Präsident und der Filmstar eine Affäre miteinander hatten, wird heute kaum mehr angezweifelt, wenngleich – wie bei allen inzwischen common knowledge gewordenen Frauengeschichten Kennedys – die Details erst nach seinem Tod an die Öffentlichkeit kamen und nicht immer aus den zuverlässigsten Quellen stammen. Dennoch: Es war sicher mehr als nur ein Gerücht. Kennedy hatte Marilyn in den 1950er Jahren kennengelernt. Während des Parteitages der Demokraten 1960 in Los Angeles – also unweit von Marilyns Arbeitsplatz – soll man sich wieder begegnet sein und zumindest heftig miteinander geflirtet haben. Angeblich waren Kennedys Berater besorgt, dass Bilder der beiden Turtelnden in die Öffentlichkeit gelangten, und Schwester Pat Lawford soll die Diva beiseite gezogen und davor gewarnt haben, mit ihrem Bruder auf dem Höhepunkt seiner bisherigen politischen Karriere ein sexuelles Verhältnis einzugehen.

Dazu ist es dann – erstmals oder als Encore – offenbar bei der bereits erwähnten Party auf Bing Crosbys Anwesen in Palm Springs im März 1962 gekommen. Die Eroberung des absoluten Sexsymbols der Epoche dürfte für Kennedy ein überaus beglückendes Erlebnis gewesen sein – mehr aber auch nicht. Denn

Kennedy merkte, dass Marilyn – eine im Kontrast zu ihrem öffentlichen Image als blondes Dummchen durchaus intelligente und belesene Frau – psychisch alles andere als stabil war. Hinter der Schauspielerin lagen drei gescheiterte Ehen, unzählige ebenfalls unglückliche Affären und eine von Missbrauch überschattete Jugend. Und die Gegenwart hinter der glamourösen Fassade war noch bedrückender: Unsicherheit und Einsamkeit auf dem Gipfel des im Showgeschäfts oft allzu vergänglichen Ruhmes, das Bewusstsein, dass mit fast 36 Jahren die Zeit als Sexsymbol ein Ende haben würde – und die zunehmende Flucht in Tabletten und Alkohol.

Glaubt man Zeugen, die nach Marilyns und Kennedys Tod befragt wurden, begann sie zu fantasieren, glaubte sich in einer so engen Bindung zu dem Präsidenten, dass dieser sich von Jackie scheiden lassen und sie, Marilyn, als neue First Lady ins Weiße Haus führen würde. Kennedy dürfte geahnt haben, dass der weitere Umgang mit Marilyn ein Spiel mit dem Feuer gewesen wäre.

Am 5. August 1962, weniger als drei Monate nach ihrem so erinnerungswürdigen Geburtstagsständchen, wurde Marilyn Monroe tot in ihrem Haus in Los Angeles aufgefunden. Wie der des Präsidenten fünfzehn Monate später ist auch der Tode der Schauspielerin bis zum heutigen Tag Quelle zahlreicher Spekulationen für Anhänger von Verschwörungstheorien. Die Kennedys oder die Mafia seien an ihrem Tod beteiligt gewesen, und Robert Kennedy sei noch vor der Polizei in ihrem Haus eingetroffen, um angeblich belastendes Material beiseite zu schaffen. Bobby selbst soll eine Affäre mit Marilyn gehabt haben – ausgerechnet Peter Lawford setzte dieses Gerücht in die Welt, nachdem seine Ehe mit Pat gescheitert und er auf die Kennedys nicht mehr gut zu sprechen war. Nichts von all dem ist bewiesen. Der frühe Tod machte Marilyn zu einem Mythos – wie bald auch John, wie bald auch Robert Kennedy.

67. Was wussten die Amerikaner von Kennedys Gesundheitszustand?

Es war den Amerikanern wohlbekannt, dass Kennedy Rückenprobleme hatte. Nach seinem Missgeschick beim Pflanzen eines Bäumchens in Kanada waren Bilder veröffentlicht worden, die den Präsidenten an Krücken zeigen. Auch seine Vorliebe für Schaukelstühle, die seiner gequälten Wirbelsäule Entlastung brachten, war allgemein bekannt. Er litt unter heftigen Schmerzen, und die später aus seinen medizinischen Unterlagen freigegebenen Röntgenaufnahmen lassen Mitgefühl in jedem medizinisch geschulten Betrachter aufsteigen – dieser Patient muss die Hölle durchgemacht haben, und er ertrug es, solange er sich im Blickfeld der Öffentlichkeit befand, mit einer bewundernswerten Tapferkeit. Mehr noch: Er funktionierte, die Schmerzen hinderten ihn nicht an der Amtsausübung. Die Ursache der Schmerzen waren indes weder Kriegsverletzungen noch Blessuren aus jugendlichem Footballspiel, so die offizielle Version, sondern eine fortgeschrittene Osteoporose der Wirbelsäule. Diese wiederum führte zu Komplikationen bei einer wichtigen Therapie, mit der man damals erste Erfahrungen sammelte: die Einnahme von Kortison zur Behandlung des Morbus Addison. Diese Nebenniereninsuffizienz war Kennedys gesundheitliches Grundproblem. Mit dem Kortison konnte sie effektiv therapiert werden, konnten lebensbedrohliche Situationen, wie sie Kennedy mehr als zehn Jahre zuvor mehrfach erlebt hatte, vermieden werden, auch wenn die ideale Dosierung noch nicht genau zu bestimmen war – es gibt Fotos von John F. Kennedy, auf denen seine Hautfarbe wie Bronze erscheint (ein Hinweis auf einen Morbus Addison, möglicherweise auch auf eine nicht ausreichende Therapie). Auf anderen wirkt sein Gesicht aufgeschwemmt, und die Augen scheinen wie beim Morbus Basedow hervorzutreten (was wiederum auf eine zu hohe Kortisongabe schließen lässt).

Die Hormonersatztherapie hat neben den Schäden an den Knochen möglicherweise weitere Nebenwirkungen bei Kennedy gehabt: Seine extreme Libido kann durch einen aus den Fugen geratenen Hormonhaushalt mitbedingt gewesen sein.

John F. Kennedy ist bekanntlich nicht am Morbus Addison oder seiner kranken Wirbelsäule gestorben. Doch seine seit vielen Jahren schwer angeschlagene Gesundheit trug zu seinem Tod bei. Auf der Fahrt durch Dallas trug der Präsident zur Stützung seines Oberkörpers ein orthopädisches Korsett unter seinem Hemd. Als ihn an jenem 22. November 1963 die erste Kugel in den Hals traf, wäre es eine natürliche Reaktion gewesen, sich in dem offenen Lincoln in Deckung zu werfen – diese Schusswunde war nicht tödlich. Doch die Stütze verhinderte eine Beugung des Oberkörpers. Der Präsident saß die letzten Sekunden seines Lebens, als die tödliche Kugel ihren Lauf nahm, aufrecht in der Limousine.

68. War der Präsident medikamentenabhängig?

Zeitweise nahm John F. Kennedy acht verschiedene Medikamente pro Tag ein, neben Kortison vor allem Schmerzmittel und Amphetamine. Es blieb nicht bei Tabletten. Vor allem zur Linderung seiner Rückenschmerzen ließ Kennedy sich Injektionen geben – von fragwürdigem Inhalt und aus nicht unbedingt seriöser Hand. Er vertraute einem umstrittenen New Yorker

Arzt namens Max Jacobson, dem man wohl nicht ohne Grund »Dr. Feelgood« nannte. Mitglieder der Künstlerszene vertrauten sich dem in den 1930er Jahren in die USA emigrierten Deutschen an, darunter Marlene Dietrich und Truman Capote. Jacobson flog separat zu Kennedys Gipfeltreffen mit Chruschtschow nach Wien, um den Präsidenten auch dort zu betreuen; den Protokollen des Wachpersonals im Weißen Haus zufolge wurde der Doktor dort mehr als dreißig Mal während Kennedys Amtszeit vorstellig. Einige Secret Service-Agenten versuchten offenbar, den Arzt – dem einige Jahre später wegen des Missbrauchs von Amphetaminen die Zulassung entzogen wurde – vom Präsidenten fernzuhalten, da sie seinen Methoden misstrauten. Jacobson injizierte Kennedy mit sehr dünnen (hypodermischen) Nadeln eine Mixtur, zu deren Grundbestandteil Lokalanästhetika in Kombination mit unbekannten und möglicherweise psychoaktiven Wirkstoffen gehörten. Ein Mitarbeiter Bobbys im Justizministerium gelangte an eine von Jacobsons Phiolen und ließ sie im FBI-Labor untersuchen. Die Probe erwies sich als für eine Analyse nicht ausreichend. Kennedy zeigte keine klassischen Zeichen einer Suchtkrankheit, doch bezweifeln einige Biografen, ob er eine zweite Amtszeit unter dieser massiven Zufuhr von Pharmaka hätte durchstehen können. Zu Jacobsons Mixtur sagte der Präsident pragmatisch: »Es ist mir egal, ob es Pferdepisse ist – Hauptsache, es wirkt.«

IX.

DIE WELT AM ABGRUND
(1962)

69. Welche Krise beschwor beinahe einen atomaren Weltkrieg herauf?

Kennedy musste seine Aufmerksamkeit mehreren Krisenherden auf der Welt widmen, die Amerikas Außen- und Sicherheitspolitik fast permanent vor große Herausforderungen stellten: Berlin, der Nahe Osten, China, Vietnam und Laos. Doch ein Problem, quasi vor der Haustür der USA, übertraf sie alle: Kuba. Im Herbst 1962 wurde Kuba der Fokus einer Krise, die die Welt an den Rand eines Atomkrieges brachte. In ihrem Kern die inzwischen fast mythischen »13 Tage im Oktober« lang, bereiteten sich in den USA, aber auch in Europa Menschen auf das Schlimmste vor – mit letztlich hilflosen Maßnahmen wie Hamsterkäufen, der Ausschau nach dem nächsten Bunker, mit Hoffen und Bangen.

Seit Monaten schon hatten die Aufklärer der amerikanischen Marine einen intensiven sowjetischen Schiffsverkehr in Richtung Kuba bemerkt – einem Staat, der mit der Etablierung des Castro-Regimes, mit Geheimpolizei und Folter, mit der Liquidierung Oppositioneller und einer Einparteiendiktatur den Staaten des sowjetischen Machtbereiches immer ähnlicher und damit zu einem logischen Verbündeten der Sowjets im Kalten Krieg wurde. Am 14. Oktober brachten die von Aufklärungsflugzeugen des Typs U-2 gewonnenen Fotos der Region um San Christobal im Westen der Insel eindeutige Hinweise darauf, dass die Sowjets Mittelstreckenraketen und auch Nuklearsprengköpfe in dieser und in anderen Stellungen auf Kuba stationiert hatten. Darüber hinaus war eine ganze militärische Infrastruktur entstanden, vor allem meist sternförmig angelegte Stellungen von Flugabwehrraketen des Typs SAM-2, deren Zweck leicht zu erraten war: Mit ihnen sollten die Mittelstreckenraketen vor einem Angriff durch die USA geschützt werden. Und auch reichlich sowjetisches Militär (wenngleich kaum in Uniform, sondern zur Tarnung meist in ziviler Kleidung) entdeckten die Analysten des National Photographic Interpretation Center mit ihren Vergrößerungsgeräten. Die Interpretation der Fotos war in manchen Details schwierig und fehleranfällig. So gingen die USA davon aus, dass nur rund 8000 Sowjets auf Kuba stationiert waren – in Wirklichkeit standen dort bereits 42 000 Mann. Ein Angriff auf die Raketen und die anderen Militäranlagen der neuen Schutzmacht Kubas hätte unweigerlich Verluste unter den Sowjets verursacht und damit einen Weltkrieg ausgelöst.

Sowjetische Mittelstreckenraketen mit einer Reichweite von 1600 Kilometer (einige Tage darauf entdeckte man einen anderen Typ mit noch größerem Aktionsradius), nur gut 100 Kilometer von der Küste Floridas entfernt, bedeuteten eine neue Qualität der Bedrohung. Bevölkerungszentren wie New Orleans, Houston, Atlanta und auch die Hauptstadt Washington lagen im Fadenkreuz des weltpolitischen Rivalen. Mit einer Vorwarnzeit von nur 5 Minuten konnten die Sowjets einen massiven Erstschlag gegen die USA führen – wenn sie dies gewollt hätten. Nach der Logik des Kalten Krieges war die Stationierung der Raketen für die Sowjetführung um Parteichef Nikita Chruschtschow indes eher ein Schachzug, um sich geopolitische Vorteile zu verschaffen und in den Ländern der Dritten Welt Eindruck zu machen.

Für die USA waren die Raketen inakzeptabel. In den nächsten Tagen, nachdem Kennedy am 16. Oktober von seinem nationalen Sicherheitsberater McGeorge Bundy eingehend informiert worden war, wurde in dem entscheidenden Gremium der Regierung die Frage diskutiert, wie man der Bedrohung Herr werden könnte – der Schwerpunkt der Vorschläge, vor allem von den Vereinigten Stabschefs, lag auf der militärischen Option, von Luftschlägen bis hin zur Invasion Kubas mit mehr als einhunderttausend Mann. Nur vereinzelt wurden Überlegungen angestellt, unterhalb dieser Eskalationsschwelle der Bedrohung zu entgegnen. Einer solchen Option zum Durchbruch – und letztlich zum Erfolg – verholfen zu haben, ist das bleibende historische Verdienst Präsident Kennedys, der in der Kubakrise 1962 seine wohl sprichwörtlich größte Stunde hatte. Staatsmännisches Geschick und Vernunft auf beiden Seiten waren dringend geboten in jenen gut zwei Wochen, die der Historiker und Kennedy-Vertraute Arthur Schlesinger »den gefährlichsten Moment der menschlichen Geschichte« genannt hat.

70. Was bewog Russland dazu, Atomraketen auf Kuba zu stationieren und die USA zu provozieren?

Selbstverständlich wollte auch Parteichef Nikita Sergejewitsch Chruschtschow keine atomare Eskalation. Als die Krise ihrem Höhepunkt zusteuerte, suchten er und die sowjetische Führung ebenso fieberhaft einen Ausweg wie Kennedy und seine Berater. Die Stationierung der mit Nuklearsprengköpfen ausgestatteten Mittelstreckenraketen war für ihn vor allem eine Chance, das strategische Gleichgewicht – aus seiner Sicht – wiederherzustellen. Es sollte den USA, so soll er betont haben, genau so gehen wie seinem eigenen Land: In der Türkei, also in unmittelbarer Nähe zur Sowjetunion, waren amerikanische (obgleich technisch bereits veraltete) Jupiter-Raketen stationiert.

Ein weiterer Gesichtspunkt war der Schutz des neuen Verbündeten. Mit dem Kuba Fidel Castros hatten die Sowjets erstmals ein Standbein in der westlichen Hemisphäre. Die Landung in der Schweinebucht und die Kampagne der CIA gegen Castro hatten den kubanischen Diktator ebenso wie seine neuen Freunde und Gönner in Moskau davon überzeugt, dass die USA das sozialistische Experiment in der Karibik mit fast allen verfügbaren Mitteln zu beenden suchten. Eine sowjetische Militärpräsenz würde einer amerikanischen Invasion, so die Ratio im Kreml, vorbeugen.

Letztlich trug auch Chruschtschows Einschätzung seines Gegenübers dazu bei, dass der Sowjetführung die Raketenstationierung quasi in Amerikas Hinterhof nicht als unkalkulierbares Risiko erschien. Chruschtschow war beim Gipfeltreffen mit Kennedy im Juni 1961 in Wien alles andere als vom amerikanischen Präsidenten beeindruckt gewesen. Kennedy erschien dem Parteichef, der seinen politischen Aufstieg unter Stalin und während des Zweiten Weltkriegs erlebt hatte, als zu jung, unerfahren und weich. Er erwartete keinen »Showdown«, keine potenziell tödliche Konfrontation mit den Vereinigten Staaten.

71. Was entschied auf amerikanischer Seite über Krieg und Frieden?

Nachdem die Beweise für die Präsenz einer sowjetischen Erstschlagkapazität auf Kuba immer überzeugender geworden waren, bildete Präsident Kennedy ein Beratergremium, das während der nächsten Tage fast pausenlos zusammenkam und – teilweise hitzig – nach einer angemessenen Strategie suchte. Unter dem Titel *Executive Committee of the National Security Council*, abgekürzt *Ex Comm*, umfasste es neben dem Präsidenten seine wichtigsten Kabinettsmitglieder wie Verteidigungsminister Robert McNamara und Außenminister Dean Rusk, den Chef der CIA, John McCone (1902–1991), und den Vorsitzenden der *Joint Chiefs of Staff*, der Vereinigten Stabsschefs, General Maxwell Taylor (1901–1987) sowie Kennedys enge Berater McGeorge Bundy und Theodore Sorensen. Vor allem aber gehörte auch sein wichtigster Vertrauter zum Ex Comm: Justizminister Robert Kennedy. Im Ex Comm wurde über das Vorgehen entschieden, das gravierende Konsequenzen haben würde.

Die Militärs bevorzugten – nicht überraschend – einen Angriff auf die Raketenstellungen. Das wahrscheinlichste Szenario waren zunächst Luftangriffe, von denen allerdings nicht sicher war, ob sie sämtliche sowjetischen Offensivwaffen würden ausschalten können. Ob dann die Sowjetunion mit den verbliebenen Raketen einen Nuklearangriff gegen die USA starten würde, konnte nur gemutmaßt werden, galt aber als wahrscheinlich. Eine umfassende Invasion der Insel wäre als nächster Schritt fast unausweichlich gewesen. Der Gedanke an einen Überraschungsangriff hatte schon wenige Tage zuvor bei Robert Kennedy Zweifel ausgelöst, da ein solches Handeln – Robert fühlte sich an den japanischen Überfall auf Pearl Harbor im Dezember 1941 erinnert – nicht mit Amerikas Idealen und Werten in Einklang zu bringen sei: »Das ist ein Verhalten, wie man es von der Sowjetunion erwarten würde. Niemand erwartet so etwas von den Vereinigten Staaten.«

Der Präsident war Politiker genug, um den Mann auf der anderen Seite verstehen zu können: Chruschtschow in die Enge zu treiben, konnte nicht Kennedys Ziel sein – dem sowjetischen Parteichef musste ein Ausweg offen gelassen werden, den er und sein Land ohne Gesichtsverlust wählen konnten. Gleichzeitig war sich Kennedy bewusst, dass nichts gegen die Bedrohung der nationalen Sicherheit der USA zu unternehmen, einem politischen Selbstmord gleichkommen würde. Nicht nur wäre er selbst beim Streben nach einer zweiten Amtszeit 1964 chancenlos gewesen, auch seine Partei würde bei den Kongresswahlen (die zwei Wochen nach dem Höhepunkt der Kubakrise angesetzt waren) angesichts einer offenkundigen Führungsschwäche des Präsidenten eine verheerende Niederlage einstecken müssen.

So wurde eine weniger gewaltsame Alternative diskutiert und gewann erkennbar Kennedys Wohlwollen: die Idee einer Blockade – für die man im Folgenden den Begriff »Quarantäne« wählte, da Blockade nach internationalem Recht als ein kriegerischer Akt gilt. Die USA würden – nach vorheriger Ankündigung – das Recht beanspruchen, Schiffe mit Kurs auf Kuba auf hoher See anzuhalten und gegebenenfalls zur Umkehr zu zwingen, wenn auf ihnen Offensivwaffen gefunden wurden. Neben Robert Kennedy bevorzugten vor allem McNamara, Sorensen und UNO-Botschafter Adlai Stevenson (der zweifach gescheiterte demokratische Präsidentschaftskandidat von 1952 und 1956) diese weniger aggressive Lösung. Präsident Kennedy versuchte am Wochenende den Anschein von Normalität zu wahren und begab sich kurzzeitig auf eine Wahlkampfreise nach Ohio und Illinois, von der er dann indes vorzeitig, am Samstag, dem 20. Oktober, mit der Begründung zurückkehrte, er habe sich »eine Erkältung zugezogen«. Am Sonntagabend vertraute er Robert und Sorensen an: »Wir stehen sehr, sehr nah vor einem Krieg. Und im Bunker des Weißen Hauses gibt es nicht genug Platz für uns alle.« Er rief Jackie im Wochenendhaus Glen Ora an und bat sie, mit den Kindern nach Washington zurückzukommen, so dass sie etwas Zeit miteinander verbringen konnten. Wie viel ihnen (und weiten Teilen der Menschheit) davon noch blieb – dessen konnte sich der mutmaßlich mächtigste Mann der Welt nicht sicher sein, als der 22. Oktober anbrach.

72. Wie bereitete Präsident Kennedy die amerikanische Bevölkerung auf die drohende Eskalation vor?

Am Montag, dem 22. Oktober 1962, um 19 Uhr Ostküstenzeit, wandte sich der Präsident der Vereinigten Staaten in einer Fernsehansprache an die Nation – wohl kein Amerikaner, der die Rede vor einem der damals üblichen Schwarzweißgeräte verfolgte, dürfte die folgenden 17 Minuten je wieder vergessen haben. Kennedy wirkte ungewöhnlich ernst und kam gleich zur Sache:

> »Guten Abend, meine amerikanischen Mitbürger. Diese Regierung hat, wie versprochen, die sowjetische Aufrüstung auf der Insel Kuba äußerst aufmerksam verfolgt. In der letzten Woche haben sich unwiderlegbare Beweise ergeben, dass auf dieser einem Gefängnis gleichenden Insel offensive Raketenstellungen gebaut werden. Der Zweck dieser Basen kann kein anderer sein, als über eine nukleare Angriffsfähigkeit gegen die westliche Hemisphäre zu verfügen.«

Kennedy wies auf die jüngere Vergangenheit, die 1930er Jahre, hin, als er erklärte: »Aggressives Verhalten, wenn man es nicht in den Griff bekommt und Gegenmaßnahmen ergreift, führt zum Krieg.« Und er scheute sich nicht davor, den rund 100 Millionen Amerikanern vor den Bildschirmen die apokalyptischen Konsequenzen deutlich zu machen, das Undenkbare, das plötzlich Realität werden konnte:

»Es wird die Politik dieser Nation sein, jede von Kuba gegen ein Land der westlichen Hemisphäre gestartete Nuklearrakete als einen Angriff der Sowjetunion auf die Vereinigten Staaten zu betrachten, was einen vollständigen Gegenschlag gegen die Sowjetunion auslösen wird.«

Dann erklärte er den Amerikanern, wie die Quarantäne ablaufen werde: Um Kuba würde ein 500 Meilen-Radius gezogen, und amerikanische Schiffe würden Frachter anderer Nationen auf hoher See anhalten und, so sie mit Offensivwaffen beladen wären, zur Umkehr zwingen. Was passieren würde, wenn ein Sowjetfrachter der Aufforderung zum Stoppen und Beidrehen nicht nachkam, ließ sich leicht vorstellen.

Während der Präsident sprach, gingen die US-Streitkräfte vom normalen Bereitschaftsstand, DEFCON 5, auf DEFCON 3 über: Die strategischen Interkontinentalraketen der USA wurden startklar gemacht, die B 52-Bomberflotte mit Atombomben beladen, und sechzig dieser Maschinen würden zu jedem gegebenen Zeitpunkt in der Luft sein, um die Sowjetunion anzugreifen, sollten von dort oder von Kuba Raketen gestartet werden.

Die Rede hinterließ einen tiefen Eindruck bei den Amerikanern, die sich schlagartig des Ernstes der Lage bewusst wurden.

Panik kam kaum auf: Der Präsident hatte ihnen das Gefühl gegeben, er schlage einen Kurs ein, der durchaus die Chance auf eine friedliche Lösung der Krise bot. Amerikas Verbündete zeigten sich solidarisch. Frankreichs Präsident Charles de Gaulle (seit dem Zweiten Weltkrieg in seiner Eigenwilligkeit immer wieder ein Ärgernis, ein »pain in the ass«, für mehrere US-Präsidenten) soll dem Vernehmen nach zum amerikanischen Botschafter, der ihm die Luftbilder von Kuba zeigen wollte, mit einer abwinkenden Handbewegung erklärt haben, das Wort des amerikanischen Präsidenten sei ausreichend für ihn: »Sagen Sie Präsident Kennedy, dass Frankreich an der Seite der Vereinigten Staaten steht.« Und dann fügte de Gaulle das größte Kompliment für Kennedy an: »Ich hätte ganz genauso gehandelt.«

Kennedy kommunizierte indes nicht nur mit den Freunden der USA, sondern auch mit Chruschtschow. Der Meinungsaustausch war (noch vor Einrichtung des *Roten Telefons*) oft schwierig und langwierig, verdeutlichte aber beiden Seiten eindringlich, dass auch der jeweils andere nach einem Ausweg suchte.

73. Wann wurde die Lage am bedrohlichsten?

Es gab eine Reihe kritischer Situationen, nachdem am Mittwoch, dem 24. Oktober, die »Quarantäne« in Kraft getreten war. An diesem Tag gingen die US-Streitkräfte auf DEFCON-2, nur eine Stufe unterhalb eines Krieges. Im Lagezentrum des Ex Comm im Weißen Haus wurde man von der U. S. Navy auf dem Laufenden gehalten, welche Positionen die in Richtung Kuba laufenden sowjetischen Schiffe, die fast permanent von Luft aus überwacht wurden, innehatten. Doch an jenem Mittwochvormittag gab es, zum ersten Mal nach Tagen der Anspannung, unerwartet einen Moment des Durchatmens, einen Lichtblick am Horizont.

CIA-Chef McCone konnte melden: »Mr. President, mir ist gerade eine Notiz übergeben worden. Sie besagt, dass wir soeben die Information erhalten haben, wonach alle sechs sowjetischen Schiffe, die wir als gegenwärtig in kubanischen Gewässern befindlich identifiziert haben, entweder angehalten haben oder dabei sind umzukehren.« Außenminister Rusk raunte Sicherheitsberater Bundy zu: »Wir stehen Auge in Auge, und der andere Bursche hat gerade geblinzelt.«

Am nächsten Morgen war klar, dass insgesamt vierzehn sowjetische Schiffe den Kurs geändert hatten und wieder auf dem Heimweg ins Mutterland waren. Kennedy mahnte: »Ich möchte nicht, dass sich jetzt hier Euphorie breitmacht.« Der Präsident wollte nicht nur die Ankunft neuer Raketen auf Kuba verhindern, vor allem mussten die bereits dort stationierten verschwinden. Und er wusste, dass eine Einigung nicht über eine Demütigung der Sowjets zu erreichen war.

Keiner der damals Beteiligten ahnte, wie nah man dennoch am Abgrund stand – die einsame Entscheidung eines örtlichen Kommandanten, ohne Absprache mit Moskau oder Washington, konnte eine Katastrophe auslöste. Dies wäre beinahe geschehen, als Hubschrauber von Bord des Flugzeugträgers USS Essex das sowjetische U-Boot B-59 mit Signalbomben (die keinen Sprengstoff wie richtige Wasserbomben enthielten, aber unter Wasser einen vergleichbaren akustischen Effekt hatten) zum Auftauchen zwingen wollten.

Seit vielen Stunden unter Wasser, die Luft vom Dieselgeruch und den Ausdünstungen der Mannschaften kaum einzuatmen und mit Temperaturen, die sich der 40 Grad-Marke näherten, waren die Nerven an Bord des U-Bootes zum Zerreißen gespannt – auch beim Kommandanten, Kapitän Valentin Savitsky, der einen Torpedo mit einem Atomsprengkopf versehen ließ und ausrief: »Jetzt jagen wir sie zur Hölle! Wir werden sterben, aber wir werden sie alle versenken!« Zum Glück setzte sich auch beim Genossen Kapitän die Vernunft durch, wie sein Nachrichtenoffizier lakonisch notierte: »Aber wir haben den nuklearen Torpedo nicht abgefeuert – Savitsky schaffte es, seine Wut in den Griff zu bekommen.«

Am 27. Oktober schoss eine sowjetische Flugabwehrbatterie eine U-2 über Kuba ab; der Pilot, Major Rudolph Anderson, war der einzige amerikanische Soldat, der während der Kubakrise bei Kampfhandlungen ums Leben kam. Das amerikanische Militär wollte die SAM-Stellung durch einen Luftangriff zerstören, was Präsident Kennedy jedoch ablehnte.

74. Wie wurde die Kubakrise gelöst?

Am 26. und 27. Oktober gingen zwei Botschaften Chruschtschows ein, von denen die zweite die für Kennedy weniger akzeptable war, da in ihr ein Abbau der amerikanischen Jupiter-Raketen in der Türkei als Bedingung für den Rückzug der sowjetischen Raketen auf Kuba verlangt wurde. Kennedy entschloss sich, die zweite zu ignorieren, und bot dem sowjetischen Parteichef an, auf eine Invasion Kubas zu verzichten, wenn die Sowjets ihre Raketen aus Kuba abziehen würden – ein Versprechen, an das sich alle amerikanischen Präsidenten des nächsten halben Jahrhunderts gehalten haben. Unter der Hand – Bruder Robert diente als Kontaktmann sowohl zu einem als Journalisten getarnten KGB-Agenten in Washington als auch zum sowjetischen Botschafter – gab Kennedy dann zu erkennen, dass nach einer gewissen Zeit von einigen Monaten und ohne dass die Öffentlichkeit darin ein quid pro quo für den sowjetischen Rückzug sehen würde, die amerikanischen Raketen in der Türkei ebenfalls abgebaut werden würden.

Die US-Militärs waren noch skeptisch, doch die drei noch lebenden amerikanischen Ex-Präsidenten, die Kennedy telefonisch auf dem Laufenden hielt – Herbert Hoover, Harry Truman und Dwight D. Eisenhower – gratulierten ihm unisono. Über den Radiosender *Voice of America* gab dann auch der Präsident seiner Erleichterung Ausdruck und unterstrich mit einer rhetorischen Würdigung des sowjetischen Parteichefs, dass die Krise keine Sieger und Verlierer kenne: »Ich begrüße die staatsmännische Entscheidung vom Vorsitzenden Chruschtschow, den Ausbau der Basen auf Kuba zu stoppen, die Offensivwaffen abzubauen und sie wieder in die Sowjetunion zurückzubringen. Dies ist ein wichtiger und konstruktiver Beitrag zum Frieden.«

Einen Monat später waren die Raketen auf Kuba abgebaut. Die meisten Historiker und Biografen (von einigen notorischen Kennedyhassern abgesehen) halten Kennedys Handhabung der Krise für seine wahrscheinlich größte außenpolitische Leistung als Präsident. Der britische Premierminister Harold Macmillan urteilte: »Durch diese eine Tat hat er seinen Platz in der Geschichte sicher.«

75. Welche Folgen hatte die Kubakrise?

Sowohl John F. Kennedy als auch Nikita Sergejewitsch Chruschtschow hatten in den Abgrund eines nuklearen Schlagabtauschs geblickt – und waren zutiefst entsetzt. Konfliktpotenzial auf der Welt gab es mehr als genug, die ideologischen Unterschiede blieben unüberbrückbar. Und doch strebten beide Seiten erkennbar danach, das nukleare Wettrüsten zu bremsen, die

Spannungen zu entschärfen. Ein erster Schritt auf einem zaghaften Weg der Entspannung konnte ein Verbot von Nukleartests in der Atmosphäre, unter Wasser und im Weltall sein. Die Verhandlungen zwischen beiden Supermächten kamen nach der Kubakrise gut voran. Am 5. August 1963 wurde dieses »Limited Test Ban Treaty« von den Außenministern der USA, der Sowjetunion und Großbritanniens in Moskau unterzeichnet. Präsident Kennedy unterzeichnete diesen Vertrag am 10. Oktober 1963 im Weißen Haus – fast genau ein Jahr nach Beginn der Krise und sechs Wochen vor seiner Reise nach Dallas.

76. Konnte JFK einen politischen Nutzen aus der Kubakrise ziehen?

Nach dem kollektiven Durchatmen in den USA – und in weiten Teilen der Welt – konnte sich der Präsident einer durchweg positiven Einschätzung durch die Leitartikler erfreuen, die ihm ein »außerordentlich geschicktes«, »standfestes« und »vernünftiges« Krisenmanagement bescheinigten. Auf internationaler Ebene hatte Kennedy unzweifelhaft als Führungspersönlichkeit der westlichen Welt an Statur gewonnen. Vor allem in Westeuropa, das gefährlich nahe an der Zone der Konfrontation mit dem Ostblock lag, war Kennedy spätestens jetzt ein Staatsmann, dem Sympathie, wenn nicht geradezu Verehrung zuteil wurde. Zum ersten Mal konnte sich in Europa und vor allem auch in (West-)Deutschland ein politisch eher liberaler amerikanischer Präsident zeitweise einer größeren Beliebtheit erfreuen als im eigenen Land; in dieser Hinsicht traten im nächsten halben Jahrhundert Bill Clinton und Barack Obama in Kennedys Fußstapfen. Auch Parteichef Chruschtschow dürfte zu einem anderen Urteil über Kennedy gekommen sein als nach dem Gipfeltreffen von Wien. Der Ablauf der Ereignisse hatte dem Kremlchef deutlich gemacht, dass dieser Präsident eben keine Marionette – ein Dauersujet sowjetischer Propaganda gegen Amerika – von Militär, Rüstungsindustrie oder anderen kriegstreiberischen Kräften war, sondern bei aller Sicherung amerikanischer und westlicher Interessen durchaus zu einem Abbau der Spannungen zwischen den Blöcken bereit war. In einem Brief an Kennedy vom 30. Oktober ließ Chruschtschow sogar so etwas wie kollegiale Solidarität durchblicken: »Zu unserer beiderseitigen Zufriedenheit haben wir etwas von unserem Selbstwertgefühl geopfert. Natürlich wird es jetzt Schreiberlinge geben, die sich in Haarspaltereien über unsere Vereinbarung ergehen werden, die nachbuddeln, wer gegenüber wem die größeren Konzessionen gemacht hat. Ich jedenfalls sage, dass wir beide eine Konzession an die Vernunft gemacht und eine sinnvolle Lösung gefunden haben, die den Frieden für alle sichert, auch für jene, die jetzt irgendetwas auszugraben hoffen.« Auch Kennedys Landsleute empfanden den Ausgang der Krise als Sieg der Vernunft, und die Zustimmungsrate für den Präsidenten stieg von 66 % im August auf traumhafte 77 %.

Kennedy war indes Politiker genug, um zu wissen, dass die Dankbarkeit dafür, noch am Leben zu sein, sich nicht zwangsläufig an der Wahlurne niederschlagen würde – das Diktum seines Vorvorgängers Harry Truman im Kopf: *all politics is local.* Nationale und regionale Themen bestimmten am 6. November, dem Tag der mit Spannung erwarteten *midterm elections* zum Kongress, die Gedanken vieler Wählerinnen und Wähler, nicht ausschließlich die Erinnerung an den gerade abgewendeten nuklearen Holocaust. Kennedy hatte sich im Wahlkampf nur wenig engagiert (wofür ihm während der Krise freilich auch die Zeit fehlte). Das Ergebnis war durchaus erfreulich für ihn und seine Partei – ein Erdrutsch hingegen war es mitnichten. Die Demokraten kamen bei diesen Wahlen, bei denen traditionell die Regierungspartei mittlere bis schwere Einbußen hinnehmen muss, landesweit auf einen Stimmenanteil von 52,7 %, was gegenüber dem Ergebnis von 1960 mit 55 % ein verschmerzbarer Verlust war. Im Senat gewannen die Demokraten vier Sitze, im Repräsentantenhaus verloren sie vier – besser hatte die Partei eines amtierenden Präsidenten im 20. Jahrhundert nur einmal, unter Franklin D. Roosevelt, abgeschnitten. Zwei Ergebnisse fesselten in besonderem Maße Aufmerksamkeit des Präsidenten: Einen Senatssitz des Staates Massachusetts hatte erneut ein Kennedy inne, sein »kleiner« Bruder Edward. Und in Kalifornien verlor sein alter Rivale Richard Nixon den Kampf um das Amt des Gouverneurs. Die Medien verkündeten das Ende der politischen Karriere Nixons; dass »Tricky Dick« in nur sechs Jahren zum Präsidenten gewählt werden würde, hätte an diesem 6. November 1962 niemand für möglich gehalten. Nicht nur in Massachusetts übrigens gibt es politische Dynastien: Nixon verlor gegen den amtierenden Gouverneur Pat Brown (1905–1996). Dessen Sohn, Jerry Brown, regiert heute den *Golden State*.

X

»WIR SIND ALLE STERBLICH«
(1963)

77. Welche Politik verfolgte JFK gegenüber Lateinamerika?

Präsident Kennedy war nicht nur in Europa äußerst beliebt, sondern auch in Lateinamerika. Er war mit der Absicht angetreten, die Beziehungen zu den spanisch- bzw. portugiesischsprachigen Nationen jenseits des Rio Grande auf eine neue, partnerschaftliche Basis zu stellen, wie es drei Jahrzehnte zuvor sein Parteifreund, Präsident Franklin D. Roosevelt, angestrebt hatte. Schon bei seiner Rede zur Amtseinführung hatte Kennedy betont, dass »wir unseren Schwesterrepubliken südlich unserer Grenzen ein besonderes Versprechen machen, ... dass wir freien Menschen und freien Regierungssystemen helfen werden, die Ketten der Armut abzuschütteln.«

Sein Ziel war eine »umfassende gemeinsame Anstrengung, nie dagewesen in dieser Größe und in der Nobilität des Unterfangens, um die grundlegenden Bedürfnisse der amerikanischen Völker nach Wohnung, Arbeit und Land, nach Schulen und Gesundheit sicherzustellen.« Kennedy nannte das Programm *Alianza para el Progreso*, die Allianz für den Fortschritt. Im August 1961 wurde das Programm bei einem Gipfeltreffen amerikanischer Staats- und Regierungschefs in Punta del Este, Uruguay, verabschiedet. Als Ziele wurden die Steigerung des Pro-

Kopf-Einkommens um jährlich 2,5 %, die Festigung (oder Einführung) demokratischer Systeme (auf einem Kontinent, auf dem Militärregierungen eher die Regel als die Ausnahme waren) und die Eliminierung des Analphabetentums bis Ende des Jahrzehnts festgesetzt.

Die Wirtschaftshilfe der USA verdreifachte sich gegenüber der Eisenhower-Ära, was ein Grund für die Beliebtheit des amerikanischen Präsidenten war. Ein anderer Grund war das für eine US-Regierung eher untypische Verhalten, dass man dem Bekenntnis zur Demokratisierung auch Taten folgen ließ und Diktatoren – zunächst – die kalte Schulter zu zeigen begann. Zu einigen Diktaturen wie Argentinien, Honduras und Peru wurden die diplomatischen Beziehungen vorübergehend eingestellt. Dass Kennedy mit dieser Haltung in der Tat eine Ausnahmeerscheinung war, zeigte die Zukunft. Bereits unter seinem Nachfolger Johnson wurden Autokraten wieder hofiert, wenn sie stramm antikommunistisch waren, und auch die Wirtschaftshilfe für die Nachbarn wurde nach der Kennedy-Ära zurückgefahren.

Teilaspekten der Allianz war Erfolg beschieden wie bei den anvisierten Wachstumsraten; der Landreform widersetzten sich freilich die Eliten in zahlreichen Teilnehmerländern. Im amerikanischen Kongress setzte die Business-Lobby Importbeschränkungen für die möglicherweise erblühenden lateinamerikanischen Wirtschaftssysteme durch.

Das alles überschattende Motiv wurde indes – bei allen guten und im Falle Kennedys persönlich ehrlichen Absichten – auch in der Lateinamerikapolitik der Kalte Krieg und die Sorge, dass der Kommunismus und damit die Sowjets auf dem Kontinent an Boden gewinnen könnten. In Brasilien und in Argentinien vermutete man Sympathisanten der kubanischen Revolution in der

Regierung. Das vor dem Gang in die Unabhängigkeit stehende Britisch-Guyana würde – so fürchtete man in Washington – die demokratischen Freiheiten nutzen, um mit Cheddi Jagan (1918–1997) einen bekennenden Marxisten zum ersten Regierungschef zu wählen. So unterstützten die USA über den Geheimdienst CIA dessen Rivalen Forbes Burnham (1923–1985), der dann 1964 mit Erlangung der Unabhängigkeit tatsächlich an die Macht kam – als Diktator. Freundschaftliche Beziehungen zur Sowjetunion und zu Kuba ging er dennoch ein.

Der Albtraum der Lateinamerikapolitik Kennedys – und seiner Nachfolger – war das Überspringen des »kubanischen Wegs« des Sozialismus auch auf andere Länder. So falsch lag Kennedy mit dieser Sorge nicht: Einige Jahre später würde der charismatische Che Guevara (1928–1967) in Bolivien versuchen, seine Ankündigung, man müsse »zwei, drei, viele Vietnams schaffen«, um Amerika militärisch zu zermürben, in die Tat umzusetzen. Das Porträt des bärtigen Revolutionärs wurde zu einer Ikone der rebellierenden Jugend in den wohlstandsgesättigten Nationen der westlichen Welt und zierte einige Millionen T-Shirts. Die Insassen der Folterkeller des kubanischen Regimes trugen dieses Kleidungsstück zweifellos eher selten.

78. Warum sorgte sich JFK um das abgelegene Laos?

Vor allem während der ersten Hälfte seiner Regierungszeit zählte Kennedy besonders Berlin, aber auch Laos zu den gefährlichsten Krisenherden der Welt – als Zonen einer potenziellen Konfrontation der Supermächte. Dass auch das abgelegene, über keinen Zugang zum Meer verfügende asiatische Land darunterfiel, klang angesichts der Rivalität der Machtblöcke für viele Zeitgenossen nicht so überraschend wie für den heutigen Betrachter. Durch die Köpfe der Strategen des Kalten Krieges spukte die *Domino-Theorie*, nach der der »Fall« eines Landes an den Kommunismus dazu führen würde, dass auch dessen Nachbarn diesen verhängnisvollen Weg antreten würden. Beim Blick auf die Landkarte Südostasiens schien diese Region geradezu prädestiniert für einen Domino-Effekt zu sein: Es gab »Rot-China« (wie es damals genannt wurde) und das kommunistische Nordvietnam, und von diesen konnte sich das Virus der Marxschen Lehren möglicherweise schnell ausbreiten – ins mit Amerika verbündete Thailand, nach Indonesien und weiter über den Globus.

Im nur mit drei Millionen Menschen bewohnten Laos geriet eine schwache Zentralregierung unter den Druck kommunistischer Partisanen, den Pathet Lao, die von Nordvietnam unterstützt wurden. Eisenhower sorgte für die Unterstützung der Regierung durch die CIA, während Kennedy – der auf einer Pressekonferenz Laos als das dringlichste Problem nannte, das er bei seinem Amtsantritt vorgefunden habe – gar an eine direkte militärische Intervention der USA dachte. Bei einer Sitzung des Nationalen Sicherheitsrates im April 1961 sollen führende Militärs dem Präsidenten gar den Einsatz von Atomwaffen in dem von Dschungel überzogenen Land nahegelegt haben.

Dafür hatte der Präsident glücklicherweise wenig Sinn und beließ es bei der demonstrativen Verlegung einiger hundert in Thailand stationierter US-Soldaten an die Grenze zu Laos. Von einem unmittelbaren Engagement rieten ihm Persönlichkeiten ab, die nicht im Verdacht standen, gegenüber dem Kommunismus »weich« zu sein wie Charles de Gaulle, Harold Macmillan und Weltkriegsheld Douglas MacArthur (1880–1964). Und auch sein Vorgänger Eisenhower machte gegenüber der Presse deutlich, dass er ein Eingreifen dort für widersinnig hielt: »Der Junge [damit meinte Ike den Präsidenten] hat zur Hölle keine Ahnung, was er macht. Er weiß nicht mal, wo Laos liegt. Sollen wirklich Amerikaner in einer so gottverdammten Gegend kämpfen?«

Auch den Sowjets war Laos keine Konfrontation wert, und so einigten sich die Supermächte über diplomatische Kanäle, sich aus Laos herauszuhalten und das Land in einer neutralen Position zu belassen. Diese Neutralität sollte sich jedoch als labil erweisen. Da der berühmte *Ho Chi Minh-Pfad*, durch den die Nordvietnamesen und die Vietcong mit Nachschub versorgt wurden, durch Laos verlief, fielen unter Johnson und Nixon amerikanische Bomben auch auf dieses Land. In diesem Fall sollte sich die Domino-Theorie als richtig erweisen: Fast parallel mit der Eroberung Südvietnams 1975 durch die Kommunisten kamen diese auch in Laos an die Macht, gleichfalls nicht auf friedlichem Wege. Sie regieren das Land noch heute. Wie in Vietnam – dem nächsten Sorgenkind Kennedys und Schauplatz der größten Tragödie Amerikas in der zweiten Hälfte des 20. Jahrhunderts.

79. Wie kam es zur amerikanischen Verstrickung in Vietnam?

Wesentlich wichtiger, da von größerer demografischer und strategischer Bedeutung als Laos war der direkte Nachbar: Vietnam. Auch hier erbte Kennedy von seiner Vorgängerregierung ein Dilemma, und auch hier schien die Domino-Theorie zu greifen. Nach Ende der französischen Kolonialzeit war das Land im Vertrag von Genf 1954 geteilt worden, in einen kommunistischen Norden und einen prowestlichen Süden. »Prowestlich« hieß leider nicht »demokratisch«: Südvietnam wurde von dem Diktator Ngo Dinh Diem (1901–1963) regiert, sein Regime, der Beamtenapparat und die Streitkräfte galten als äußerst korrupt. Die von Nordvietnam (und von der Sowjetunion und China) unterstützten Vietcong suchten mit einer Guerillakriegsführung Diem zu stürzen und das Land unter dem Banner mit dem roten Stern zu vereinigen. Dass Vietnams Kommunisten auch – vielleicht gar zu allererst – Nationalisten waren und sind, wurde in Washington damals kaum wahrgenommen.

Kennedy wusste, dass es für ihn politisch fatal sein würde, Vietnam »zu verlieren«, vor allem nach dem Fiasko in der Schweinebucht. Unter Präsident Eisenhower waren rund 700 amerikanische »Berater« zur Unterstützung der Südvietnamesen in das ferne Land geschickt worden, Kennedy erhöhte diese auf 16 000. Sie galten nach wie vor als »Berater«, die freilich das Recht hatten, sich zu wehren, wenn sie angegriffen wurden. Kurz vor Ende von Kennedys erstem Jahr im Weißen Haus erhielt der Präsident die Nachricht von einer traurigen Wegmarke: Am 22. Dezember 1961 fiel mit James T. Davis der erste amerikanische Soldat bei Kampfhandlungen in Vietnam, sein Schicksal sollten letztlich 58 000 Landsleute teilen.

Noch zwei Wochen darauf antwortete indes der Präsident auf eine Reporterfrage, ob reguläre Kampftruppen in Vietnam stationiert seien, mit Nein. In den Köpfen saß jene Einstellung fest, die Vizepräsident Johnson bei einem Besuch in Vietnam zum Ausdruck gebracht hatte: »Die Schlacht gegen den Kommunismus muss mit Kraft und Entschlossenheit in Südostasien aufgenommen werden«, ginge diese verloren oder fehle es Amerika an Willenskraft, werde die Supermacht aus dem Pazifik vertrieben und die USA müssten sich entlang ihrer eigenen Küstenlinie verteidigen.

Kennedy und nach ihm Lyndon B. Johnson war der stets gleichen Argumentationslinie seiner Militärs ausgesetzt: ein paar Tausend amerikanische Soldaten mehr und der Sieg sei nahe oder, so eine beliebte Formulierung der Strategen, Licht werde am Ende des Tunnels sichtbar. Kennedys Vertrauen in die militärische Führungsspitze und in die Geheimdienste war indes durch das Schweinebucht-Desaster und die Kubakrise vom Oktober 1962 angeschlagen – der Präsident befand sich in einer Zwickmühle, aus der es keinen Ausweg zu geben schien. Erschwerend kam hinzu, dass unvoreingenommene Beobachter ein verheerendes Bild von Diktator Diem vermittelten wie der Journalist Theodore White: »Die Regierung von Ngo Dinh Diem ist völlig unfähig, die Menschen in Südvietnam für den politischen und emotionalen Widerstand gegen die Kommunisten zu mobilisieren. Jedes Investieren von Truppen unsererseits wird nutzlos sein. Oder schlimmer.«

Eine Erkundungsreise des von Kennedy geschätzten Generals Maxwell Taylor führte zu der Empfehlung, auch einige reguläre Kampftruppen zu entsenden, und schloss mit der Vermutung: »Einheiten, die nach Vietnam kommen, müssen mit Verlusten rechnen.« Es gab indes auch andere Ratschläge, die Kennedy nachdenklich stimmten wie die Prophezeiung des stellvertretenden Außenministers George Ball (1909–1994): »Taylor liegt daneben. Binnen fünf Jahren haben wir dreihunderttausend Mann in den Reisfeldern und im Dschungel und finden sie nicht mehr wieder.« Ball irrte sich lediglich in der Zahl: Gut fünf Jahre später waren bis zu 540 000 Amerikaner in Vietnam stationiert, kämpften und starben.

Kennedy erhöhte die Zahl der »Berater« kontinuierlich, aber wohl ohne restlos von der Klugheit der Strategie überzeugt zu sein. Immer offensichtlicher wurde indes, dass das Diem-Regime kein Verbündeter war, der den USA zur Ehre gereichte. Repressalien des Regimes gegen Buddhisten führten im Juni 1963 zu einer grausigen Szene, die dank eines von Malcolm Brown (1931–2012), dem Saigoner Stationsleiter der Nachrichtenagentur AP, geistesgegenwärtig geschossenen Fotos um die ganze Welt ging: die Selbstverbrennung des buddhistische Mönchs Thich Quang Duc auf einer belebten Saigoner Straßenkreuzung. Andere Mönche folgten Duc mit ähnlichen Protestaktionen. Im Weißen Haus und im Umfeld der amerikanischen Mission in Südvietnam wurde immer deutlicher, dass die USA den Diktator loswerden mussten, nachdem Kennedy mit seinen Mahnungen zu politischen Reformen bei Diem auf taube Ohren gestoßen war.

So gab Kennedy nach einigem Zögern seine Zustimmung, das südvietnamesische Militär wissen zu lassen, dass die USA einem Staatsstreich nicht ablehnend gegenüberstehen würden. Als Verbindungsmann zu den gegenwärtigen und künftigen Machthabern hatte Kennedy seinen einstigen Rivalen bei der Wahl in den Senat, Henry Cabot Lodge, ausgewählt und ihn als US-Botschafter nach Saigon geschickt.

Am 1. November 1963 kam es zu dem Putsch, der blutiger verlief als Kennedy es sich vorgestellt hatte. Ursprünglich hatte man Diem die Möglichkeit geben wollen, ins Exil zu gehen, doch der Diktator und sein Bruder wurden von den Soldaten kurzerhand erschossen. Eines schockierte Kennedy ganz besonders: Diem hatte als Katholik vor seiner Ermordung in der Kirche St. Xavier in Saigon Zuflucht gesucht. Mitarbeiter äußerten später, sie hätten den Präsidenten nach Eintreffen der Nachricht kaum jemals so entsetzt gesehen.

Kennedy übernahm in einer Tonbandaufnahme die Verantwortung und bezeichnete den Tod des Diktators und seines

Bruders als »grauenvoll«. Am amerikanischen Dilemma in Vietnam, das Kennedy an seine Nachfolger weitergab, änderte der gewaltsame Umsturz nichts.

80. Wäre der Vietnamkrieg unter JFK genauso eskaliert?

Ob John F. Kennedy nach seiner (hypothetischen) Wiederwahl im November 1964 den Vietnamkrieg so hätte eskalieren lassen, wie dies der Fall war, oder ob er dem Versinken im Sumpf, der neben 58 000 gefallenen Amerikaner auch geschätzten drei Millionen Vietnamesen das Leben gekostet hat, Einhalt geboten hätte, ist seit Langem ein Streitthema unter Historikern. Man wird der einen oder anderen Antwort je nach persönlichem Kennedybild zuneigen – ob man in dem Präsidenten einen Politiker sieht, der vorrangig von den Zeitumständen und den Machtinteressen getrieben wurde, oder einen Visionär, der bereit war, unkonventionelle Wege auch gegen den Widerstand der Eliten zu beschreiten, den sein Vorgänger Eisenhower als »militärisch-industriellen Komplex« beschrieb.

Es gibt indes neben Kennedys bekanntem Misstrauen gegenüber diesem Establishment des nationalen Sicherheitsapparates zumindest einige Zeugenaussagen, die Kennedys wahre Absichten aus seinen Bemerkungen herausgehört haben wollen. Sein Verteidigungsminister McNamara hat viele Jahre später Kennedys Entschlossenheit betont, die US-Truppen wieder aus Vietnam abzuziehen. Kennedy-Intimus Kenny O'Donnell meinte sich sogar an den genauen Wortlaut erinnern zu können, in dem Kennedy der Forderung des Mehrheitsführers im Senat, Mike Mansfield (1903–2001), nach einem schnellstmöglichen Abzug der amerikanischen Truppen zustimmte:

»Ich kann es nicht vor 1965 tun, nachdem ich wiedergewählt bin. Wenn wir uns jetzt vollständig aus Vietnam zurückziehen, erleben wir eine neue Hysterie á la Joe McCarthy. Aber ich kann es nach der Wiederwahl tun. Deswegen sorgt alle verdammt noch mal dafür, dass ich die Wahl gewinne.«

81. Welche Minderheit lag dem Präsidenten besonders am Herzen?

Durch das Schicksal seiner Schwester Rosemary, die nur um 16 Monate jünger war als er und ihm in der gemeinsamen Jugendzeit sehr nahe stand, war Kennedy für die Anliegen von Menschen mit psychischen Krankheiten deutlich sensibilisiert. Kennedy berief bald nach seinem Amtsantritt eine 27-köpfige Expertenkommission ein, die »eine umfassende Offensive« zur Erforschung der Ursachen und zur Prävention jener Krankheiten und Symptomatiken einleiten sollten, die heute im Englischen unter dem Oberbegriff *intellectual disabilities*, geistige Behinderung, zusammengefasst werden. Er empfing das Panel im Oktober 1961 im Weißen Haus und forderte die Experten bei einer späteren Zusammenkunft auf: »Denken und handeln Sie mutig!«

Die Empfehlungen der Kommission und Kennedys eigene Gedanken führten zu einer bis zu diesem Zeitpunkt einmaligen Botschaft an den Kongress, die am 5. Februar 1963 veröffentlichte *Special Message on Mental Illness and Mental Retardation*. Kennedy ging darin unter anderem hart mit den bestehenden Verhältnissen ins Gericht und erklärte, Spezialkliniken und Heime seien »auf das Schändlichste unterbesetzt, überbelegt, sie sind unerfreuliche Institutionen, in denen der Tod allzu oft die einzige feste Hoffnung darauf ist, sie zu verlassen.«

Als Folge der zahlreichen Empfehlungen seiner Botschaft traten noch 1963 zwei Gesetzentwürfe in Kraft, mit denen vor allem beträchtliche Budgets für die Verbesserung der Lebensverhältnisse und der Betreuung von Menschen mit derartigen Behinderungen sowie für die Erforschung der Ursachen psychischer Krankheiten zur Verfügung gestellt wurden. Bei der Unterzeichnung sagte Kennedy:

»Die Seele eines Menschen, so hat man in früheren Zeiten gesagt, ist wie ein fernes Land, das man nicht erreichen und erforschen kann. Aber heute, angesichts des gegenwärtigen wissenschaftlichen Fortschritts, ist es für eine Nation, die an menschlichen wie materiellen Ressourcen so reich ist wie unsere, möglich, die fernen Regionen der Psyche zugänglich zu machen. Die mental Kranken und die mental Zurückgebliebenen dürfen für unsere Zuneigung nicht länger Fremde oder außerhalb der Hilfe unserer Gemeinden befindlich sein.«

Auch nach Kennedys Tod blieb es eine Familienangelegenheit. Seine Schwester Eunice Shriver war eine der Begründerinnen der *Special Olympics*, deren ersten zehn *World Games* von 1968 bis 1999 alle auf amerikanischem Boden stattfanden, bevor 2003 erstmals junge Athleten mit einer geistigen Behinderung in Übersee an den Start gingen – im Stammland der Kennedys, in Irland.

82. Welches waren die Stationen der Europa-Reise im Sommer 1963?

Der Präsident hatte sich schon seit Längerem vorgenommen, Europa zu besuchen, um mit seiner Anwesenheit die Entschlossenheit Amerikas zur Verteidigung des Kontinents – seiner westlichen Hälfte – deutlich zu machen.

Nirgendwo erschien ihm dies so dringlich wie in Westdeutschland, wo er ab dem 23. Juni 1963 vier Tage verbringen sollte, bevor es nach Irland und Italien weiterging. Und die symbolträchtigste Station der Reise war ein Brennpunkt des Kalten Krieges: West-Berlin. Eine kurze Zwischenstation legte er auf dem Landsitz des britischen Premiers Macmillan ein, das politisch wegen der Profumo-Affäre im Hochfieber liegende London mied er. Und auch um Frankreich machte er einen demonstrativen Bogen, da Präsident de Gaulle mit seinem eigenwilligen Kurs, der schließlich zum NATO-Austritt führte, die Amerikaner zunehmend verärgerte.

Der Empfang, der Kennedy in Deutschland zuteil wurde, dürfte die kühnste Erwartung des Präsidenten und seiner Berater übertroffen haben. Schon auf der Fahrt vom Köln-Bonner-Flughafen, wo die *Air Force One* gelandet war, standen die Menschen dicht gedrängt, jubelten und skandierten seinen Namen. Teilweise ging der Jubel – vor allem bei weiblichen Zuschauern – in ein Kreischen über; es schien wie eine Vorwegnahme der Beatlemania, die bald auch über Deutschland ziehen würde. Der Präsident war mehr als ein Staatsmann, er war jugendlicher Hoffnungsträger und Popstar in einem. Die Jugendlichkeit Kennedys kontrastierte auffallend mit dem mimisch weitgehend unbeweglichen Gesicht seines Gastgebers, Bundeskanzler Konrad Adenauer (1876–1967), der immerhin 87 Jahre alt war. In dessen Heimatstadt begeisterte Kennedy die Einwohner – und vielleicht auch Adenauer, den ehemaligen Oberbürgermeister der Domstadt –, als er beteuerte, hier das Beste aus der Vergangenheit und das Beste, was die Zukunft verspreche, zu erleben, und dann mit einem gut einstudierten Gruß »Köln alaaf!« seine Rede beendete.

Im politischen Teil seiner Gespräche wurde Kennedy gefragt, ob er an die deutsche Wiedervereinigung glaube. Er antwortete mit der Höflichkeit des Gastes, dies sei wahrscheinlich, vermied es aber ein konkretes Datum zu nennen. Auf der Treppe des Bonner Rathauses verkündete er einer großen und abermals seinen Namen skandierenden Menge, »dass die Freiheit sich durchsetzen wird, wie es Thomas Jefferson vorhergesagt hat.« Die Bonner machten ihm eine besondere Freud: Aus der Menge wurde ein selbstgemaltes Schild hochgehalten: *Greetings to Jacqueline*. Die First Lady war nicht mit nach Europa gekommen, sie war hochschwanger.

Kaum für Kennedy vorstellbar: Die Begeisterung sollte in West-Berlin noch höhere Wellen schlagen. Kennedy bestieg im Beisein von Kanzler Adenauer und dem Regierenden Bürgermeister Willy Brandt eine eigens gegenüber dem Brandenburger Tor errichtete Tribüne, von der aus er einen Blick auf das Bauwerk werfen konnte, das zum Symbol der Epoche und der Teilung Deutschlands und Europas in ideologische Blöcke geworden war. Der Präsident sah bedrückt aus – in seinem Inneren war er sich indes bewusst, dass Berlin nicht mehr der hochgefährliche Krisenherd war, den es zu Beginn seiner Amtszeit darstellte. Die Mauer war zu einem Stück Krisen-Containment geworden – wenn auch der hässlichsten Art. Die DDR hatte eigens für ihn ein großes, in Englisch verfasstes Propagandaplakat in seiner Blickrichtung vor dem Brandenburger Tor aufgestellt.

Unter anhaltenden »Kennedy! Kennedy!«-Rufen ging es durch von Menschenmengen gefüllte Straßen zum Rathaus Schöneberg, wo er jene knapp acht Minuten dauernde Rede hielt, die in Deutschland – und auch in den USA – unvergessen ist. Er unterstrich die Rolle, die West-Berlin seit achtzehn Jahren als Symbol der Freiheit tief im Territorium der Unfreiheit darstelle. Es dürfte ihm durch den Kopf gegangen sein, wie kurz diese Zeitspanne eigentlich war und wie viel sich geändert hatte. Denn vor nur etwas mehr als jenen achtzehn Jahren war Berlin die Feindeshauptstadt gewesen, im Zentrum eines Kontinents, den die Alliierten unter Aufbietung aller Kräfte von den Nazis befreien mussten – in einem Feldzug, der seinem älteren Bruder Joe das Leben gekostet hatte.

Kennedy lobte den Freiheitswillen des neuen Berlin und seiner Einwohner, die von Juni 1948 bis Mai 1949 mit alliierter, vor allem amerikanischer Hilfe die Blockade der Stadt durch die Sowjetunion überstanden hatten. Überall fühlten in Freiheit lebende Menschen, so endete der Präsident seine Rede, sich als Bürger von Berlin, und er bekenne mit Stolz: »Ich bin ein Berliner!«

Die Menge war in einem Ausmaß ekstatisch, dass es selbst einen erfahrenen Politiker wie Kennedy nicht unbewegt ließ. Seinem Redenschreiber Ted Sorensen raunte er zu: »Wir werden einen solchen Tag nie wieder erleben, so lange wir leben.«

83. Back to the Roots!

Von Berlin ging es weiter nach Irland, dem Land seiner Vorfahren. Kennedy hatte diesen Abstecher gegen den Willen seiner Berater durchgesetzt, die keinen politischen Nutzen darin sahen (Irland gehörte und gehört nicht einmal der NATO an).

Zu einer »Vergnügungsreise«, wie es sein gleichfalls irisch-stämmiger Freund O'Donnell genannt hatte, wurde es dennoch nicht – der Präsident wirkte bereits bei seiner Ankunft erschöpft, und das enge Protokoll sah nicht nach reinem Vergnügen aus. Doch es war Kennedy ein Bedürfnis, auf den Spuren seiner Familie zu wandeln und den Menschen in Irland seine Verbundenheit zu zeigen.

Vor dem irischen Parlament hielt Kennedy eine seiner besten Reden, die mit Anlehnungen an die irische Literatur gewürzt war. Er wies darauf hin, dass die Menschheit zunehmend in einer (wie eine spätere Generation sagen würde) globalisierten Welt lebe, in der auch sogenannte »kleine« Nationen eng mit dem Geschehen in anderen Regionen verknüpft sind:

»Die moderne Ökonomie, die Waffentechnik und die Kommunikationsmöglichkeiten machen uns stärker denn je deutlich, dass wir eine Familie von Menschen sind und dass dieser eine Planet unser Zuhause ist.«

In den kleinen Städten von County Wexford standen die Einwohner dicht gedrängt, als sich Kennedys Wagenkolonne den Weg durch die teilweise engen Straßen bahnte. Für seine Leibwächter ein Albtraum, war der Präsident der Öffentlichkeit so zugänglich wie kaum je zuvor, schüttelte Hände, war wie ein heimgekehrter verlorener Sohn. In New Ross erinnerte er seine Gastgeber an seinen Urgroßvater Patrick Kennedy, der von hier aus gen Boston aufgebrochen war »mit nur zwei Dingen im Gepäck – einem starken Glauben und einem unbändigen Streben nach Freiheit.« In Dunganstown, acht Kilometer südlich von New Ross, besuchte er das bescheidene Anwesen der irischen Kennedys – und wurde natürlich hereingebeten. Das Farmhaus gehörte Mary Kennedy Ryan, einer herzlichen Frau, der man das Landleben ansah, und die den Präsidenten zusammen mit vierzehn weiteren Cousins und Cousinen erwartete.

Man machte es sich in dem schnell völlig überfüllten Wohnzimmer der Ryans bequem und servierte dem Präsidenten einen guten irischen Tee. Den Kuchen hatte man vor dem Haus auf einer großen Tafel ausgestellt – die Heerscharen von Reportern sorgten auf dem Anwesen für drangvolle Enge, nie zuvor und seither nie wieder waren so viele Menschen zur gleichen Zeit in Dunganstown. Kennedy schnitt die verschiedenen Torten an und fühlte sich sichtlich wohl im Kreise seiner irischen Verwandten – die meisten hatte er nie zuvor gesehen.

Wie immer war er von einer Lockerheit und einem Charme, dem sich auch hier niemand entziehen konnte. Der Präsident war in der Heimat seiner Vorfahren die Verkörperung des amerikanischen Traums: Man konnte bettelarm aus Irland kommen, und dennoch hatte der Enkel, der Urenkel die Chance, in Amerika in das höchste Amt aufzusteigen. Er hielt eine kleine Rede, sichtlich aus dem Stegreif, bedankte sich für all die Mühen, die man sich in Dunganstown gegeben hatte und versprach unter dem Gelächter der Einheimischen, nicht häufiger als alle zehn Jahre zu kommen.

Als ihm etwas Kräftigeres als Tee gereicht wurde, ein randvoll gefülltes Glas irischen Whiskeys, gab er es diskret an einen Secret Service-Agenten weiter, der es für seine dienstliche Pflicht hielt, es in einem Zug zu leeren. Zum Tee brachte Kennedy einen simplen Toast aus, der bei jedem Anwesenden Beifall fand: »Auf alle Kennedys, die ausgewandert sind, und auf alle Kennedys, die geblieben sind!«

84. Welche Rede war die weltpolitisch wichtigste von JFK?

John F. Kennedy wollte nicht in einer Welt leben, in der sich die Rüstungsspirale immer weiterdrehte, in der sich Krisenherde weiter über den Globus ausbreiteten und in der eine Eskalation hier, ein Missverständnis dort praktisch tagtäglich einen Atomkrieg auslösen konnten. Die Kubakrise hatte ihm deutlich gemacht, wie nah die Welt dem Abgrund bereits gekommen war und dass der Schatten der *mushroom cloud*, des Atompilzes, auf bedrohliche Weise über der Zivilisation lag. Er entschloss sich, der anderen Seite – der Sowjetunion – zu zeigen, dass Amerika nicht nur Rivale, sondern auch Partner sein konnte, Partner bei dem Unterfangen, die Welt sicherer zu machen.

Während zahlreiche seiner Reden, darunter auch das Bekenntnis zum Bürger Berlins, zu großen Teilen von Beratern und vor allem dem brillanten Ted Sorensen verfasst wurden, griff der Präsident für die geplante *peace speech* selbst zur Feder. Bei einem Aufenthalt auf Hawaii formulierte er seine Gedanken, überarbeitete, verwarf, konzipierte neu. Von Chruschtschow hatte er gerade einen Brief erhalten mit teilweise bekannten Vorwürfen, aber auch mit der Bekundung zur Bereitschaft, in Moskau amerikanische und britische Diplomaten zu Gesprächen über ein Abkommen zur Begrenzung von Atomtests zu empfangen. Auf dem Rückflug von Hawaii machte Air Force One in San Francisco einen Zwischenstopp und nahm Sorensen an Bord, der in den nächsten fünf Flugstunden bis nach Washington die Rede mit seinem Chef durchging.

Der Anlass, bei dem Kennedy die Bewahrung des Friedens zum Thema Nummer Eins machen wollte, war ein primär akademischer – und gleichzeitig ein jugendlich-fröhlicher. Der Präsident war als Festredner bei der Abschlussfeier an der American University, einer angesehenen Universität in einem Stadtteil im Nordwesten der Stadt Washington, geladen. Kennedy trat an einem strahlenden Sommermorgen, dem 10. Juni 1963, vor die jungen, im akademischen Talar gekleideten Absolventen – ein Kleidungsstück, das auch der Harvard-Absolvent Kennedy bei seiner Rede trug. Er habe diese Zeit und diesen Ort gewählt, begann er, um über etwas zu sprechen »bei dem die Unkenntnis übermächtig ist und die Wahrheit zu selten wahrgenommen wird – und das doch das wichtigste Thema auf Erden ist: der Weltfrieden.« Er erklärte, seine Sorge um den Frieden beruhe auf dem Wissen um das neue, schreckliche Antlitz des Krieges. Eine einzige Atombombe enthalte mehr Sprengkraft als alle im letzten Weltkrieg von den alliierten Luftstreitkräften eingesetzte Zerstörungskraft.

Möglicherweise hatte Kennedy jene ganzseitige Anzeige einer Friedensinitiative in der Zeitung gesehen, in der die Absurdität des atomaren Wettrüstens treffend veranschaulicht wurde: »Wir können die Russen 360mal vernichten, die Russen können uns nur 160mal töten – wir liegen in Führung, nicht wahr?« Dieser Spirale immer größeren Vernichtungspotenzials könne man nur entkommen, so der Präsident, wenn man seine Haltung gegenüber dem Anderen überprüfe – und sich daran erinnere, was beide Seiten, Amerikaner wie Sowjets und all die mit ihnen verbündete Nationen, gemeinsam hätten:

»Kein Regierungs- oder Gesellschaftssystem ist so übel gesinnt, dass die ihm angehörigen Menschen als tugendlose Wesen zu betrachten sind. Wir Amerikaner finden Kommunismus zutiefst abstoßend, weil in ihm persönliche Freiheit und Würde negiert werden. Trotzdem können wir den Russen aufgrund ihrer zahlreichen Errungenschaften zujubeln, in Wissenschaft und Raumfahrt, beim wirtschaftlichen und industriellen Wachstum, in der Kultur und bei mutigen Handlungen.«

Der Frieden, den er suchte, sei keine *Pax americana*, die man der Welt aufzwänge, und auch nicht der Frieden des Grabes, sondern echter Frieden, der das Leben lebenswert mache; nicht nur Frieden für alle Amerikaner, sondern Frieden für alle Menschen: *Not peace for our time but peace for all time.* Er reichte den Sowjets rhetorisch die Hand und erklärte, dass Weltfrieden kein Traum sein müsse, dass Konflikte auf friedliche Weise gelöst werden könnten und dass die Probleme, die der Mensch sich geschaffen habe, auch vom Menschen gelöst werden können: »In der abschließenden Analyse ist es unsere grundlegende Gemeinsamkeit, dass wir alle diesen kleinen Planeten bewohnen. Wir atmen alle dieselbe Luft. Wir hoffen auf die Zukunft unserer Kinder. Und wir sind alle sterblich.«

Der Historiker Alan Brinkley stellt Kennedys Auftritt an der American University in den Kontext unserer Zeitgeschichte:

»Was die Rede so wichtig macht – und warum man sie heute höher einstuft als 1963 – war die Abkehr von den bislang üblichen Angriffen auf den Kommunismus und die Sowjetunion. Es war die Vision einer friedlichen Welt, in welcher das Risiko eines Krieges im Atomzeitalter reduziert oder gar abgeschafft werden konnte. Und auch wenn die Rede wenig öffentliche Wirkung zeigte, trug sie entscheidend zur Wiederbelebung eines Teststopp-Abkommens in der amerikanischen Regierung und im Kreml bei – und war vielleicht ein wichtiger Beitrag zu einer friedlichen Welt.«

Was zuvor undenkbar gewesen war: Die Rede wurde in ganzer Länge in russischen Zeitungen abgedruckt. Parteichef Chruschtschow nannte sie die größte Rede eines amerikanischen Präsidenten seit Roosevelt. Wenn es so etwas wie eine Realisierung der Vision Kennedys gab, so war es die Zusammenkunft im Weißen Haus mehr als ein Vierteljahrhundert später, im Dezember 1987, als ein Nachfolger Chruschtschows namens Michail Gorbatschow und ein Nachfolger Kennedys namens Ronald Reagan mit ihren Unterschriften erstmals eine ganze Klasse von Atomwaffen (Mittelstreckenraketen) zur Verschrottung freigaben. Und als sich beide beim nächsten Treffen in Moskau mit einem neuen Begriff ansprachen: Freund.

85. Wie war die Stimmung nach zwei Jahren Präsidentschaft in den USA?

Bei allem Licht und Schatten, die es in dem großen Land stets gab, bei aller sozialen Ungerechtigkeit (vor allem gegenüber farbigen Mitbürgern) – die Jahre von 1961 bis 1963 waren für die Mehrheit der Amerikaner eine Epoche des Wohlstandes, des scheinbar grenzenlosen Wachstums und der ebenfalls kaum begrenzten technischen Möglichkeiten. Der Mittelstand blühte und stand auf einer breiteren und sichereren Basis als je zuvor. Das Häuschen im Grünen, in den *suburbs*, wurde ebenso erschwinglich – im Durchschnitt kostete ein neues Haus um die 19 000 Dollar – wie das College für den Nachwuchs. Dass man von Suburbia zur Arbeit in die Innenstadt meist mit dem Auto fahren musste, wurde kaum als unangenehm und erst recht nicht als ökonomisch belastend empfunden: Die Gallone Benzin (rund vier Liter) schlug nur mit 30 Cents zu Buche. Da der Verbrauch kein zu Sorgen Anlass gebender Faktor im Familienbudget war, hatten Benzin schluckende Straßenkreuzer mit den zeittypischen Aluminiumfinnen Hochkonjunktur, heute ein Blickfang bei jedem Oldtimer-Treffen. Arbeitslosigkeit war kein die Debatten dominierendes Thema: Die Arbeitslosenquote im letzten Amtsjahr Kennedys lag bei aus heutiger Sicht paradiesischen 5,5 %.

Die Freizeitgestaltung wurde weitgehend vom Medium Fernsehen bestimmt, in dem sich ein Wandel vollzog: Immer mehr Amerikaner konnten sich einen Farbfernseher leisten, immer mehr Sendungen der drei Networks wurden in Farbe ausgestrahlt – *Bonanza* übrigens schon ab 1959.

Wer sich auf die Reise begab, hatte ungeahnte Möglichkeiten: Das Interstate-System stand vor seiner Fertigstellung, in der Luftfahrt lösten Jets wie die Boeing 707 die Propellermaschinen ab. Der Boom des Passagierverkehrs führte zur goldenen Epoche des amerikanischen Flughafenbaus. Kennedy weihte unter anderem den neuen internationalen Flughafen der amerikanischen Hauptstadt ein, der von dem finnischen Architekten Eero Saarinen entworfen worden war und der den Namen des ehemaligen Außenministers John Foster Dulles (1888–1959) trug. Der internationale Flughafen von New York versuchte mit dem Bau immer neuer Terminals den stetig steigenden Anforderungen gerecht zu werden – noch bevor das Jahr 1963 zu Ende ging, würde man ihn von »Idlewild« auf »John F. Kennedy« umtaufen.

Schwindelerregend war auch, wie sehr sich alles bis ins Private und Intime hinein, veränderte: Die Antibabypille kam auf den Markt und gab Frauen ein bisher unbekanntes Maß an Selbstbestimmung über ihren Körper – eine Selbstbestimmung, die mehr als ein halbes Jahrhundert später angesichts von Zwangsmaßnahmen einiger republikanisch regierter Staaten gegen schwangere, sich mit dem Gedanken an eine Abtreibung tragende Frauen keine Selbstverständlichkeit ist.

Das Gefühl persönlicher Freiheiten und individueller Möglichkeiten war für die Mehrheit der Amerikaner enorm, man schien in einem Goldenen Zeitalter zu leben – und selbstverständlich sahen viele in ihrem Präsidenten die Verkörperung dieses amerikanischen Traumes, einen (zumindest) Mitverantwortlichen für eine Ära, in der Amerika reich und stark war und nach dem Mond griff.

Der Zynismus und das Misstrauen gegenüber der Regierung, in der Gegenwart eine Grundhaltung in der amerikanischen und wohl auch in zahlreichen europäischen Demokratien, waren noch nicht oder kaum existent. Der Mord an eben diesem Präsidenten und der Weg, den die Nation ohne ihn ging, in Richtung Vietnam, in Richtung Watergate, trugen zu diesem Umschwung bei. Vielleicht waren die tausend Tage seiner Regierung so etwas wie die Abenddämmerung eines unschuldigen Verhältnisses zwischen der politischen Klasse der USA und der amerikanischen Bevölkerung.

86. Wäre John F. Kennedy 1964 wiedergewählt worden?

»Kennedy bestimmt den Stil, den Geschmack und das Temperament von Washington deutlicher als Franklin D. Roosevelt in seinen 12 Jahren und Dwight D. Eisenhower in seinen 8 Jahren. Der Umsatz an Zigarren steigt (Jack raucht sie), der an Hüten geht zurück (Jack trägt sie nicht). Populäre Restaurants in Washington sind Le Bistro und der Jockey Club, die leichte europäische Küche bieten, wie Jackie Kennedy sie bevorzugt. Das Restaurant Colony, an der Spitze der Beliebtheit während der Eisenhower-Administration, hat Pleite gemacht und ist geschlossen.«

Und dann fügte *Time* in seiner Ausgabe von 26. April 1963 noch hinzu, die wichtigste, über soziale Akzeptanz im politischen Washington entscheidende Frage sei »Ist Deine Frau schwanger?« – gerade war bekannt geworden, dass Jackie »guter Hoffnung« war und mit ihr ihre Schwägerinnen Ethel (zum achten Mal) und Joan (zum dritten Mal).

Keine Frage, dieser junge und dynamische Präsident war ein Trendsetter und auch politisch kaum zu verwunden; die Amerikaner verziehen ihm, wenn es in dem einen oder anderen Punkt mal nicht so gut lief. In den Meinungsumfragen lag Kennedy während seiner Amtszeit im Schnitt bei 70 % – kein anderer Präsident seit Beginn regelmäßiger Umfragen kam auf einen solchen Mittelwert. Umgekehrt war die Ablehnung auf einem Rekordniveau – sie war historisch niedrig. Das Maximum waren (im Herbst 1963, kurz vor Dallas) 30 % *disapproval rating*. Zum Vergleich: Der 43. Präsident, George W. Bush, brachte es im Oktober 2008 auf eine Ablehnungsrate von 71 %.

Die Frage »Was wäre, wenn …« ist bei akademischen Historikern nicht gerade beliebt und wird doch immer wieder gern gestellt. Angesichts der Tatsache, dass die Republikanische Partei gerade einen Rechtsruck vollzog und sich bereit machte, den erzkonservativen Senator aus Arizona, Barry Goldwater (1909–1998), zum Kandidaten zu nominieren (der dann 1964 gegen Lyndon B. Johnson im Stimmenanteil die deutlichste Niederlage des 20. Jahrhunderts erlitt), und Kennedys konstanter Beliebtheit, wäre bei normalem Gang der Dinge von einer sicheren Wiederwahl Kennedys auszugehen. Der Verlauf der Ereignisse war jedoch alles anderes als normal.

87. Durch welches tragische Ereignis kamen sich JFK und Jackie wieder näher?

Vor der Geburt von Tochter Caroline hatte Jackie Kennedy 1955 eine Fehlgeburt erlitten und im Jahr darauf ein totes Mädchen zur Welt gebracht. Im Sommer 1963 konnten der Präsident und seine Frau, die sechsjährige Caroline und der vor seinem dritten Geburtstag stehende John junior Familienzuwachs entgegensehen. Eine schwangere First Lady, ein Präsident in Vaterfreude im Weißen Haus – das hatte es zuletzt in den 1880er Jahren gegeben, als mit Frances Folsom Cleveland (1864–1947), der Frau von Präsident Grover Cleveland, eine First Lady ins Weiße Haus einzog und mit ihren 21 Jahren sogar noch beträchtlich jünger war als Jackie Kennedy.

Am Morgen des 7. August verspürte die im Sommerurlaub auf Cape Cod weilende First Lady plötzlich heftige Schmerzen im Unterleib. Mit Höchstgeschwindigkeit fuhr sie der diensthabende Secret Service-Agent in eine Klinik der Otis Air Force Base in Massachusetts. Hier brachte sie per Kaiserschnitt einen Sohn zur Welt – fünfeinhalb Wochen zu früh. Das Gesicht des Babys war bläulich angelaufen, es litt unter akuter Atemnot. Nach seinem Eintreffen ordnete Präsident Kennedy, nachdem ihm die Ärzte den kritischen Zustand des Kleinen mitgeteilt hatten, an, einen katholischen Priester zu holen. Dieser taufte den Jungen auf den Namen Patrick Bouvier. Dann wurde das Baby mit einem Krankenwagen in eine spezialisierte Kinderklinik nach Boston gebracht.

Kennedy verbrachte die nächsten zwei Tage in Boston, die meiste Zeit auf der Frühgeborenenstation, auf der der kleine Patrick um sein Überleben kämpfte. Das Baby litt an einer Entwicklungsstörung der Lungen; die heutige Medizin hätte wahrscheinlich sein Überleben sichern können. Der Präsident hielt die Hand des kleinen Patrick, als dieser am Morgen des 9. August, nach weniger als zwei Tagen auf dieser Welt, starb. Kennedy war von Schmerz überwältigt. Der Anblick des Präsidenten, der sonst als so beherrscht galt und der seiner Tränen kaum Herr werden konnte, prägte sich den Krankenschwestern und Ärzten der Klinik tief ein. Und noch jemand war ergriffen vom Schmerz des Präsidenten: seine Frau, als die beiden einige Stunden später in Trauer vereint waren.

Die Tragödie führte dazu, dass John F. Kennedy und seine Frau sich so eng verbunden fühlten wie schon seit Langem nicht mehr. Jackie, die eine tief sitzende Abneigung gegen politisches Taktieren und gegen Parteipolitiker hatte, entschloss sich zu etwas Ungewöhnlichem: Sie würde Jack auf einer Reise begleiten, bei der es vor allem darum ging, Rivalitäten in der Demokratischen Partei zu überbrücken – in Vorbereitung des Wahlkampfes von 1964 und damit der erhofften Wiederwahl ihres Mannes. Das Ziel der Reise war Texas. Zunächst würde es nach San Antonio und Houston gehen. Und dann nach Dallas.

XI

MYTHOS UND TRAUMA: 22. NOVEMBER 1963

88. Was veranlasste JFK, nach Texas zu reisen?

Für John F. Kennedy begann im Spätherbst 1963, ein Jahr vor
der Präsidentschaftswahl, der Wahlkampf, der zu einer erhofften zweiten Amtszeit führen sollte. Sein Wahlkampfmotto
sollte *Peace and Prosperity* sein, Frieden und Wohlstand. Texas war
die erste große Etappe (nach einem kurzen Trip nach Florida
drei Tage zuvor), mit öffentlichen Auftritten, auf denen er sich
der Bevölkerung zeigen konnte, zusammen mit Jackie, die zum
ersten Mal seit 1960 bei einem wahltaktischen Termin dabei
war.

Texas war für die Planung des Wahlkampfes extrem wichtig: Kennedy hatte den Staat 1960 mit dem mageren Vorsprung
von nur 46 000 Stimmen gewonnen. Neben Goodwill und
Fundraising schien es Kennedy noch aus einem anderen Grund
dringlich, dem *Lone Star State* seine Aufwartung zu machen:
Die dortige Führungselite der Demokratischen Partei, seiner
Partei, war bis zur persönlichen Feindschaft zutiefst zerstrit-
ten. Gouverneur John Connally würde am zweiten Besuchstag,
in Dallas, mit in der Präsidentenlimousine sitzen, sein Rivale,
Senator Ralph Yarborough (1903–1996), lehnte dies daraufhin
ab.

Und dann war da noch die Frage der Vizepräsidentschaft: Politische Auguren beobachteten mit Spannung, ob sich der Präsi-

dent in Lyndon B. Johnsons Heimatstaat zu der Frage äußern würde, ob er den Texaner 1964 erneut auf das »Ticket« nehmen, ihn also abermals zu seinem Vizepräsidentschaftskandidaten machen würde. Nicht wenige professionelle Beobachter sahen die politische Karriere Johnsons sich dem Ende zuneigen; würde Kennedy eine andere Persönlichkeit zu seinem zukünftigen Vize machen, hätte Johnson seine politische Zukunft wohl unausweigerlich hinter sich gehabt.

So flogen Jack und Jackie am 21. November von der Andrews Air Force Base bei Washington nach San Antonio, Texas, nach dem dortigen Bad in der Menge nach Houston, dann weiter nach Fort Worth. Der Präsident genoss solche Auftritte, die Fahrten mit der Wagenkolonne, die jubelnden Menschen. In der schönsten Suite des Texas Hotel von Fort Worth verbrachten der Präsident und die First Lady die Nacht. Ihre letzte Nacht.

89. Wie verlief der Freitagvormittag vor dem tragischen Ereignis?

John F. Kennedy wurde am Freitagmorgen, dem 22. November 1963, von seinem persönlichen Butlers, George Thomas, in seiner Hotelsuite in Fort Worth um 7 Uhr 30 geweckt. Die wichtigste Mitteilung, die er dem Präsidenten zu machen hatte, lautete: »Es regnet.« Der Präsident bedauerte dies – es bedeutete, dass man bei der für später geplanten Fahrt durch Dallas das Dach auf die Limousine setzen würde und die Menschen ihn und Jackie nur hinter den Scheiben eines Wagens zu sehen bekämen, dessen Marke den Namen eines Präsidenten trug, der 1865 einem Mordanschlag zum Opfer gefallen war: Lincoln.

Kennedy blickte aus dem Fenster im achten Stock des Hotels auf die Straße und bemerkte: »Ist das nicht überwältigend?« Er meinte die Menschenmenge, die sich zu dieser frühen Stunde trotz des Nieselregens dort versammelt hatte, um einen Blick auf ihren Präsidenten und seine Frau werfen zu können – ähnliche Szenen hatte er am Tag zuvor in San Antonio und Houston erlebt.

Kennedy machte noch eine Äußerung, die im Nachhinein geradezu prophetisch klingt. Zu seinem Intimus Kenny O'Donnell sagte er, beim Blick aus dem Fenster auf die eigens für ihn aufgebaute Bühne zeigend, von der aus er in einigen Minuten zur Menge sprechen sollte: »Schau Dir die Plattform an. Mit den ganzen Hochhäusern drum herum – der Secret Service kann niemanden stoppen, der Dich wirklich kriegen will.« Wenn Kennedy in diesem Moment über seine persönliche Sicherheit nachdachte (was er außerordentlich selten tat), so hing dies mit dem Reiseziel zusammen. Dallas hatte die Reputation, eine Heimstätte für Rechtsextreme zu sein. Seinen UNO-Botschafter Adlai Stevenson hatten erst kurz zuvor Demonstranten bei einem Dallas-Besuch tätlich angegriffen; in der örtlichen Zeitung »begrüßte« eine ganzseitige Anzeige Kennedy und stellte ihn als »Trojanisches Pferd« Moskaus vor. *We're heading into nut country today,* war Kennedys Einschätzung, man sei auf dem Weg ins Land der Irren.

Doch Dallas sollte sich von der Stimmung her keineswegs als unfreundlich präsentieren. Nach wie immer mit viel Beifall aufgenommenen Bemerkungen in Fort Worth (und besonders lautem Applaus für Jackie) unternahm das Paar die wohl kürzeste gemeinsame Flugreise und landete gegen 11 Uhr 30 auf dem Flughafen mit dem schönen Namen Love Field (heute haben Dallas und Fort Worth einen gemeinsamen Airport). Inzwischen hatte sich der Regen verzogen; es war ein strahlend-sonniger, fast frühlingshafter Tag geworden. Als man die Präsidentenlimousine aus der C-130 Transportmaschine herausrollte, ließ man das Dach im Flugzeug.

Schon auf Love Field schien die Menge unüberschaubar, der Jubel war laut. John F. Kennedy nahm auf dem rechten Sitz der Hinterbank des Lincoln Platz, Jackie saß an seiner Seite. Auf den Behelfssitzen *(jump seats)* vor ihnen und hinter den beiden Secret Service-Agenten am Steuer und auf dem Beifahrersitz hatte es sich das »Erste Paar« des Staates Texas bequem gemacht, Gouverneur John Connally und seine Frau Nellie. Die Wagenkolonne setzte sich langsam in Bewegung. Die Strecke vom Flughafen in die Innenstadt zog sich hin, aber schon hier, in Suburbia, hatten viele Bürger bereits seit den frühen Morgenstunden am Rand der von den Zeitungen veröffentlichten Route gestanden und auf den hohen Besuch gewartet.

Je näher die Fahrzeugkolonne dem Stadtzentrum von Dallas kam, desto dichter standen die Zuschauer, aus vielen Bürofenstern winkten Bürger, manche saßen auf den zickzackförmigen Feuertreppen. Die Main Street hätte die Kolonne, in der das Präsidentenfahrzeug die Nummer Zwei hinter einem Wagen mit dem örtlichen Polizeichef und dem Sheriff war, direkt auf den Stemmons Freeway geführt, die Stadtautobahn in Richtung Trade Mart. Doch man machte einen kleinen Umweg: Die Kolonne nahm eine Rechtskurve auf die Houston Street, der sich eine sehr enge Linkskurve von ungefähr 45 Grad auf die Elm Street anschloss. Das Tempo wurde auf etwa 15 Stundenkilometer gedrosselt. Entlang der Elm Street, die eine Seite einer offenen Fläche, dem Dealey Plaza, begrenzt, standen deutlich weniger Menschen, zahlreiche von ihnen mit Fotoapparaten und auch mit Schmalfilmkameras ausgerüstet. Die Fahrt durch die Menge war erkennbar zu Ende, und Nellie Connally zog ein Fazit, als sie sich zum Präsidenten umdrehte und ihn mit einem

Hauch von Lokalpatriotismus anlächelte: »Mr. President, Sie können nicht sagen, dass Dallas Sie nicht liebt.«

Der Wagen hatte gerade ein hohes kastenförmiges Gebäude passiert, in dem einige Fenster – unter anderem im sechsten Stock – halb geöffnet waren: das Texas School Book Depository.

90. Wer war Lee Harvey Oswald?

In Büchern und Artikeln, in Film- und Fernsehdokumentationen über den Mord an Präsident Kennedy wird Lee Harvey Oswald (1939–1963) meist unisono als Nobody, als Versager oder als Soziopath dargestellt, wenn nicht als eine Kombination von allem. Daran mag etwas Wahres sein.

Und dennoch – welche Biografie kann solche Details vorweisen: ein Ex-Marine, der auf dem Höhepunkt des Kalten Krieges offenbar problemlos die Seiten wechselt und mal eben in die Sowjetunion umzieht (die nie ein Magnet für Einwanderer war)? Ein Amerikaner, der kein Wort Russisch spricht und dennoch ein bürgerliches Leben im »Vaterland der werktätigen Klasse« führen darf, bekommt einen Job in einer Elektronikfabrik, und die russische Regierung sponsert eine für Sowjetverhältnisse ganz hübsche Wohnung.

Zur Vollendung seines Glücks im Sozialismus heiratet und schwängert er dann noch die 19-jährige Pharmaziestudentin Marina. Dieser Idylle überdrüssig verlässt der selbsterklärte Kommunist mit Frau und Baby wieder erstaunlich schnell, erstaunlich leicht die Sowjetunion und kehrt in die USA zurück. Diese Vita hat die zahlreichen Verschwörungstheoretiker zu allerlei Mutmaßungen veranlasst; man kann nachlesen, dass Oswald für die CIA oder den KGB, für Fidel Castro oder für die Mafia gearbeitet oder zumindest Kontakt mit diesen gehabt haben soll. Man hätte gern mehr von Oswald selbst erfahren, doch dazu kam es nicht mehr.

Was ohne Zweifel feststeht: Oswald war 24 Jahre alt, kam aus gescheiterten Familienverhältnissen, war das, was im Amerikanischen als *drifter* bezeichnet wird, jemand, der haltlos durchs Leben treibt. Er trat kurz nach seinem 17. Geburtstag in das U. S. Marine Corps ein. Die eher der traditionellen Beurteilung des Attentats im Sinne der *Warren Commission* (dem späteren Untersuchungsausschuss) zuneigenden Historiker oder Journalisten nennen ihn gern einen Scharfschützen. Seine Leistungen beim Training als *sniper* waren jedoch allenfalls mäßig, er schaffte die Qualifikation nur knapp.

Nach seiner Rückkehr in die USA engagierte er sich politisch zugunsten des Regimes in Kuba. Im März 1963 soll er in Dallas ein Attentat auf General Edwin Walker (1909–1993), einen für seinen Antikommunismus bekannten Mitstreiter der rechtslastigen *John Birch Society,* verübt haben. Walker wurde nur leicht verletzt; die Kugel war so deformiert, dass eine genaue ballistische Analyse unmöglich war. Die *Warren Commission* erklärte Oswald zum Schützen, die Senatskommission zum Kennedymord von 1979 äußerte etwas vorsichtiger, dass die Beweislage sehr für Oswalds Täterschaft spreche.

Im August 1963 tauchte er in New Orleans auf, wo er Flugblätter einer Castro-freundlichen Organisation namens *Fair Play for Cuba* verteilte. Nach einer Rangelei mit Castro-Kritikern wurde er vorübergehend festgenommen und eine Stunde lang auch von einem FBI-Agenten vernommen. Ein lokaler Fernsehsender interviewte ihn, was Oswald sichtlich genoss.

Im Oktober tauchte er wieder in Dallas auf, wo er nach Ehestreitigkeiten nur an den Wochenenden mit Marina zusammen war, die am 20. Oktober ihr zweites Kind, eine Tochter, zur Welt brachte (Marina lebt nach allem, was über sie bekannt ist, noch heute im Großraum Dallas; sie wurde 1989 US-Bürgerin). Oswald, der sich bislang mit Gelegenheitsarbeiten über Wasser hielt, hatte ab Mitte Oktober einen neuen Job: im texanischen Schulbuchlager.

Dass er um die Mittagszeit des 22. November 1963 in diesem Büro- und Lagerhaus war, steht außer Zweifel. Doch wo genau er sich in jenen Sekunden, da die Schüsse fielen, aufhielt, ist nicht restlos geklärt. Für jeden, der von der offiziellen Interpretation der *Warren Commission* überzeugt ist, lag Oswald hinter einigen aufgestapelten Kartons auf der Lauer, zielte und schoss auf den Präsidenten mit einem Gewehr der italienischen Marke Carcano, Baujahr 1940, das er sich ein halbes Jahr zuvor für 29,95 Dollar plus Versandkosten auf eine Anzeige in einer Zeitschrift hin bei einem Waffenhändler bestellt und an ein unter falschem Namen angemietetes Postfach hatte senden lassen. Ein Mitarbeiter gab an, Oswald im *Sixth Floor* (nach deutscher Zählweise der fünfte Stock; die Etage hat als »Sixth Floor« Berühmtheit erlangt, und auch das dort befindliche Museum trägt diesen Namen) gesehen zu haben – allerdings mehr als eine halbe Stunde vor dem Attentat.

Ungefähr zwei Minuten nach den tödlichen Schüssen lief ein Polizist in das Schulbuchgebäude und sah Oswald in der Cafeteria im Erdgeschoss, wo er in aller Ruhe eine Cola trank – und ohne außer Atem zu sein. Mit dem Verlassen des Tatortes ließ sich der vermeintliche Attentäter noch weitere zehn Minuten Zeit, und auch das »Fluchtmittel« war für einen solchen Fall eher ungewöhnlich: der Linienbus.

91. Fast nicht zu manipulieren?
Der Horror, 27 Sekunden lang, stumm und in Farbe

Abraham Zapruder (1905–1970) war ein 58-jähriger, in Russland geborener Mann, der es in Dallas zum Kleinunternehmer gebracht hatte; seine Firma stellte Damenmode her. Das Repräsentanzbüro Zabruders lag in einem der Hochhäuser am Dealey Plaza, und als Anhänger Präsident Kennedys und begeisterter Hobbyfilmer machte er sich mittags mit seiner 8 mm Bell & Howell-Kamera auf die Suche nach einem günstigen Standort, um den Präsidentenbesuch zu filmen. Er fand ihn auf einer Anhöhe vor jenem Gras bewachsenen Hügel, der heute zum Heiligen Gral fast aller Verschwörungstheorien geworden ist, dem *Grassy Knoll*. Seine Empfangsdame war mit ihm gekommen und hielt ihn fest, so dass er weitgehend verwacklungsfrei filmen konnte.

Und Abraham Zapruder filmte – und schuf so ein schreckliches und in seiner Deutlichkeit einmaliges historisches Dokument. Knapp 27 Sekunden hielt er den Auslöser gedrückt (pro Sekunde machte die Kamera 18 Einzelbilder) und bewahrte eine ruhige Hand – vielleicht auch, weil ihm nicht sofort bewusst wurde, was sich dort vor seinem Objektiv abspielte. Wie gesagt, »kaum manipulierbar«: Doch vier einzelne Bilder des 8 mm-Films, die frames (Laufbilder) 208–211, fehlen; vermutet wird ein Fehler eines Laboranten beim Entwickeln des Streifens. Sie würden die Sekundenbruchteile zeigen, auf denen Kennedys Limousine (kurz nach dem Schuss in seinen Hals) hinter dem Highway-Zeichen verschwindet.

Abraham Zapruder übrigens überwand nie den Schock über das, was er auf so unvergleichliche Weise für die Nachwelt festgehalten hat. Er hat bis zu seinem Lebensende nicht wieder gefilmt. Der *Zapruder-Film* ist ein Stummfilm; er kann deshalb eine der vielen umstrittenen Fragen zu jenem Tag nicht beantworten: wie viele Schüsse abgegeben wurden. Auch in diesem Punkt schießen die Theorien ins Kraut, drei oder vier, vielleicht auch bis zu sechs Schüsse sollen es gewesen sein. Die höchste Konsensquote dürfte wahrscheinlich die Zahl »drei« haben; mit einem Fehlschuss am Anfang und danach zwei Kugeln, die ihr Ziel trafen, im Falle des zweiten Schusses sogar mehr als ein Ziel.

Der Zapruder-Film zeigt den Wagen des Präsidenten langsam die Elm Street hinunterfahren, JFK winkt in die Menge, stoppt dabei kurz, während Gouverneur Connally den Kopf plötzlich zur rechten Seite dreht – es könnte der Moment sein, in dem ein erster Schuss fällt. Dann verschwindet die Limousine kurz hinter einem großen Schild, das die Auffahrt zum Freeway ankündigt. Sekundenbruchteile, nachdem die Insassen für Zapruders Kamera wieder sichtbar werden, greift sich der Präsident mit beiden Händen an den Hals. Gleichzeitig dreht sich Gouverneur Connally zu ihm um, das Gesicht schmerzverzerrt. Die wahrscheinliche Erklärung (die wie fast jedes andere Detail umstritten ist): Eine Kugel hat von hinten die Kehle des Präsidenten durchschlagen und dringt auf ihrem weiteren Verlauf durch die Lunge des Gouverneurs – dieser sitzt, ebenso wie seine Frau Nellie, tiefer, so dass diese ballistische Interpretation nicht unmöglich ist. Es ist die *single bullet-* oder auch *magic bullet-*Theorie, der zufolge die Kugel durch Deflektion von knöchernen Strukturen ein- oder mehrfach ihren Lauf geändert haben soll.

Computersimulationen haben indessen gezeigt, dass eine von oben und hinten – zum Beispiel aus dem Schulbuchgebäude – abgefeuerte Kugel sich auch durchaus *ohne* Beugungen den Weg durch die tatsächlich verletzten Körperregionen von Präsident und Gouverneur hätte bahnen können.

Leider fehlt jede Dokumentation dieser Wunde Kennedys: Die Ärzte im Parkland Hospital haben aller Wahrscheinlichkeit nach genau an dieser Austrittsstelle in Höhe des Kehlkopfes einen Luftröhrenschnitt vorgenommen und somit die Wunde verändert.

Dann vergehen mehrere, beim heutigen Betrachten qualvoll lange Sekunden. Kennedy sinkt ein wenig in sich zusammen (durch sein Stützkorsett behindert, konnte er nicht in Deckung gehen), die Hände in Höhe seines Kehlkopfes haltend, Jackie beugt sich mit fragender Gestik über ihn. Connally scheint zu schreien – er rief in der Tat aus: »Mein Gott, sie töten uns alle!« Qualvoll sind die Sekunden vor allem aus einem Grund: Der Wagen fährt mit gleich gemächlicher Geschwindigkeit weiter. Hätte Secret Service-Agent William Greer auf das Gaspedal gedrückt, der Lincoln hätte einen Sprung nach vor gemacht und wäre in kaum zwei Sekunden den Blicken von Personen im Schulbuchhaus und auf dem *Grassy Knoll* entschwunden gewesen.

Die Halswunde des Präsidenten wäre mit den Mitteln der Notfallchirurgie des Jahres 1963 gut zu beherrschen gewesen – die Verletzung, die Ronald Reagan im März 1981 erlitt und überlebte, war viel schwerer. Um Gouverneur Connallys Leben hätten die Ärzte bei diesem Ablauf der Ereignisse auch heute mit gleicher Intensität kämpfen müssen – ein Kampf, der 1963 gewonnen wurde.

So vergehen die Sekunden bis zum fürchterlichen Zapruderframe 313: Der Kopf des Präsidenten zerplatzt förmlich, eine Fontäne aus Blut und Gewebe spritzt empor. Auf den nächsten Bildern ist zu sehen, wie Jackie Kennedy aufspringt und sich nach hinten, über den Kofferraum des Lincoln bewegt – sie sammelt ein Stück vom Schädelknochen ihres Mannes ein, wird schließlich von einem herbeieilenden Secret Service-Agenten wieder in den Wagen zurückgedrängt. Auf den einzelnen Bildern nach dem tödlichen Treffer ist die wahrhaft monströse Wunde des Präsidenten zu sehen: Es ist ein Lappen aus Haut und anderen Bestandteilen seines Gesichtes, das von der rechten Kopfhälfte teilweise abgerissen hin- und herschwankt, während Kennedy langsam nach links, aus dem Blickfeld der Kamera sinkt.

Auch *frame 313* ist Gegenstand hitziger Kontroversen. Dass der Kopf des Präsidenten nach dem Auftreffen der Kugel, die ihn regelrecht hat explodieren lassen, nach hinten und links gedrückt wird, scheint darauf hinzudeuten, dass dieser tödliche Schuss von vorn, vom *Grassy Knoll* kam. Beim Betrachten des Zapruder-Films wird kaum ein Beobachter Wetten darauf eingehen wollen, dass diese Kugel von oben-hinten kam. Dem halten Verfechter der weitgehend offiziellen Version des Tathergangs, wonach Oswald allein handelte, entgegen, dass eine solch massive Verletzung keine Eintritts-, sondern eine Austrittswunde sein muss. Fest steht, dass diese Kugel, von wem und von wo immer sie abgefeuert wurde, die Geschichte der USA und mit ihr der Welt änderte.

92. Was passierte am Grassy Knoll?

Der *Grassy Knoll* ist eine mit Rasen bewachsene Anhöhe, die den Dealey Plaza von einem dahinter liegenden Parkplatz, einer Eisenbahnstrecke und schließlich dem Stemmons Freeway trennt. All jene, die nicht daran glauben, dass Oswald die Schüsse oder zumindest den tödlichen Schuss abgefeuert hat, platzieren hier den oder die wahren Täter. Der Hügel ist durch einen Holzzaun begrenzt, der zum Abstützen eines Gewehrs gut geeignet ist und im Schatten von Bäumen liegt.

Filmaufnahmen, die unmittelbar nach den Schüssen vom Dealey Plaza, also von der Abraham Zapruders Position gegenüber liegenden Seite aufgenommen wurden, zeigen einen wahren Run auf den *Grassy Knoll* und über den Zaun hinwegblickende Menschen. Ein Drittel der nach dem Anschlag vernommen Zeugen gab an, mindestens einen aus Richtung des Grassy Knoll kommenden Schuss gehört zu haben. Kurz nach dem Attentat zitierte Walter Cronkite (1916–2009) in seiner Nachrichtensendung einen Reporter, der ebenfalls den Grassy Knoll als möglichem Standort eines Schützen wahrgenommen haben will.

Stand dort wirklich ein Attentäter, so half ihm der Zufall auf unglaubliche Weise. Hätte Zapruder noch zwei, drei Sekunden länger gefilmt und seinen Kameraschwenk fortgesetzt, so wüssten wir heute, ob sich hinter dem Zaun des Grassy Knoll noch jemand befunden hat. Mehr noch: Auf der gegenüber liegenden Seite filmte ein weiterer 8 mm-Enthusiast, Orville Nix, das Attentat. Unglückseligerweise hatte Nix einen Film für Innenaufnahmen in der Keystone-Kamera und vergessen, ein ausgleichendes Filter zu benutzen. So liegt auf seinem Streifen der Grassy Knoll, auf den er eine gute Sicht hatte, im Dunkeln.

93. Was geschah mit JFK nach den tödlichen Schüssen?

Die Wagenkolonne raste mit hoher Geschwindigkeit zum Parkland Hospital, wo sie um 12 Uhr 35 eintraf, nur fünf Minuten nach dem Attentat. Die Ärzte begannen zwar sofort mit Wiederbelebungsmaßnahmen, sahen aber auf den ersten Blick, dass jede Mühe vergebens war. Bald sammelten sich Reporter vor der Klinik, über Radio- und Fernsehsender erfuhren die Amerikaner, dass auf ihren Präsidenten ein Attentat verübt worden war.

Auch Vizepräsident Johnson befand sich mit seinem Secret Service-Team im Hospital; der zweite Mann im Staate wurde relativ lange im Ungewissen über den Zustand Kennedys gelassen; es waren Minuten, in denen das reine Chaos herrschte. Jackie Kennedy, deren Kostüm blutverschmiert war und an deren Armband Teile von Jacks Gehirnmasse klebten, bat darum, einen Priester zu holen; ihr Mann dürfe nicht ohne die Segnungen der katholischen Kirche sterben. Aus einer nahe gelegenen katholischen Kirche traf Pater Oscar Huber ein und gab dem Präsidenten die Letzte Ölung. Auf Jackies Frage, ob ihr Mann dabei – wie von der katholischen Lehre gefordert – noch am Leben gewesen sei, antwortete der Priester rücksichtsvoll, dass die Seele den Körper noch nicht verlassen hatte. Um 13 Uhr wurde John Fitzgerald Kennedy für tot erklärt; sein Pressesprecher trat vor die versammelten Journalisten.

Anschließend kam es noch zu einer handgreiflichen Auseinandersetzung, als die Ärzte darauf bestanden, die Autopsie in der Klinik vorzunehmen, wie es die texanische Gesetzgebung vorsah. Die Secret Service-Agenten – die gut eine Stunde zuvor wenig getan hatten oder tun konnten, um den Präsidenten zu schützen – sorgten (nach einigen Aussagen mit gezogenen Waffen) dafür, dass es dazu nicht kam. Nachdem ein passender Sarg beschafft worden war, setzte man sich mit der sterblichen Hülle des Präsidenten in Richtung Love Field in Bewegung.

Die Nachricht aus dem Parkland Hospital brachte fast überall im Lande das Leben zum Erliegen; die Szene, in der Walter Cronkite, Amerikas bekanntester Fernsehjournalist, den Tod des Präsidenten bekannt gibt, seine Brille abnimmt und mit seinen Emotionen kämpft, ist eines der bekanntesten zeitgeschichtlichen Dokumente des amerikanischen Fernsehens.

94. Warum wurde Lyndon B. Johnson in Dallas an Bord von Air Force One vereidigt?

Unmittelbar nach dem Attentat wusste niemand, was plötzlich über das Land gekommen war. Für Vizepräsident Lyndon B. Johnson, den man in ein Nebenzimmer des Parkland Hospitals gebracht hatte, stellte sich fast zwangsläufig die Frage, ob der Mordanschlag auf Kennedy Teil einer größeren Verschwörung war: Versuchte eine fremde Macht die Führungsspitze der USA zu eliminieren? Befand auch er sich im Fadenkreuz? Das halbe Kabinett inklusive Außenminister Dean Rusk war auf dem Flug nach Japan. Fiele jetzt auch Johnson aus, wäre die Weltmacht praktisch führungslos.

Als feststand, dass Kennedy tot und somit Johnson der neue Präsident war, verließen er, seine Frau Lady Bird und das Sicherheitsteam der beiden das Krankenhaus und fuhren mit Hochgeschwindigkeit in Richtung des Flughafens Love Field. Dort trafen auch die Wagen mit dem Sarg des Präsidenten und seinem Team ein: seine Witwe, O'Donnell und Powers sowie die Secret Service-Agenten des Präsidenten. Dass Johnson sich bereits an Bord von Air Force One befand, überraschte vor allem Kennedys-Getreue – sie gingen davon aus, dass Johnson Dallas mit einem anderen Flugzeug verlassen würde. Der Umstand, dass er der neue Präsident sein würde, war noch nicht ins Bewusstsein gedrungen oder wurde negiert. In den nächsten Stunden, vor allem während des Fluges nach Washington, war an Bord von Air Force One der Antagonismus, ja beinahe eine regelrechte Feindseligkeit zwischen den »Kennedy-Leuten« und den »Johnson-Leuten« spürbar.

Lyndon B. Johnson befand sich in einer schwierigen Situation. Zum einen musste er vor der Welt deutlich machen, dass die USA nicht führungslos waren, dass die Verfassung griff und die Regierung funktionierte. Zum anderen durfte er nicht den Eindruck aufkommen lassen, es dränge ihn an die Macht. Dass ihn die Kennedys mit ihrem ausgeprägten Selbstwertgefühl als Usurpator empfinden würden, der auf einem Stuhl Platz nahm, der einem der Ihren gebührte, dürfte Johnson klar gewesen sein. Johnson sah jedoch die Notwendigkeit, mit seiner Vereidigung die Kontinuität des amerikanischen Systems auch in der Stunde der Tragödie zu dokumentieren.

Doch wann und wo sollte er den Amtseid ablegen? Noch in Dallas? Oder erst in Washington? Um sich Rat zu suchen, vor allem aber um sich abzusichern, rief Johnson die eine Person an, von der er annehmen konnte, dass sie alles tun würde, um ihm Steine in den Weg zu legen: Bobby Kennedy, den Justizminister.

Bobby hatte die Nachricht vom Tode seines Bruders durch einen in Inhalt und Tonlage extrem formell-kalten Anruf von J. Edgar Hoover erhalten. Für den Justizminister war es ein Schlag, der ihn zutiefst traf; seine Trauer, die Leere, die der Tod seines Bruders hinterlassen hatte, würde man ihm über die nächsten Monate deutlich ansehen. Doch auch Robert Kennedy funktionierte in den nächsten Stunden – er ließ Dokumente aus dem Weißen Haus entfernen, die das Ansehen seines Bruders hätten belasten können, bevor der Amtssitz einen neuen Bewohner hatte.

Auf Johnsons Frage, was die Verfassung in puncto Vereidigung im Notfall vorsehe, antwortete Bobby ausweichend. Er hegte eine tiefe Aversion gegen Johnson und würde nichts tun, um diesem bei seinem – so sah es Bobby – Griff nach der Macht zu helfen.

Johnson allerdings dürfte in amerikanischer Geschichte bewandert genug gewesen sein, um zu wissen, dass eine notfallmäßige Vereidigung weder etwas Ungewöhnliches ist, noch besonderen Aufwand erforderte. Bestes Beispiel: Im August 1923 war der damalige Vizepräsident Calvin Coolidge (1872–1933), der sich im Urlaub auf der abgelegenen elterlichen Farm in Vermont befand, nach Eintreffen der Nachricht vom Tode des Präsidenten Warren Harding (1865–1923) im fernen San Francisco mitten in der Nacht von seinem Vater, der gelegentlich die Pflichten eines Notars in der ländlichen Gegend übernahm, im Lichtschein einer Petroleumlampe auf eine Familienbibel vereidigt worden.

Johnson hatte somit die Verfassung, die Tradition und auch die Vernunft auf seiner Seite, als er Air Force One (wo es mangels einer Klimaanlage heiß und stickig wurde und die Stimmung auf einem Tiefpunkt war) noch auf dem Boden in Love Field beließ, obwohl das Kennedy-Team zum Abflug drängte, weil man befürchtete, die Polizei von Dallas würde dies verhindern und den Sarg zur Obduktion des Toten aus der Maschine holen. Johnson wartete, bis die Richterin Sarah Hughes in der Maschine eintraf. Vor ihr legte Johnson den Amtseid als 36. Präsident der USA ab. Es war das erste Mal in der amerikanische Geschichte, dass eine Frau einen Präsidenten vereidigte (ihre Beförderung zu einer Bundesrichterin hatte Justizminister Robert Kennedy übrigens mit Hinweis auf Hughes' Alter – sie war 65 – abgelehnt). Es war 2 Uhr 38 – zwei Stunden und acht Minuten nach den tödlichen Schüssen.

Johnson hatte Jackie Kennedy gebeten, in diesem Moment an seiner Seite zu stehen. Er wusste um die Kraft dieses Bildes. Jackie kam dem nach, da sie weniger Ressentiments gegen den neuen Präsidenten hegte als ihr Umfeld und weil sie die Größe hatte, auch in dieser finsteren Stunde ihren Teil zur Legitimität der amerikanischen Präsidentschaft beizutragen. Johnson hatte dafür gesorgt, dass mehrere Fotografen bei der kurzen Zeremonie zugegen waren. Die Bilder gingen um die Welt, noch bevor Air Force One in den Abendstunden in Washington landete.

95. Was wurde aus Lee Harvey Oswald?

Die Nachricht aus Dallas versetzte die amerikanische Nation in einen Schockzustand. Weite Teile der Bevölkerung verbrachten das Wochenende vor den Fernsehgeräten. Sie sahen, wie der Sarg Kennedys in Beisein von Jackie und Bobby aus der Präsidentenmaschine entladen wurden. Sie erfuhren Einzelheiten über den mutmaßlichen Attentäter. Die Polizei von Dallas verhaftete Lee Harvey Oswald in einem Kino, nachdem er – wie berichtet wurde – zuvor einen Polizeibeamten erschossen hatte.

Dass eine solch sinistre Gestalt einen jugendlich-strahlenden Präsidenten aus kaum erklärlichen Motiven kaltblütig ermorden und ein ganzes Zeitalter, das die Zeitgenossen mit dem Begriff *New Frontier* (den Kennedy in einer Rede vor der Democratic National Convention gebrauchte) und die Nachwelt mit Camelot verband, mit einem billigen Gewehr zu einem abrupten Ende bringen konnte, musste absurd erscheinen.

Eine noch surrealere Wendung nahm die amerikanische Wirklichkeit dieser Tage fast genau 48 Stunden nach dem Attentat live vor laufenden Kameras und vor einem Millionenpublikum. Wie in den vergangenen beiden Tagen berichteten die Fernsehsender pausenlos aus dem Polizei-Hauptquartier in Dallas. Um die Mittagszeit, kurz vor halb 12 in Texas, sollte Oswald im Untergeschoss des Gebäudes zu einem bereitstehenden Wagen gebracht und ins örtliche Gefängnis verlegt werden. Als Oswald, in Handschellen und von zwei Polizisten geführt, auftauchte, sprang ein untersetzter Mann im dunklen Anzug hervor und schoss Oswald aus nächster Nähe in den Bauch. Es war der Besitzer eines Nightclubs in Dallas, Jack Ruby (1911–1967), der eigentlich Jacob Rubenstein hieß. Er habe es für Mrs. Kennedy und zur Rettung des Namens der Stadt Dallas getan, erklärte er später. Ruby werden Kontakte zum organisierten Verbrechen nachgesagt. Oswald starb im inzwischen landesweit bekannten Parkland Hospital. Es war Sonntag, der 24. November 1963 – 48 Stunden und acht Minuten nachdem an gleicher Stelle der Tod von Präsident Kennedy bekannt gegeben worden war.

In den zwei Tagen seiner weltweiten Bekanntheit konnte Oswald den auf ihn im Polizeipräsidium eindrängenden Reportern nur einige knappe Antworten geben. Eine davon ist vielen in Erinnerung geblieben: *I'm just a patsy*, ich bin nur ein Sündenbock.

96. Was ist die Warren Commission?

Auf Anweisung des neuen Präsidenten, Lyndon B. Johnson, wurde eine Untersuchungskommission gebildet, die das Attentat auf Kennedy untersuchen sollte. Fast ein Jahr nach dem Attentat legte das nach dem Obersten Bundesrichter Earl Warren (1881–1974) benannte Gremium seinen knapp 900 Seiten starken Report vor und lieferte die bis heute gültige Interpretation der Ereignisse, die kurz zusammengefasst lautet: Lee Harvey Oswald war Kennedys Mörder, und er handelte allein. Die Erkenntnisse und Arbeitsweise der Kommission sind vielfach kritisiert worden. In den späten 1970er Jahren setzte das Repräsentantenhaus einen Ausschuss *(House Select Committee on Assassinations)* ein, der die Anschläge auf Kennedy und Martin Luther King untersuchte. Das Ergebnis war leicht abweichend: Zwar hielt auch dieses Komitee Oswald für den Mörder Kennedys, doch wurde diesmal die Möglichkeit einer Konspiration nicht ausgeschlossen. Jetzt galt es als wahrscheinlich, dass ein zweiter Schütze vor Ort war – und zwar auf dem Grassy Knoll.

Bei der *Warren Commission* sind zwei Personalien interessant. Eines ihrer Mitglieder war mit dem Kongressabgeordneten aus Michigan Gerald Rudolph Ford (1913–2006), ein späterer Präsident. Ein anderes Mitglied war Allen Dulles, der langjährige Chef der CIA. Er war von John F. Kennedy gefeuert worden.

97. Warum glauben viele Amerikaner immer noch an eine Verschwörung?

Es dürfte kaum ein historisches Ereignis geben, das so intensiv untersucht und diskutiert wurde wie der Mord an Präsident Kennedy. Die Zahl der Publikationen ist unüberschaubar; es gibt eine Vielzahl von Dokumentationen und eigens zum Thema abgehaltener Kongresse. Die Verbreitung des Materials, die oft sehr selektive Auswahl von Fakten, die sich über Jahre gelegentlich wandelnde Erinnerung von Zeugen und schließlich das Aufkommen des Internets als Forum der Verbreitung von oft kaum überprüfbaren Informationen hat dazu beigetragen, dass es inzwischen sehr schwer geworden ist zu entscheiden, welche Daten und (vermeintliche) Fakten authentisch sind und welche in den letzten 50 Jahren in eine bestimmte Richtung gebogen oder nachträglich hinzugefügt wurde. Der »Markt« für Verschwörungstheorien ist groß: Nach Umfragen glauben rund 75 % der Amerikaner daran, dass die offizielle Version gemäß der *Warren Commission* nicht die ganze Wahrheit – oder eine glatte Lüge – ist.

Kern der ganzen Debatte ist der Zweifel an Lee Harvey Oswald als Einzeltäter. Die zahlreichen im Zusammenhang mit dem Tag von Dallas erblühten Verschwörungstheorien, die nicht selten mit pseudoreligiösem Eifer und der dazu gehörigen geringen Toleranz für andere Meinungen verbreitet werden, haben die engste Definition von *conspiracy* gemeinsam: dass mehr als eine Person an dem Anschlag beteiligt war. Die meisten dieser Deutungen beinhalten einen weiteren konstitutiven Aspekt, das *cover-up*, dass nämlich die Wahrheit vertuscht und Beweismittel beseitigt oder manipuliert wurden. Da das *cover-up* bei einem Mord an einem Präsidenten von beträchtlichem Aufwand gewesen sein muss, müssen nach dieser Interpretation der Ereignisse staatliche Stellen beteiligt gewesen. Infrage kommen dabei lokale Behörden in Dallas, die Regierung in Washington im weitesten Sinne und deren Organe wie zum Beispiel das FBI oder die CIA.

Die Veröffentlichung zu den zahlreichen Theorien und die diesen zugrunde liegenden Argumentationen füllen inzwischen Regalmeter in Bibliotheken und bieten im Internet Lesestoff für einige Jahre. Hier kann nur leicht angedeutet werden, auf welche Fragestellungen und Vermutungen man am häufigsten stößt, wenn man sich auf dieses weite Feld begibt. In der Frage der Hintermänner, also der Individuen oder Institutionen, die den Kennedymord organisiert oder in Auftrag gegeben haben könnten, wird man mit einer Vielzahl von Verdächtigen konfrontiert; in der Liste fehlen eigentlich nur Aliens, die Heilsarmee und Hollywoods Lieblingsschurken: die Nazis.

Zu den am häufigsten genannten Verschwörern gehört unter anderem der amerikanische Sicherheitsapparat. Damit sind FBI und CIA sowie andere Teile des militärisch-industriellen Komplexes gemeint. Die Motivsuche – wenn es denn überhaupt einen »rationalen« Grund geben kann, einen Menschen zu töten – führt unter anderem zu Kennedys Vernachlässigung nationaler Sicherheitsinteressen durch sein Privatleben. Auch durch seine mutmaßliche Absicht, Amerikas noch begrenztes Engagement in Vietnam schnell wieder zu beenden, womit er sich bei der Rüstungsindustrie keine Freunde gemacht hätte. Auch seine vor allem in der Rede an der American University angedeutete Absicht, eine Verständigung mit dem ideologischen Gegner, der Sowjetunion, zu suchen, könnte ihm im Pentagon sowie bei sämtlichen Hardlinern Feinde gemacht haben.

Auch Kuba taucht in den Erklärungsversuchen in schöner Regelmäßigkeit auf – und zwar aus beiden politischen Lagern des Eilandes. Fidel Castro hatte unzweifelhaft einen Grund, Kennedy aus dem Weg zu schaffen, denn die US-Regierung trachtete ihm bekanntlich nach dem Leben. Als er viele Jahre später in einem Interview beteuerte, ein kubanischer Mordanschlag auf den amerikanischen Präsidenten wäre Wahnsinn gewesen und hätte zur Zerstörung seines Landes und seines Regimes durch die Vereinigten Staaten geführt, hatte er die Logik auf seiner Seite.

In Verdacht gerieten auch seine Gegner, die Exilkubaner in den USA. Diese waren nach Kennedys fehlender Unterstützung bei der Schweinebuchtinvasion zusehends verbittert. Das organisierte Verbrechen ist ein weiterer Hauptverdächtiger, unter anderem wegen Bobbys Feldzug gegen die Mafia. Und auch der Mann, der direkt und unmittelbar von Kennedys Ermordung profitierte, geriet in Verdacht: der neue Präsident, Lyndon B. Johnson, dem die Kugeln Oswalds – oder von wem auch immer – ermöglicht hatten, seinen politischen Lebenstraum, die Präsidentschaft, zu erfüllen.

Zum Erblühen der verschiedenen Theorien trugen neben der Monstrosität des Geschehens, das so schwer zu erklären schien, viele Ungereimtheiten und Ereignisse bei, die in Zusammenhang mit dem Mord stehen können, aber nicht müssen. Dazu gehört das von Verschwörungsenthusiasten angeführte vorzeitige Versterben von Personen, deren Aussagen vielleicht Licht ins Dunkel hätten bringen können. Die prominentesten Toten sind freilich Oswald und Ruby, ferner wird ein Freund von Präsident Kennedy, Grant Stockdale, genannt, der zwei Wochen später aus einem dreizehnten (!) Stockwerk stürzte sowie eine junge Frau, die per Telefon vor dem Mord an Kennedy gewarnt haben soll und wenige Tage später tot aufgefunden wurde.

Besonders verdächtig erscheint das Schicksal von Mary Pinchot Meyer, der Frau eines CIA-Mitarbeiters und »Freundin« Kennedys. Sie wurde im Oktober 1964 beim Spaziergang am Chesapeake & Ohio Canal im noblen Washingtoner Stadtviertel Georgetown umgebracht. Der Täter (ein Afroamerikaner, bei dem man keine Waffe fand, wurde festgenommen, vor Gericht aber freigesprochen) arbeitete professionell: eine Kugel ins Gehirn, eine Kugel ins Herz aus nächster Nähe.

In Dallas selbst hat man in der Tat einige Merkwürdigkeiten gesehen. Das größte Fragezeichen ist wohl Lee Harvey Oswald selbst, der in der kurzen Zeit, die ihm blieb, die Tat bestritt. Sein mögliches Motiv bleibt ein Rätsel: Hass auf einen Erfolgreichen, Mächtigen? Kommunistische Überzeugung? Geltungssucht? Seine Waffe war nicht gerade ein Präzisionsinstrument, und Oswald kein olympiaverdächtiger Schütze. Nach jedem Schuss musste er das Gewehr heben, die verschossene Patrone auswerfen, neu anlegen und zielen – und damit innerhalb von neun Sekunden zwei so verheerende Treffer auf ein sich (wenn auch langsam) bewegendes Ziel setzen.

Ungewöhnlich (verdächtig) erscheint manchem die Konzeption der Wagenkolonne. Die Secret Service-Agenten fuhren in der nächsten Limousine, hinter dem Lincoln Kennedys und Connallys. Kein Agent stand auf den Trittbrettern des Lincoln oder lief, wie meist üblich, neben dem Wagen des Präsidenten her. Es gibt eine Filmaufnahme, kurz nach Verlassen von Love Field aufgenommen, auf der zu sehen ist, wie ein Agent ansetzt, den Lincoln im Laufschritt zu begleiten. Dann ruft ihm offenbar ein Kollege (Vorgesetzter?) aus dem Secret Service-Wagen zu, dies zu unterlassen – der Agent deutete durch Gebärden sein Unverständnis an. So waren alle Personenschützer, als die Schüsse fielen, zu weit vom Präsidenten entfernt, um sich schützend vor diesen zu werfen, oder drehten ihm – die Agenten Greer und Kellerman auf den Vordersitzen des Lincoln – den Rücken zu.

Ungewöhnlich war auch die Reihenfolge der Kolonne: Die Medienvertreter befanden sich in Wagen Nummer Sechs. Kein einziger von ihnen konnte das Geschehen dokumentieren oder auch nur sehen. Die Präsidentenlimousine wurde übrigens bald nach der Ankunft im Parkland Hospital gesäubert, wahrscheinlich von einem Secret Service-Agenten. Damit wurde der Tatort verändert.

Manipulationsvorwürfe sind auch gegen die Autopsie (die am Abend im Naval Hospital in Bethesda durchgeführt wurde) und die Autopsiefotos ins Feld geführt worden. Apropos Autopsie: Lieutenant Naval Commander William B. Pitzer, der die Fotos gemacht haben soll (was nicht restlos klar ist), saß drei Jahre später mit einer Schusswunde im Kopf an seinem Schreibtisch im Hospital. Pitzer wurde in einer Fernsehdokumentation als Linkshänder beschrieben. Das Einschussloch war jedoch an der rechten Schläfe.

Diese Liste ließe sich beinahe endlos fortsetzen. Wenn es nicht Lee Harvey Oswald war oder zumindest nicht Lee Harvey Oswald allein – werden wir dann je die Wahrheit erfahren? Man muss wohl von der Annahme ausgehen, dass Leute, die den Präsidenten der USA umbringen – und dann, vielleicht unter Mithilfe von Teilen der Staatsapparate oder angesehener Persönlichkeiten wie den Mitgliedern der *Warren Commission*, für ein halbes Jahrhundert einen wirklich überzeugenden Beweis unterdrücken können –, ihren »Job« so gründlich gemacht haben, dass die Spuren mit der Zeit verwischt sind. Wer auf eine endgültige Klärung hofft, wird wohl auf eine *deathbed confession*, auf ein überzeugendes Geständnis auf dem Totenbett warten müssen. Doch auch dafür läuft die Zeit allmählich ab.

98. Wie nahm die Welt Abschied von John F. Kennedy?

Dem nationalen Trauma folgte für die Planer in der Hauptstadt Washington umgehend ein logistischer Albtraum. Wie sollte man in kürzestmöglicher Zeit ein Staatsbegräbnis arrangieren und gleichzeitig die Anreise sowie die Sicherheitsvorkehrungen für Dutzende von Staats- und Regierungschefs, von gekrönten Häuptern, Außenministern und sonstigen Abgesandten fast aller Staaten der Welt organisieren?

Dreimal war vor Kennedy ein amerikanischer Präsident einem Attentat zum Opfer gefallen. Während James Garfield (1881) und William McKinley (1901) dem normal gebildeten US-Bürger ein wenig entrückte Gestalten waren, hatte das Land mit Abraham Lincoln 1865 einen seiner unzweifelhaft großen Präsidenten durch Mörderhand verloren. Jacqueline Kennedy setzte – noch unter Schock stehend – durch, dass ihrem Mann ein Begräbnis zuteil werden sollte wie einst Lincoln, um Jack mit der Symbolik einer solchen Trauerfeier historische Größe zuzusprechen. Umgehend stimmte sie daher dem Vorschlag von Verteidigungsminister Robert McNamara zu, den toten Präsidenten in Arlington beizusetzen. In der weiteren Kennedyfamilie war bis dahin eher an ein Familiengrab in Boston gedacht worden, aber der Nationalfriedhof erschien Jacqueline als eine wahrhaft würdige Ruhestätte – und als ehemaliger Marineoffizier hatte Kennedy alle Berechtigung, dort zur letzten Ruhe gebettet zu werden.

An gleicher Stelle wie einst Lincoln, im East Room des Weißen Hauses, wurde Kennedys Katafalk aufgebahrt. Er war geschlossen und mit einer amerikanischen Fahne bedeckt. Auf einen offenen Sarg hatte man verzichtet: Die Kopfwunde war zu schrecklich und hatte die mit der Präparierung der Leiche beauftragten Experten an die Grenzen ihrer Kunst gebracht. Im East Room nahmen enge Angehörige, sein Kabinett und seine beiden direkten Vorgänger, Dwight D. Eisenhower und Harry Truman, von Kennedy Abschied.

Am nächsten Tag, Sonntag, dem 24. November, setzte sich eine schweigsame Prozession vom Weißen Haus in Richtung Capitol in Bewegung. Der Katafalk wurde in der Rotunda aufgebahrt; nach einer Messe hatten amerikanische Bürger die Gelegenheit, ihrem Präsidenten die letzte Ehre zu erweisen. Die Menge war ungeheuer groß; nach Schätzungen zogen bis in die Abendstunden mehr als 300 000 an dem Katafalk vorbei, viele von ihnen unter Tränen.

Am Montag, dem 25. November 1963, fand das Staatsbegräbnis statt. Rund 100 Nationen waren vertreten; zu den prominentesten Trauergästen gehörten Frankreichs Staatspräsident Charles de Gaulle und Prinzgemahl Philip für Großbritannien. Die noch junge Bundesrepublik Deutschland (erst 14 Jahre zuvor gegründet) war unter anderem durch Bundespräsident Heinrich Lübcke (1894–1972), Bundeskanzler Ludwig Erhardt (1897–1977) und den Regierenden Bürgermeister von West-Berlin, Willy Brandt, vertreten. Brandt hatte erst wenige Monate zuvor den Präsidenten bei seinem denkwürdigen Besuch im Juni 1963 in der geteilten Stadt begleitet. Eine scheinbar endlose Prozession setzte sich bei kaltem, aber sonnigem Wetter vom Capitol die Connecticut Avenue hinab in Bewegung. Das Ziel war die National Cathedral, wo Kardinal Cushing (der »Jack« und Jackie zehn Jahre zuvor getraut hatte) die Messe las. Die Fernsehübertragung zog nicht nur in den USA, sondern weltweit Menschen in Bann – auch in der Sowjetunion wurde das Geschehen übertragen, selbst dort weinten Menschen öffentlich.

Von der National Cathedral trat der Sarg des 35. US-Präsidenten dann die letzte Etappe an, die wenigen Meilen nach Arlington. Die Bilder des kleinen John, der in diesem Moment seinem Vater salutierte, gehören zur Ikonographie des 20. Jahrhunderts. In Arlington wurde John F. Kennedy bestattet. Bald würde eine ewige Flamme sein Grab zieren, das auch ein halbes Jahrhundert später tagtäglich von Menschen aus aller Welt besucht wird. Nur fünf Jahre später wurde sein Bruder Robert, niedergeschossen im gewalttätigen Jahr 1968, als er auf dem Weg zur Präsidentschaft war, an seine Seite gebettet. Jacqueline Kennedy fand im Mai 1994 hier ihren *final resting place*.

XII

»DIE PROBLEME DER WELT KÖNNEN NICHT VON DEN
SKEPTIKERN UND ZYNIKERN GELÖST WERDEN,
DEREN HORIZONT DURCH DIE REALITÄT VERBAUT IST.
WIR BRAUCHEN MÄNNER, DIE VON DINGEN TRÄUMEN,
DIE ES NOCH NIE GEGEBEN HAT UND DIE SICH FRAGEN:
WARUM NICHT?«

99. Welches politische Erbe hinterließ John F. Kennedy?

Selbst wohlgeneigte Historiker und Biografen bezeichnen die
Bilanz Kennedys als eher bescheiden; es waren nicht allzu
viele Gesetzesvorhaben, die er durch den Kongress bekam. Das
ist zweifellos richtig, doch verbrachte Kennedy einen großen
Teil seiner Regierungszeit mit rein exekutiven Aufgaben –
und eintausend Tage sind kein langer Zeitraum, wenn es um
die Zustimmung von Senat und Repräsentantenhaus sowie
ggf. den Supreme Court geht (wie in der Gegenwart das
Beispiel der Reform des amerikanischen Gesundheitssystems
aufzeigt).

Es war seinem Nachfolger, Lyndon B. Johnson, beschieden, die
von Kennedy angestoßene Bürgerrechtsgesetzgebung auf den
Weg zu bringen und im Geiste des 35. Präsidenten den Amerikanern die umfassendsten sozialen Absicherungen seit Franklin D.
Roosevelts *New Deal* zu geben. Kennedy hielt gesellschaftspoliti-
sche Sicherheit und die Zufriedenheit seiner Mitbürger für die
unverzichtbare Grundlage der globalen Vormachtstellung der
USA.

In jener Rede vor der Trade Mart in Dallas, die nie gehalten wurde, wollte er dies unmissverständlich deutlich zu machen, wie aus seinem Manuskript hervorgeht: »Es sollte klar sein, dass eine Nation in der Welt nicht stärker dastehen kann, als sie es daheim ist. Nur ein Amerika, das auch praktiziert, was es über gleiche Rechte und soziale Gerechtigkeit predigt, wird von denen respektiert werden, die unsere Zukunft mit beeinflussen. Nur ein Amerika, das seine Bürger vollständig ausbildet, wird in der Lage sein, die Probleme anzugehen und die versteckten Gefahren der Welt, in der wir leben, zu erkennen. Und nur ein Amerika, das wächst und prosperiert, kann weltweit die Freiheit verteidigen und gleichzeitig allen die Möglichkeiten unseres Systems und unserer Gesellschaft aufzeigen.«

Johnson prägte den Begriff der *Great Society*, einer großen, solidarischen Gesellschaft, in der kein Platz mehr für Rassendiskriminierung und Armut sein würde, einer Gesellschaft, wie sie John F. Kennedy in seiner Rede nach der Präsidentschaftsnominierung unter dem Oberbegriff »New Frontier« beschworen und teilweise während seiner Amtszeit umgesetzt hatte – zum Beispiel das Ende der Diskriminierung bei öffentlichen Wohnprojekten, die Förderung der Beschäftigung von Farbigen durch Regierungsbehörden und diverse Maßnahmen, um den Traum vom eigenen Haus auch für Amerikaner im unteren Drittel der Einkommensskala Realität werden zu lassen.

1964 wurde Johnson mit einem Rekordergebnis in seinem Amt bestätigt, weil er die Gewähr zu bieten schien, die von der Mehrheit der Bevölkerung als erfolgreich wahrgenommene Politik Kennedys fortzusetzen. Die Große Gesellschaft wurde indes in seiner eigenen Amtszeit von Januar 1965 bis Januar 1969 überschattet von einem Drama, dessen Grundlagen unter Kennedy gelegt wurden: dem Vietnamkrieg. Wie bereits angedeutet, ist umstritten, ob Kennedy eine solche Eskalation zugelassen hätte, wie sie ab 1965 dann tatsächlich eintrat.

John F. Kennedy war zutiefst von der Möglichkeit eines Atomkrieges bedrückt. Die Gefahren dieser Katastrophe, deren kalten Hauch er in den letzten Oktobertagen des Jahres 1962 allzu deutlich gespürt hatte, zu mindern war eines seiner vorrangigen außenpolitischen Ziele in seinem letzten Jahr, spürbar in Reden wie an der America University und, im gleichen Jahr, vor der Vollversammlung der Vereinten Nationen: »Lassen wir unsere Hoffnungen nicht auf Papier oder Pergament ruhen, lasst uns danach streben, Frieden zu schaffen, ein Streben nach Frieden, die Bereitschaft für den Frieden zu arbeiten, in die Herzen und Gedanken all unserer Menschen zu pflanzen.«

Es war sein einstiger politischer Rivale Richard Nixon, der eine Politik der Entspannung gegenüber der Sowjetunion betrieb und zwei wichtige Abkommen zur Eindämmung des Wettrüstens zustande brachte: SALT I und den ABM-Vertrag. Nixon gelang auch eine »Öffnung« der amerikanischen Politik gegenüber China und setzte der diplomatischen Sprachlosigkeit gegenüber dieser aufsteigenden Großmacht ein Ende.

Das Ende des Kalten Krieges erlebten zwei republikanische Präsidenten während ihrer Amtszeit: Ronald Reagan, der nach Kennedy die zweite große Berlin-Rede an jener Stelle hielt, von der aus auch JFK die Mauer besichtigt hatte, und der kaum vermuten konnte, dass seiner Aufforderung *Tear down this wall!* so schnell nachgekommen würde, und George Bush senior, der in jenem historischen Moment im November 1989 mit kluger Zurückhaltung reagierte. Kennedys über lange Zeit dringlichste sicherheitspolitische Sorge, Berlin, wurde kein Schauplatz der Konfrontation, sondern der Überwindung der Teilung, dieses auf der globalen Karte so klein wirkenden Kontinents Europa.

Der Idealismus, den Kennedy ausstrahlte und der in seiner Antrittsrede in dem berühmten Satz *Ask not what your country can do for you; ask what you can do for your country* gipfelte, inspirierte zahlreiche, meist junge Amerikaner zu sozialem Engagement, zur Mitarbeit in Projekten wie *City Year*, *Teach for America* und im *Peace Corps*. Er begeisterte junge Menschen auch für die Politik, wie einen 16-jährigen Burschen aus Arkansas, der ihm beim Besuch einer Jugendgruppe im Weißen Haus die Hand schütteln durfte, namens Bill Clinton, wie einen aus dem Vietnamkrieg heimkehrenden Soldaten aus seinem Heimatstaat Massachusetts, der mit ihm die Initialen JFK gemeinsam hatte und der es zum Senator, Präsidentschaftskandidaten 2004 und schließlich zum amerikanischen Außenminister bringen sollte, John F. Kerry. Und auch das politische Denken und das Engagement eines Mannes, der in Kennedys erstem Amtsjahr auf Hawaii geboren wurde und den viele seiner Anhänger bei seinem rasanten Aufstieg im Jahr 2008 mit Kennedy vergleichen, prägte er nachhaltig: Präsident Barack Obama.

John F. Kennedy leitete ein neues Zeitalter in der Wahrnehmung des Präsidenten und des Amtes durch die Amerikaner und die Welt ein. Er war der erste mediale »Superstar« im Weißen Haus und zusammen mit seiner Familie eine *celebrity*; der erste Mann im Staate und die Seinen waren ein Objekt höchsten öffentlichen Interesses. Noch arbeitete die Presse unter selbst auferlegten Schranken. Diese würde fallen – und einige seiner Nachfolger in große Schwierigkeiten bringen.

Die Kennedys als politischer Faktor spielten noch mehrere Jahrzehnte lang eine gewichtige Rolle auf Amerikas politischer Bühne. Sein Bruder Robert, der durch die Tragödie eine Reifung durchmachte, seine Kantigkeit weitgehend ablegte und ein genuines, durchaus authentisch wirkendes Mitgefühl für die Benachteiligten in der amerikanischen Gesellschaft entwickelte, griff 1968 nach der Präsidentschaft und sah sich als legitimen Erben seines Bruders. Wieder wartete ein *lone gunman*, ein einsamer Schütze.

Neben Senator Edward Kennedy arbeiteten mehrere andere Familienmitglieder in der Legislative. Wenn auch bei Weitem nicht mehr so medial exponiert wie vor einem halben Jahrhundert – die nächste Generation der Kennedys ist auch heute in Washington präsent. Im Januar 2013 zog der neue Repräsentant des vierten Distrikts von Massachusetts ins Abgeordnetenhaus ein: Joseph Patrick Kennedy III, der älteste Enkel Roberts und somit ein Großneffe von JFK.

100. Wie wandelte sich das Bild Kennedys? Und warum fasziniert JFK noch heute?

Es vergingen einige Jahre nach Kennedys Tod, bis die weniger schönen Einzelheiten seiner Biografie an die Öffentlichkeit drangen: Details aus seinem Privatleben, die Verbindungen seiner Familie, im Wesentlichen seines Vaters, zu lichtscheuen Geschäftspartnern.

Ende der 1960er und in den ersten 1970er Jahren hatte sich das politisch-gesellschaftliche Klima in den USA und anderen westlichen Ländern verändert. Nach Bürgerprotesten und Studentenrevolten, nach politischer Gewalt und Watergate schien die Zeit für eine so weitgehend unkritische Verehrung, wie sie Kennedy zu Lebzeiten oft zuteil wurde, endgültig abgelaufen zu sein. Die Menschen waren vielerorts von den Regierenden desillusioniert, die Medien sahen sich nicht länger als lammfromme Berichterstatter wie einst am Hof von »Camelot«, sondern als Investigatoren, die einen lügenden Präsidenten zu Fall und seine finsteren Mitarbeiter ins Gefängnis bringen konnten. Überhaupt war es en vogue, »Helden« vom Sockel zu stoßen – in den USA vor allem dann, wenn es sich um Weiße handelte und diese zudem noch männlichen Geschlechts waren.

Kaum eine bis dahin weitgehend verehrte historische Persönlichkeit entging dem Seziermesser einer neuen Schule von Biografen: Thomas Jefferson hielt Sklaven (ebenso George Washington und Verfassungsvater James Madison und zahlreiche andere frühe Präsidenten) und hatte ein Verhältnis mit einer Leibeigenen (nach feministischer Lesart: hielt sie in einem Zustand sexueller Sklaverei). J. Edgar Hoover, von vielen Amerikanern lange Zeit als vorbildlicher Gesetzeshüter verehrt, wurde als dunkle Macht im Hintergrund entlarvt; er wandte illegale Abhörmethoden an und verfolgte vor allem Schwarze und Schwule mit irrationaler Feindschaft und einem Fanatismus, als ob er selbst etwas abzuwehren oder zu verbergen hätte, wahrscheinlich weil er selbst homosexuell war.

Ja, selbst bei Kennedys Vorgänger, Dwight Eisenhower, spürte man plötzlich Anrüchiges im Privatleben auf: Er soll, während er Europa von den Nazis befreite, mit seiner englischen Fahrerin Kay Summersby ein Verhältnis gehabt haben – zum Leid seiner daheim weilende Gattin Mamie, die Trost suchend zur Flasche griff.

Doch gemessen an den Enthüllungen und solchen maximal negativen Darstellungen wie in Seymour Hershs *Dark Side of Camelot* steht John F. Kennedy ein halbes Jahrhundert nach seinem Tod erstaunlich wenig beschädigt da. Er hat Schwächen gehabt, zahlreiche und bedenkliche – seinen Ruf haben sie für viele Beobachter zwar angekratzt und relativiert, aber nicht zerstören können. Alan Brinkley bringt es auf den Punkt: »Die Realitäten seines Lebens haben sich zwar seiner globalen Reputation nicht als ebenbürtig erwiesen. Aber in seiner kurzen Präsidentschaft ist dieser persönlich zugeknöpfte, pragmatische Mann in den Augen der Welt zu einem charismatischen Anführer geworden, der im Leben und im Tode zu einem Symbol für Hoffnung und Sinn wurde.«

Gerade das Kennedy aus so vielen Quellen zugesprochene Charisma ist es, was noch heute bewundert wird – vor allem weil allzu oft der Vergleich mit den heutigen Politikern so wenig günstig für diese ausfällt: Welchem aktuellen europäischen Staats- und Regierungschef (oder -chefin) würde man »Charisma« von kennedyschem Format zubilligen? In den USA wurden die nachfolgenden Präsidenten hinsichtlich ihrer Ausstrahlung, ihrer Fähigkeit zu inspirieren und zu begeistern immer wieder mit Kennedy verglichen – und schnitten schlecht ab: wie der brave Gerald Ford, der zu verbalen Fauxpas neigte. Jimmy Carter, zusammen mit seiner ehrgeizigen Frau Rosalynn so ziemlich das Gegenteil der Kennedyschen Geschmacksicherheit, strahlte Pessimismus und Miesepetrigkeit aus und wird für immer mit dem in einer Fernsehansprache benutzten Begriff »Malaise« in Verbindung gebracht werden. Und schließlich George W. Bush, dessen Presseauftritte gelegentlich in einem Gestammel mündeten, das für den Zuhörer wahrscheinlich schmerzhafter war als für ihn selbst. Charisma hat man am ehesten bei Bill Clinton ausgemacht und, von anderen Überzeugungen geprägt, bei Ronald Reagan, den Amerikas Medien den »Großen Kommunikator« nannten – in dieser Hinsicht war er ein Nachfolger Kennedys.

Zweifellos haben es Kennedys engste Freunde und Weggefährten wie Arthur Schlesinger in ihren oft zu Hagiografien mutierten Erinnerungen mit der Heiligsprechung ihres Idols übertrieben. Doch auch Kritiker, die Kennedy als Fehlbesetzung im Weißen Haus beschreiben, dürften mit ihrer Einschätzung an der Realität vorbeigehen. Das Land prosperierte während seiner Amtszeit, das Ansehen der USA auf internationaler Ebene war denkbar hoch – anders als zum Beispiel 1974 nach Nixons Rücktritt oder 2008 am Ende der zweiten Bush-Präsidentschaft.

Und in der Bewertung seines Krisenmanagements im Herbst 1962 steht der bekannte (und liberale) Fernsehjournalist Chris Matthews kaum allein: »In der Zeit der größten Gefahr, im Moment der Wahrheit, hat uns ein amerikanischer Präsident vom Abgrund zurückgezogen, hat uns gerettet, hat dafür gesorgt, dass das Lächeln nicht vom Antlitz dieses Planeten gewischt wird.« Und Norman Mailer (1923–2007) sagte knurriger: »Für eine Zeit fühlten wir, dass das Land uns gehört. *Now it's theirs again.*« Ihnen – Mailer brauchte nicht deutlicher zu werden, um auf jene mächtigen Interessensgruppen anzuspielen, die in Amerikas Politik mit Geld und über mehr als 12 000 in Washington registrierte Lobbyisten kräftig mitmischen.

Ein politischer Standort auf der linken Seite des amerikanischen Politspektrums bedeutet nicht, dem Kennedy-Charisma zu erliegen. Akademische Historiker sind meist links, und bei diesen schneidet der 35. Präsident nicht gut ab. In den USA sind *presidential rankings* sehr beliebt, die Einordnung der historischen Größe eines Präsidenten. Bei keinem von George Washington bis Barack Obama ist die Dissonanz zwischen der Bewertung durch Profis und durch die Bevölkerung so ausgeprägt wie bei JFK. Werden Historiker um die Erstellung der Rangliste gebeten, liegt Kennedy in aller Regel nicht unter den ersten zehn, sondern im Mittelfeld. Eine »ideologisch ausbalancierte« Gruppe von 132 Professoren, im Auftrag des Wall Street Journal, setzten ihn im Jahr 2000 gar nur auf Platz 18; die Umfrage des Siena

College unter 238 auf die Präsidentschaft spezialisierten Fach-
leuten im Jahr 2010 sah ihn auf dem elften Rang.

Ganz anders das Bild, wenn die interessierte Allgemeinheit
gefragt wird. Die Zuschauer des Politsenders C-SPAN ernannten
Kennedy 2009 zum achtbesten Präsidenten (an der Spitze lagen
Abraham Lincoln und George Washington). Eine Erhebung des
Washington College unter 800 repräsentativen Erwachsenen
sah ihn auf Platz 4 und eine Umfrage des Fernsehsenders ABC
gar auf Platz 2.

Seinem Ansehen haben die letzten fünfzig Jahre somit nur
begrenzt geschadet. Auch seine Zeit fasziniert heute als eine
Epoche des Aufbruchs und eines Optimismus, der uns inzwischen abhanden gekommen ist. In den USA blicken viele an der
politischen Entwicklung interessierte Menschen mit leichter
Wehmut auf die Ära Kennedys zurück. John Kennedy Schlossberg (Carolines Sohn), sonst wie seine beiden Schwestern mit
öffentlichen Äußerungen eher zurückhaltend, dürfte mit seiner
kurzen Replik auf eine besonders negative Beurteilung durch
einen New York Times-Kolumnisten viel Resonanz in der Einschätzung seines Großvaters finden: »Präsident Kennedys Vermächtnis ist nicht wegen Camelot oder irgendwelchen Ver-
schwörungen relevant, sondern weil Amerikaner hier Inspira-
tion und Sinn finden.«

EPILOG

Auch wenn sich weite Teile seines Lebens im Blickfeld der Öffentlichkeit abspielten, so blieb vieles an JFK verborgen und auch rätselhaft: war er doch von einer Reserviertheit, die einen Rest, vielleicht gar den entscheidenden Kern seiner Persönlichkeit den Blicken entzog. Wenn es einen Menschen gegeben hat, der diese finale Barriere überwand und das Innerste des 35. amerikanischen Präsidenten kannte, *ihn* wahrhaft kannte, so war es seine Frau Jacqueline.

Die zehn Jahre der Ehe waren für Jacqueline Bouvier Kennedy Glanz und Glamour, Schmerzen und Tragödien, eine Existenz und eine Partnerschaft, für welche sich in der englischen Sprache die Redewendung *larger than life* aufdrängt.

Sie *gab* ihr Urteil über ihn ab. Jackie Kennedy hatte die Geistesgegenwart, alle ihre Empfindungen, ihr Fazit hinauszuschreien, ihm in jenem Moment zuzurufen, da sein Kopf von der tödlichen Kugel zerschmettert wurde. Jackies Wertung eines gemeinsamen Lebens dürften die letzten Worte gewesen sein, die John Fitzgerald Kennedy in diesem Leben hörte:

Jack, I love you!

TIMELINE JOHN F. KENNEDY

1917   **29. Mai:** In Brookline, Massachusetts, geboren.

1935   Examen an der Privatschule Choate in Wallingford, Connecticut. Studienbeginn an der Princeton University, kurz darauf Abbruch aus gesundheitlichen Gründen.

1936   Wechsel an die Harvard University zum Studium der Politischen Wissenschaft.

1937   Mit der Ernennung seines Vaters Joseph P. Kennedy zum amerikanischen Botschafter in London geht auch John F. Kennedy für einige Monate nach Europa (Frankreich, Spanien und Italien).

1939   Europarundreise bis wenige Tage vor Kriegsausbruch (Polen, Russland, Deutschland, Frankreich und Türkei).

1940   Examen an der Harvard University, für seine Abschlussarbeit *Appeasement at Munich* erhält er ein *cum laude*. Die Arbeit erscheint bald darauf unter dem Titel *Why England Slept* in Buchform und wird ein Erfolg.

1941   Bricht sein Studium der Betriebswirtschaft an der Universität Stanford, Kalifornien, vorzeitig ab und tritt – drei Monate vor dem japanischen Überfall auf Pearl Harbor – als Offiziersanwärter in die US Navy ein.

1943   **3. August:** Das unter Kommando von Leutnant Kennedy stehende Schnellboot PT-109 wird von einem japanischen Zerstörer gerammt und versenkt. Seine Maßnahmen zur Rettung der überlebenden Besatzungsmitglieder erregt nach Presseberichten landesweite Aufmerksamkeit.

1944 ◆ **12. August:** Sein älterer Bruder Joe jr. wird bei der Explosion seines Bombers getötet. JFK wird künftig der Hoffnungsträger für die politischen Ambitionen seines Vaters.

1946 ◆ Kennedy wird im Alter von 29 Jahren von den Wählern des 11. Kongressdistriktes von Massachusetts ins Repräsentantenhaus gewählt

1948 ◆ JFK wird wiedergewählt

1950 ◆ JFK wird erneut wiedergewählt.

1952 ◆ Gegen den landesweiten Trend besiegt Kennedy den amtierenden Senator Henry Cabot Lodge und vertritt von nun an Massachusetts im Senat; problemlose Wiederwahl 1958.

1953 ◆ **12. September:** Eheschließung mit Jacqueline Lee Bouvier in Newport, Rhode Island.

1955 ◆ Längere Krankenhausaufenthalte: Ist bei einer erneuten Rückenoperation dem Tode nah.

1956 ◆ Sein Buch *Profiles in Courage* (dt. *Zivilcourage*) erscheint und wird ein nationaler Bestseller.

17. August: Scheitert knapp bei dem Versuch, Vizepräsidentschaftskandidat der Demokratischen Partei zu werden.

23. August: Tochter Arabella wird tot geboren.

1957 ◆ **27. November:** Geburt von Tochter Caroline.

Kennedy erhält den Pulitzer-Preis für sein 1956 erschienenes Buch *Zivilcourage*

Kennedy stimmt gegen Präsident Eisenhowers *Civil Rights Act*

Beteiligung am Senatsausschuss zur Untersuchung krimineller Machenschaften innerhalb der Transportarbeiter-Gewerkschaft. Kennedys Bruder Robert fungierte als juristischer Chef-Beratern des Ausschusses.

1958 ◆ Wiederwahl in den Senat mit 73% der Stimmen

1959 ◆ Unternimmt ausgedehnte Reisen durch die USA – vor allem in jene Bundesstaaten, in denen 1960 Vorwahlen

stattfinden. Bruder Bobby baut eine effiziente Wahl-
kampforganisation auf, Vater Joe stellt massive Finanz-
mittel zur Verfügung.

1960 2. Januar: Erklärt Präsidentschaftskandidatur.

15. Juli: Nach einer Reihe von Vorwahlsiegen zum Präsidentschaftskandidaten der Demokratischen Partei
nominiert.

26. September: Ausstrahlung der ersten Fernsehdebatte
der Präsidentschaftskandidaten in den USA: Kennedy
vs. Richard Nixon

8. November: Mit einem sehr knappen Wahlergebnis (ein
Vorsprung von 0,1 % in der Gesamtstimmenzahl) wird
John F. Kennedy zum 35. amerikanischen Präsidenten
gewählt.

25. November: Geburt von Sohn John Fitzgerald junior.

1961 20. Januar: Vereidigung.

17. April: Landung von Exilkubanern mit CIA-Unterstüt-
zung in der Schweinebucht.

5. Mai: Erster (kurzer) Raumflug eines Amerikaners (Alan
Shepard).

25. Mai: Verpflichtet die USA in einer Rede vor dem Kongress darauf, noch vor Ablauf des Jahrzehnts einen
Mann auf den Mond und sicher zurück zur Erde zu
bringen.

3./4. Juni: Gipfeltreffen mit dem sowjetischen Parteichef
Chruschtschow in Wien.

13. August: Beginn des Baus der Berliner Mauer.

1962 20. Februar: John Glenn umkreist als erster amerikanischer Astronaut die Erde.

19. Mai: Vorgezogene Feier des 45. Geburtstages im New
Yorker Madison Square Garden mit dem legendären
Auftritt Marilyn Monroes.

22. Oktober: Rede an die Nation zu sowjetischen Nuklear-
raketen auf Kuba, Verkündung der »Quarantäne«. In
den nächsten Tagen steht die Welt am Rande eines
Atomkrieges.

1963 10. Juni: Rede an der American University.

11. Juni: Fernsehansprache, in der die Bürgerrechtsbewegung nachdrücklich unterstützt wird.

23.–26. Juni: Besuch in Westdeutschland und in Berlin, dort hält er seine berühmte Rede.

26.–29. Juni: Besuch in Irland.

7. August: Frühgeburt von Sohn Patrick; das Baby stirbt zwei Tage später.

9. August: Unterzeichnung des Abkommens zum Atomteststopp in Washington.

21. November: Flug nach Texas, Auftritte in Houston, San Antonio und Fort Worth.

22. November: Letzte Rede in Fort Worth.
Bei Fahrt durch die Innenstadt von Dallas werden um 12 Uhr 30 mehrere Schüsse auf seinen Wagen abgegeben. Kennedy wird in den Hals und in den Kopf getroffen. Gegen 13 Uhr wird der Präsident im Parkland Hospital für tot erklärt.

LITERATUR

Alford, Mimi & Newman, Judith: *Once Upon A Secret: My Affair with President John F. Kennedy and its Aftermath*. London 2011.

Beschloss, Michael: *The Crisis Years: Kennedy and Khrushchev, 1960–1963*. New York 1991.

Bly, Nellie: *The Kennedy Men*. New York 1996.

Bredhoff, Stacey: *JFK and the Cuban Missile Crisis*. Washington 2012.

Brinkley, Alan: *John F. Kennedy*. New York 2012.

Bryant, Nick: *The Bystander: John F. Kennedy and the Struggle for Black Equality*. New York 2006.

Collier, Peter & Horowitz, David: *The Kennedys: An American Drama*. New York 1984.

Dallek, Robert: *An Unfinished Life: John F. Kennedy, 1917–1963*. Boston 2003.

Dallek, Robert: *John F. Kennedy*. New York 2011.

Dobbs, Michael: *One Minute to Midnight. Kennedy, Khrushchev, Castro on the Brink of Nuclear War*. New York 2008.

Donaldson, Gary A.: *The First Modern Campaign: Kennedy, Nixon and the Election of 1960*. Lanham, Maryland 2007.

Freedman, Lawrence: *Kennedy's Wars: Berlin, Cuba, Laos and Vietnam*. New York 2000.

Gerste, Ronald D.: *Die First Ladies der USA*. Regensburg 2000.

Gerste, Ronald D.: *Amerikanische Dynastien*. Regensburg 2005.

Gerste, Ronald D.: *Duell ums Weiße Haus. Amerikanische Präsidentschaftswahlen von George Washington bis 2008*. Paderborn 2008.

Gerste, Ronald D.: *Rendezvous mit Amerikas Präsidenten: Unterwegs zu den Orten ihres Lebens*. Darmstadt 2012.

Giglio, James: *The Presidency of John F. Kennedy*. Lawrence, Kansas 1991.

Groden, Robert J.: *The Killing of a President*. New York 1993.

Halberstam, David: *The Best and the Brightest*. New York 1972.

Hamilton, Nigel: *JFK: Reckless Youth*. New York 1992.

Hellmann, John: *The Kennedy Obsession: The American Myth of JFK*. New York 1997.

Hersh, Seymour: *The Dark Side of Camelot*. Boston 1997.

Kaiser, David: *American Tragedy: Kennedy, Johnson and the Origins of the Vietnam War*. Cambridge, Massachusetts 2000.

Kempe, Fredrick: Berlin 1961: *Kennedy, Khrushchev, and the Most Dangerous Place on Earth*. New York 2011. (dt.: *Berlin 1961: Kennedy, Chruschtschow und der gefährlichste Ort der Welt – Das Jahr, in dem die Mauer gebaut wurde*. Berlin 2011).

Kennedy, John F.: *Die geheimen Aufnahmen aus dem Weißen Haus*. München 2012.

Kennedy, John F.,: *Zivilcourage*, Econ Tb, 2001.

Lincoln, Evelyn: *My Twelve Years with John F. Kennedy*. New York 1965.

Matthews, Christopher J.: *Kennedy & Nixon: The Rivalry that Shaped Postwar America*. New York: Simon & Schuster, 1996.

Matthews, Chris: *Jack Kennedy. Elusive Hero*. New York 2011.

O'Brien, Michael: *John F. Kennedy. A Biography*. New York 2005.

O'Donnell, Kenny: *Johnny, We Hardly Knew Ye*. Boston 1972.

O'Reilly, Bill: *Killing Kennedy. The End of Camelot*. New York 2012.

Parmet, Herbert S.: *Jack: The Struggles of John F. Kennedy*. New York 1980.

Parmet, Herbert S.: *JFK: The Presidency of John F. Kennedy*. New York 1983.

Posener, Alan: *John F. Kennedy*. Reinbek 1991.

Posner, Gerald: *Case Closed: Lee Harvey Oswald and the Assassination of JFK*. New York 1993.

Reeves, Richard: *President Kennedy: Profile of Power*. New York 1993.

Reeves, Thomas: *A Question of Character: A Life of John F. Kennedy*. New York 1991.

Rorabaugh, W. J.: *Kennedy and the Promise of the Sixties*. New York 2002.

Schlesinger, Arthur M., Jr.: *A Thousand Days: John F. Kennedy in the White House*. Reprint Boston 2002.

Smith, Sally Bedell: *Grace and Power. The Private World of the Kennedy White House*. New York 2004.

Sorensen, Theodore C.: *Kennedy*. Reprint New York 1988.

Sorensen, Theodore C.: *The Kennedy Legacy*. New York 1993.

White, Theodore H.: *The Making of the President, 1960*. 1961. Reprint New York 1988.

PERSONENREGISTER